重读赵树理

郝怀明　著

中国言实出版社

图书在版编目（CIP）数据

重读赵树理 / 郝怀明著 . —— 北京：中国言实出版
社 , 2021.9
ISBN 978-7-5171-3866-2

Ⅰ . ①重… Ⅱ . ①郝… Ⅲ . ①赵树理（1906-1970）
—传记 Ⅳ . ① K825.6

中国版本图书馆 CIP 数据核字 (2021) 第 191023 号

重读赵树理

总 监 制	朱艳华
责任编辑	郭江妮
责任校对	王建玲

出版发行	中国言实出版社
地　　址：	北京市朝阳区北苑路 180 号加利大厦 5 号楼 105 室
邮　　编：	100101
编辑部：	北京市海淀区花园路 6 号院 B 座 6 层
邮　　编：	100088
电　　话：	64924853（总编室）　64924716（发行部）
网　　址：	www.zgyscbs.cn　E-mail：zgyscbs@263.net

经　　销	新华书店
印　　刷	天津兴湘印务有限公司
版　　次	2022 年 1 月第 1 版　2022 年 1 月第 1 次印刷
规　　格	880 毫米 × 1000 毫米　1/32　8.5 印张
字　　数	233 千字

定　　价	68.00 元
书　　号	ISBN 978-7-5171-3866-2

目 录

小　引

　　也许因为我是晋东南地区生人的缘故，生活、风俗、语言、习性相同，所以我对赵树理其人其事有一种特别的亲近之感。

　　我喜欢他的作品，过去就读过不少。去年下半年，系统读了他的全集六卷，还看了几本写他的传记及相关的研究文章，对他有了更多的了解和认识。虽然他的传记已有多本，我还是兴致所至，想将他的思想和创作发展的脉络重新梳理一番，在他人研究的基础上，再讲点别人没有注意或注意不够的地方，并做出一点自己的解读，遂成此书。

　　我觉得，赵树理有三个特点或曰优势。一是对土地和农民有至深至厚的感情，自始至终如母子般血肉相连，心心念念在农民，时时刻刻不忘为维护农民的权益而奋斗。在我国作家中没有谁比他对农民和农村更熟悉、了解更深刻。二是有浓厚的民间文化的素养和根基，可谓得天独厚，这对形成他的独特的艺术风格影响至巨。三是接受现代文明的洗礼，在五四新文化运动的影响下，确立了民主与科学、人权与法治观念，形成了独立人格、自由思想，使他如虎添翼，在思想上、精神上进入了新境界。正是这三个突出特点和优势的有机融合，贯穿于他的一生，使他成为一位"农民中的圣人"，一位在作家中无与伦比的农民、农村、农业问题的研究专家，从为人到为文，独树一帜，光芒四射。他不仅是一位群众喜闻乐见的具有新颖独创的大众风格的"人民艺术家"，更是一位有真知灼见的敢于顶狂风、斗恶浪的大智大勇的思想家和实干家。毛泽东称赞他说："他最深入基层，最了解农民，最能反映农民的愿望。"他先是因为写了《小二黑结婚》《李有才板话》闻名于世，被树为实践毛泽东文艺思想的"方向""标兵"和"旗帜"，在1959年又因对人民公社提意见而横遭批判，最后在"文革"中被诬为"反毛泽东思想、反党反社会主义"的"文艺黑线"的"黑标兵"惨遭批斗，含冤离世。

赵树理一生爱护人的生命，关怀人的幸福，尊重人的人格和权利，这是贯穿在他的全部创作中的灵魂和主线。

本书力求展现赵树理为反对封建专制主义，为维护人民大众的权利和利益，为民生和民主，为人的自由、尊严和幸福而奋斗的多姿多彩的一生。他为人直来直去，讲真话、讲实话、干实事，是一个活生生的真正的人。他的为民情怀、独立人格、自由思想、善良品性、科学态度和求实精神，在他身上体现出来的人的感情和以人权为核心的现代文明价值，很值得后人细细品味，并发扬光大。

01

至亲至厚的土地，民间艺术的课堂

"人民艺术家赵树理"，这是周扬 1946 年 8 月 26 日发表在延安《解放日报》上的著名长篇论文《论赵树理的创作》一文中对赵树理的称谓、评语和赞词。

赵树理，1906 年 9 月 24 日（农历八月初七）生于山西省晋城市沁水县尉迟村。

沁水县地处晋东南上党地区，是个小县。出县城东行 45 公里到达端氏镇，再沿着沁河南下，行 15.5 公里，即是尉迟村。这是一块由沁水冲积而形成的河川平地，依山傍水，风景秀丽，气候温和，物产丰富。相传在唐代这里就有缫丝、织绢、榨油等手工业。这里交通便利，为晋豫商贾往来的要道之一。

尉迟村原来叫吕窑，为什么后来改为尉迟呢？那可是很有来由的。唐朝开国功臣尉迟恭（即尉迟敬德），因功勋卓著，被封为鄂国公，但这位武将生性耿直，一身正气，疾恶如仇，不满唐太宗李世民迫害忠良的做法，对朝中贪官污吏鱼肉百姓极为痛恨，一怒之下，杀死贪官，抛弃高官厚禄，逃出京城，隐姓埋名，来到吕窑落脚。他有一手编织簸箕的好手艺，漫山遍野的荆条、柳条是取之不尽的资源，他就靠自己的手艺维生。他还将他的手艺传给当地村民。直到他后来离开吕窑，重返故里朔县，人们才得知他的真实身份。人们为了纪念他，就将吕窑改为"尉迟"，并建了一座"尉迟庙"，予以敬奉。他刚直不阿、一身正气的人格风范，在这里世代相传，成为人们学习的楷模、敬仰的偶像。

赵树理祖上也曾是官宦人家。高祖钟恩、钟勋两兄弟，自幼一个攻文，一个习武，多年苦读苦练，在清乾隆年间，一个考了个太学士，一个考了个武举人。他们家本来一直住在河对岸的武安村，可是这时却决定搬迁到尉迟村，于是大兴土木，分别盖了东西两进三层有数十间房屋的官宅。"光宗耀祖"啊！那时在当地看来可以算是相当显赫的了。

不过，斗转星移，到了赵树理的祖父中正长大以后，家道很快就衰败中落，江河日下了。

祖父中正，虽也颇通文墨，但屡试不中，最终连个秀才也没有弄上。家丁不旺啊！祖父是个独生子，直到他的第四个妻子，他已30岁上，才得了一个儿子，即赵树理的父亲和清。而和清又是个独生子。和清的第一个孩子是个女儿。"不孝有三，无后为大"。祖父忧心如焚，好不气恼。

现在，赵树理以洪亮的哭声宣告了他的诞生，全家大小无不欢天喜地，欢欣鼓舞，感谢上苍的大恩大德。神像前红烛高燃，香烟缭绕，祖父带头叩头谢恩。祖父兴高采烈，好不得意，当即给孩子起了个名字，说："这孩子小名就叫'得意'！"

在小得意出生百天时，按照当地的习俗，为他庆贺"百岁"，在他面前摆了十来件东西，有元宝、笔、鞭子等，让他去抓，以预测未来。只见他一手抓了一支笔，一手抓了一根赶毛驴的鞭子。祖父长长地叹了一口气，说："唉！这孩子长大以后本应该金榜题名，可惜错投在咱这贫寒之家，只能做个驴背上的状元。"

在赵树理出生之后，母亲又生了三个妹妹，赵树理又成了家中唯一的儿子。不用多说，他在家中过的是"众星捧月"的生活。不过，他既不娇，也不骄。幼年的他，不让出西院玩耍，以免受到那些"野孩子"们的伤害。这形成了他比较内向的性格，显得胆小，文弱。

那个年代，这一带形形色色的宗教会道门很多，祖父、祖母信"三圣教道会"，母亲及其娘家信"清茶教"，而父亲则是传统的阴阳八卦的忠实信徒。据说，"三圣教道会"乃是白莲教的一个遗支，因组织农民暴动，遭官府镇压，改了名称和宗旨，认为"儒重忠恕，释重慈悲，道重感应"，主张合儒、释、道三家为一，劝人行善。道会要求教徒在桌子上排列九宫，每天烧香4次，常年吃斋，不食荤酒，否则会触犯咒语，要受到惩罚。赵树理受到祖父的教育，是个非正式教徒，20岁以前没吃过肉。所以他后来个子虽然很高，但体质差，很单薄。

赵树理6岁了，祖父为他开的启蒙读物，既不是四书五经，也不是常识国语，而是他们的《三圣教道会经》，一本不伦不类不知所以的大杂烩。父亲给他推销的则是什么天干、地支、五行、八卦、八十四卦名，什么《奇门遁甲》等算命先生必读之书。在赵树理的幼小的头脑中灌输着和充塞着的就是这些玄妙莫测、似懂非懂的东西。辛亥革命以后，祖父开始教他《大学》《中庸》《论语》《孟子》，期望他的小得意读书知礼，"学而优则仕"，为此还特意为他的宝贝孙子起了个颇有大志的大名"赵树礼"，一心想让他为树立封建社会的那一套文化体系奋斗。

赵树理记性极好，悟性极高，许多书，一看就会，过目不忘。祖父、父亲给他的启蒙教育，使他认识了许多字，学习了许多知识，正面也好，反面也罢，都为他以后从事创作提供了材料。

特别重要的是，在这样的家庭环境中，耳濡目染，潜移默化，使他从小就形成了诚实为人、与人为善、乐于助人、乐善好施的品格，积德行善的习惯。

赵树理一直记得，在祖父的教诲下，儿时的他很热心用豆子来记录自己的善恶之行，做了好事，就往罐子里放一颗白豆，做了坏事就放一颗黑豆。比如，修桥补路放上三颗白豆，掩埋尸体放两颗，敬惜字纸放一颗。坏事则除损人利己外，大都是不忠、不孝、不洗手就在祖宗牌位前上香之类的事情。在他的小罐中，白豆总比黑豆多。

赵树理的儿子二湖回忆，父亲即使是在"文革"中遭到残酷迫害、备受摧残的情况下，仍在做着力所能及的好事。比如，在路上碰到一块绊脚的石头，定要搬走，以免别人再绊倒；碰见一个拖着鼻涕的小孩，便会掏出手绢替那个孩子擦去鼻涕；有时还给素不相识的拉屎的孩子擦屁股，为此他身上总是带着空烟盒。赵树理品性善良，关爱他人胜于关爱自己，始终如一。

赵树理9岁时，祖母去世，第二年，祖父去世。祖父临终前对儿子说：小得意才智过人，聪明非常，乃是赵家的千里驹，前途未可限量，一定要不惜任何代价，让他继续学习，知书达理，将来靠他重振门庭，光宗耀祖。

于是，父亲送赵树理上私塾读书了。私塾就设在赵家东院，先生是位60多岁的老秀才，学生20个，教的是"四书"。赵树理聪明好学，"四书"背得滚瓜烂熟。他身体比较文弱，又是第一次同村里的孩子们接触，往往受到那些顽皮的富家子弟的欺负和打骂，而先生却是非莫辨，反倒认为赵树理最顽皮，因而予以处罚。他不愿忍受这样的屈辱，跟着这位老先生只学了一年，就怎么也不想在这个"小地狱"再读下去了。

1917年，11岁的赵树理离开私塾，回家跟着父亲学种地，当了个小"农民"。

父亲和清，可以说是农民中的佼佼者，他既是一位高超的农业技术的多面手，同时又是一位民间艺术的高手。这两个方面，都对赵树理的一生有着至关重要的影响。

赵树理后来在《套不住的手》中对陈秉正老人的那双手以及他的高超技艺的描绘，实际上也是对他父亲美德的赞美。赵树理学习和继承了父亲的灵巧劲，在一两年的时间里，锄苗、犁地、摇耧、扬场等各种农活，他都学得有模有样，拿得起，放得下。剥柳皮，破荆条，编簸箕，织鸟笼，他也干得有板有眼，相当在行。他后来常常以此自诩，称自己是"编织世家"。父亲对儿子的学农成绩十分满意，对人夸耀说："这小东西，心灵手巧，眼里有活，一看就会，干什么一做就对，倒是个好帮手。只可惜身体单薄，有巧无力。"

赵树理掌握的高超的农业技术，成了他后来接触农民，同农民打成一片的有利条件。王中青回忆他1942年见到赵树理的情景时这样描绘："他一头扎在农民中间，到处能听到他诙谐的话语，到处便腾起了欢乐的笑声。开春以后，遍地的耕牛走动了，他常常披起棉袍，一手抓住犁杖，一手扬起鞭子，看着脚下翻滚的土壤，闻着泥土诱人的芳香，扬声唱起了梆子戏。秋天，金色的场上，珍珠似的谷粒扬到空中，又沙沙地落在金山上，扬场的人们照样能听到他略带沙哑的上党梆子声。他哪里像个文人、作家，他就是一个农民的心灵、农民的形象啊！"（王中青：《太行山人民的儿子——忆赵树理同志》，载1978年10月15日《山西日报》）

再说说民族优秀传统文化和民间艺术对赵树理的熏陶。

这是一片神圣的土地。这里正处于太行山和王屋山的结合部，就是传说中的愚公移山的发生地。这个地方，也是中华民族的祖先唐尧、虞舜生存和奋斗的地方，相传唐尧在位时住茅屋、草棚，吃粗茶淡饭，穿旧衣破衫，虞舜曾耕田陶河于本县的历山，留下"舜王砰"。沁水人一向重农桑，勤劳、朴实，富有"质实勤俭之风，亲爱和乐之思，警戒忠告之情"。尧、舜勤劳、俭朴的传统，愚公移山的精神千古不衰。

这里又是民族英雄岳飞抗击金兵的著名战场。岳飞在太行山枪挑金兵首领和黑风大王之后，派大将梁兴会合忠义、两河豪杰，在沁水再次大败金兵。沁水人民踊跃支援岳家军，争着送粮送草，并筑起七座城堡，迎接岳家军进驻。这些城堡遗址，被称为"岳将军砦"。人民热爱岳飞，创作了许多岳家军的连台本戏，世代传颂着他的英名。

这里的人们最重要的文化娱乐和精神生活就是看戏，主要是上党梆子。那喧天的锣鼓，高亢激越、粗犷豪放的腔调，杨家将、岳飞抵御外侮的故事，对赵树理有极大的吸引力，几乎是场场不落。有时看不大懂，就缠着母亲给他讲。母亲尽管一字不识，却能整本整本地背诵岳家军、杨家将的连台本戏。所有这些保家卫国的武将们的英雄故事，母亲爱憎分明的感情，激荡着滋润着他幼小的心灵。

随着年龄的增长，知识的增加，赵树理爱看爱学上党戏，更是达到了心醉神迷的地步。不管月明月黑，相距多远，哪怕十五、六里，只要有戏，他都要跑去看。有时，连演三天三夜，他也场场不误，定要看完为止。

他8岁学会了打上党戏的梆子，15岁学会打鼓板。鼓板是指挥其他乐器的，要掌握全剧的缓急节奏，这就需要对全剧的唱词和道白等非常熟悉，能够背下来。他看了不少唱词和戏本，直到晚年，他还能记得一些唱词和道白。

他常到邻居赵洪举家借书看，什么《西厢记》《聊斋志异》《施公案》《包公案》《刘公案》《七侠五义》等等，借到就看，什么都看。

他还经常和小伙伴们玩耍，手拿高粱秆当长枪，你扮"罗成"，我扮"张飞"，你当"焦赞"，我当"牛皋"，嘴里喊着锣鼓点，厮杀一气，玩个痛快。他经常手拿驴鞭，赶着毛驴去矿上驮煤，一路上，他也会痛快地喊上几句上党梆子。

赵树理喜欢学演旧戏，特别崇拜罗成这个人物，相当入迷，曾发生过这么一个事。一天早上他赶着毛驴往地里送粪，嘴里哼着，手里还拿着根赶毛驴的小木棍，不断挥舞。忽然，他把那根小木棍折成两截，当作鼓槌，对着毛驴的屁股一板一眼地敲打起来。毛驴被打得走快了，他也唱得更起劲了。他一面唱着《广武山》这出戏中罗成的台词，还一面比画着罗成的动作。不大一会儿到了地里，毛驴停了下来，等他卸粪，他却忘了这事，仍然专心致志地比画着，哼唱着。毛驴停了片刻，大概以为粪已卸了，就掉头往回返。他还是跟在后面一股劲儿地比画着在唱。当回到牲口院，毛驴停了下来，这时，他才发觉，毛驴把又粪驮回来了。人们看见了，都围着他大笑，弄得他好不尴尬。

父亲不仅精通农活，技术高超，知晓阴阳，会测字算卦，略懂医术，为人开方治病，他还是一位音乐高手，巨琴拉得很好，堪称村里民乐组织"八音会"的一个台柱子。父亲常带他去"八音会"学习。不久，他就掌握了各种乐器的演奏方法，吹拉弹唱无所不能。他还练就一个绝技，能做到一个人打鼓、钹、锣、旋四种乐器，并且用舌头打梆子，口带胡琴还不误唱。

想不到这项绝技后来又成了赵树理接近群众、做群众工作的一个重要条件和手段。数十年后，王春回忆说："他能够接近群众，不只是他的感情和群众一致，也不只是懂得群众最多，这些艺能实在也帮助他不少。有一次，我曾经和他一路到过黎城的宋家庄，灾荒年间，简直找不到吃饭处，恰好磨盘上有人玩乐器，他去了。一个人敲动四五样家伙，连说带唱，霎时聚下半村人，乘机把度荒自救的道理讲一番，居然说得垂头丧气的老百姓眉开眼笑，收下粮票，款了饭，都准备设法去生产。"（王春：《赵树理是怎样成为作家的》，载 1949 年 1 月 16 日《人民日报》）

当年赵树理常爱去的地方是东头院。东头院住着吕家四兄弟，除老四外，其他三人都未成婚。家里虽穷，却酷爱音乐，存有"八音会"的成套乐器，供村里办事用。赵树理常去那里弹弹唱唱，吹打一番。不弹不唱，不吹不打的时候，就听他们上下几千年，天南地北，家长里短，海阔天空，神聊一气。痛骂地主老财的贪婪和狡诈，嘲笑狗腿子的卑劣和丑恶，绘声绘色，形态逼真，有时还要送给他们一个外号，诙谐有趣，生动活泼，不时引起一阵哄笑。

赵树理还好去南院。南院住着一个老光棍汉张存财，爱说，爱唱，好编个顺口溜。村里发生了什么事，他就顺口编一个。他也会打鼓乐，常用碗筷敲打上一通。

赵树理后来说："这就是我的初级的语言学校！"这个"语言学校"使他终身受益，永世难忘。

赵树理还好去的一个地方，是东头院东北方的两孔古老的石窑，那里住着一些外来逃荒户。这是世上苦难最为深重的一族。窑外空地上有棵多年的核桃树，人们常聚集在树下交流信息，评论世态，说长道短，或倾诉苦难。他在那里了解到许多人间的不平事，增长了许多见识。

童年的经历和体味，对一个作家来说，具有特别重要的意义。赵树理从小就生活在这样一片土地上，他对这里的人民的苦难有着深刻的了解，同他们有着至亲至厚的血肉关系，对他们有着至亲至厚的母子深情，即使在他后来成为知识分子中的一员，成为著名作家之后，他仍然是农民的忠实的儿子，时时刻刻想着农民，不忘维护他们的权利和利益，始终同他们血肉相连，心心相印。对农民和农村，他有着其他作家无可比拟的最深厚的根基和最炽热的感情，这是他之所以能够成为誉满全国、享誉全球的大作家的最根本的原因。同时，深厚的民族文化底蕴的熏陶，丰富的民间艺术的滋养，那些人情事理、曲折离奇、细节生动的描写，丰富多彩简洁明快的语汇，对他影响极深，也成为他的一个得天独厚的优势，为一般作家所少有。这样，当他带着这两大独特的深厚的优势进入现代学校接受教育，特别是经受五四新文化运动的熏陶，确立自由、民主、科学、公平、正义、人权、法治等等现代理念，养成"独立之精神，自由之思想"之后，就使他在思想和精神上进入一个新的境界，提升到一个新高度，从而使他这个来自农民，从不脱离农民，而又高出于农民的人，能够以新的更开阔的眼界认识生活、表现生活。可以说，正是这三个方面基本要素的有机结合，融为一体，铸造了赵树理的灵魂和人格，使这位来自太行山田野上的"驴背上的状元"，在经过长期的艰苦的探索与闯荡之后，终于以他独具一格的创作，新颖独创的大众风格，对"新的群众的时代"的"人"的描写，闯进了文坛，用他一生的奋斗和业绩告诉世人，赵树理就是赵树理，他就是独特的这一个，而绝非别一个。

02

民主科学理念的确立，自由独立精神的洗礼

辛亥革命以后，全国各地开始兴办学校，但尉迟地处偏僻，文化落后，仍然只有私塾，所教所学仍旧只是孔孟之道。

近几年，沁水县也破天荒地出现了几个洋学堂。村里有个退职的小军官反复劝说赵树理的父亲送孩子去镇上上高小，中心意思无非是说在家种地"没有出路"，"念书人腿长，说上去就上去了"。所谓"上去"，当然就是"做官"，就是"升官发财"了。他说"为了孩子的出路，应该舍得花点本钱"。父亲觉得家里日子过得不宽裕，本打算让他唯一的儿子这个"好帮手"在家里同自己一起种地过活，听这位小军官一再规劝，又想起先父临死前的嘱托，也就决定让孩子去上高小了。

1919年夏天，14岁的赵树理来到了离家45公里的端氏镇县立第二高小读书。校址设在榼山寺。村里与他同去上学的还有三个孩子，家庭都比较富裕。别的孩子穿新衣，被褥的面都是缎子做的，赵树理没有新衣，被褥也是母亲用买来的两件旧神袍改做的。别的孩子家里送行时吃的是猪肉拉面，赵树理跟平时一样，吃的是小米干饭。那几个孩子去上学，有的骑马，有的坐车，赵树理是自己挑着行李，跟在他们后面去的。

开始，赵树理被编在补习班。

第二年，即1920年春，赵树理正式编入高小一年级第5班。

这个学校刚刚成立，虽说也是五四新文化运动的产物，提倡新学，反对旧学，开设了算学、社会等"新学"课程，开始学习白话文，读胡适、蔡元培等人的文章，可是老师在课堂上讲得比较多的还是他们熟悉的"四书五经"，作文题目也还是"学而时习之""不违农时""一寸光阴一寸金"那老一套。对孔、孟

等一类的书，赵树理早就读过，许多内容早已熟记在心，学习毫无困难。让他最感新鲜的还是算学，一大堆陌生的阿拉伯数字吸引着他，多方组合，求得结论，变幻无穷，用心钻研，十分有趣。他好学习，记忆力强，各门功课都学得很好，学习成绩名列前茅。

其间，发生一件趣事。谁也想不到，教算学的那位老师缺乏数学头脑，对数字模糊一片，讲起课来颠三倒四。学生非常不满。学校为了平息众怒，以示公平，就出了一些县级难题，搞了一次师生共同参加的算学竞赛。考试结果，赵树理考了个第一名，把那位算学老师给甩在了后面。这可是一个大新闻。为此，学校奖给赵树理一块银圆。于是，赵树理身价倍增。先前，有些富家子弟看他家里穷，很瞧他不起，有时还不免挖苦几句，让他心里很不是滋味。现在，这些同学对他也刮目相看，另眼对待了。

还有一事。在那个学生爱国热情高涨的年代，赵树理还带头搞过一次罢课。据豆积孝回忆："虽受封建、资产阶级的教育，但由于他读书广，思想开阔，加之他从小参加农业劳动，养成了勤劳习惯，平时关心政治，留心时事，学生时代就初步具有爱国、反封、反帝的进步思想。如在榼山高小，赵树理带头签名罢课的事情，巧妙地使同学们在碗圈周围签名，使人看不出前后次序。校长王益召开教员大会，追查谁是头头时，虽然把赵树理和一些学生关了起来，但并未查出谁是头头，结果无法处理了事。"（豆积孝：《回忆赵树理同志》，载《沁水党史资料》第1辑）

1922年1月23日（农历腊月26日），16岁的赵树理与比他大1岁的马素英成婚。父亲掐指一算，二人命相般配，大富大贵，白头偕老。赵树理谨从父命完婚。结婚不久，二人就加入了"太阳教"。三年后，他们的大儿子太湖出生。

1922年，赵树理17岁，以第一名的成绩从高小毕业。因成绩优异，学校推荐，被聘为本县野鹿村初小教员。

赵树理觉得自己的年龄尚小，还应该上中学。无奈家境不济，没有办法，父亲的愁容，母亲的眼泪，只好把自己的希望，自己的梦想，掩藏在心底，从学校走向社会。

工作很不顺利。一年后他被校长解聘了，改任掌板村初小教员。一年后，他又被这个学校解聘，时间在1924年底。他并无过错，恪守传统道德，教学认真，热爱学生，还帮助村民写写画画，很受群众欢迎，对他评价甚好。但他不会逢迎权贵，爱认死理，走到哪里，都吃不开。最后，他只好被迫收拾行装回家。1925年上半年，他又在阳城县西冯村教了几个月私塾，禀性难移，又为当地士绅所不容。这次是他主动辞职，回家种地。

知子莫如父。父亲说："你真是头倔驴，你的老师、同学那么多，你就不能同他们拉拉关系，给家里也赚个钱？"儿子回答很干脆："这种事我干不来！"父亲很生气："早知这样，我一天书也不叫你念！"

父亲说归说，骂归骂，可是他心里明镜一般，深知儿子天资聪慧，确实是个读书的料。家里太穷，无力供他上中学，耽误了孩子的前程，他心里也非常难受。有一天，他听说长治省立第四师范学校要招生，学生可以享受官费，每月供给3.8元的伙食费，毕业后可稳稳地当个高小教员。机不可失，他决计咬紧牙关，哪怕砸锅卖铁，也要让儿子去上四师。

这是一个重大的抉择。赵树理的人生旅途将迎来一次脱胎换骨的重大转折。

1925年夏，赵树理以第四名的成绩考入山西省立第四师范学校。赵树理有生以来第一次走出生他养他的沁水，来到晋东南的首府长治，在这里，他将见更大世面，开阔眼界，增长新知，实现他在思想和精神上的一次大飞跃。

赵树理不同于别的学生，人家的行李都是家人用车马送来的，赵树理从沁水到长治得走一天多的山路，他的行李仍然是自己用扁担挑到学校来的。

他被编入初师第19班。

开学不久，他认识了一位比他高两级的同学王春。不知怎么，王春就喜欢上了赵树理这个比他还大两岁的新来的伙伴。王春也来自农村，家境清贫，从小有"神童"之称，在校内被公认为才子。他读书很多，博闻强记，思维敏捷，能言善辩。两人有许多共同点，都是高个头，都心直口快，乐观开朗，富有幽默感，爱说笑话；不同之处是，一个沉默谦和，不善交际，一个刚毅果决，社会活动能力极强。从此，他们之间建立了终生的友情。

此时的王春已经接受了新文化、新思想的熏陶，成为五四新文化运动精神培育下的一代新人，而赵树理此时还未能完全走出他的"神仙世界"，未能摆脱儒家文化牢笼的束缚。

王春对这个新到的师弟，满怀热情，带领他到图书馆去学习。那个图书馆规模并不很大，但已令赵树理目不暇接，眼界大开。他有生以来还不曾见过这么多的图书，这么多的报刊杂志。他在图书的海洋中转了一圈，抱了一堆书出来，恨不得一下子把它们通通装进自己的脑袋。王春笑着说："你想一口气吃成个胖子啊？"他向赵树理介绍了鲁迅的《呐喊》，郁达夫的《沉沦》，《新青年》杂志、《小说月报》等。王春还向他推荐了梁启超的《饮冰室合集》，他如获至宝。然后，他又推荐给同班同学常文郁，常文郁对梁启超也非常佩服，两人亦成为至交。赵树理后来回顾这段生活时说："王春是我第一个启蒙老师"，他之所以能接触到一点四书五经之外的东西，都是由王春替他从图书馆选来的书，并扼要地把大意介绍给他，让他读的。赵树理广泛接触新文学，读了陈独秀、胡适、鲁迅、郭沫若、郁达夫、成仿吾、郑振铎等人的作品，和《新青年》《小说月报》《文学周刊》《东方杂志》等刊物。稍后，他和史纪言、杨蕉圃的接触也多了起来。史纪言回忆说："我和赵树理接触多有两个原因：一是都爱读新书；二是都喜欢民族音乐。当时，我们大量阅读创造社、文学研究会出版的报刊和五四新文艺，也看一些政治、经济方面的书，经常翻阅综合性杂志《东方杂志》等。至于《胡适文存》、《独秀文存》、梁启超的《饮冰室合集》、鲁迅的小说和郭沫若的诗等，则更是我们争相传阅的读物。"（李世德：《赵树理忆念录》，长春出版社，1990年版，第44页）总之赵树理饱览了各种图书，主要有康有为、梁启超、严复、林纾、陈独秀、胡适、鲁迅等人的著作和翻译。

在这段时间，赵树理在古今中外图书的海洋中跋涉，无比贪婪地汲取知识，充实自己。在古典文学方面，从诗经、楚辞、汉赋、唐诗、宋词、元曲，直到明清的章回体小说，屈原、杜甫、李白、白居易、韩愈、柳宗元、苏轼、辛弃疾、陆游、关汉卿、王实甫、冯梦龙、罗贯中、吴承恩、施耐庵等著名文学家的作品，他都比较系统地学习过。此外，易卜生、屠格涅夫、高尔基等外国作家的作品，他也有所涉猎。这一切都使他茅塞顿开。

进校前，赵树理受家庭影响，信教，不吃肉，敬惜字纸，带字的纸要收起来，把它烧成灰，撒到河中。刚入校，他仍旧坚持，照撒不误，受到王春等同学的奚落和批评，不久，他就改变了。肉，他也开始吃了。噢！原来肉也还是挺香啊！肯定对身体健康有好处，他感觉身子好像比过去强壮一点了。解决这两个事不难，但要消除他脑子里对"江神童"的迷信，可是费了王春他们好大的劲。

还是在高小最后那年，赵树理买到一本署名"江希张"著的《四书白话解》，传说此书的作者是个"神童"，实际上是一位老道学先生写的，只是用了他孙子的名义出版，阎锡山还为之作序推举。此书是封建顽固派宣扬封建伦理道德，以对抗五四新文化运动。因为该书的思想内容儒佛相混，恰好合乎赵树理多年来从祖父那里接受来的那套东西，所以他就非常喜欢，此后数年，几乎是天天必读。不仅将其视为圣言，甚至对作者"江神童"也崇拜不已。

为此，他经常和王春及其他同学进行辩论，通过与王春等同学的反复交流和碰撞，主要还是通过学习五四新文化运动先驱者们的著述，他终于心悦诚服，克服了自己的愚昧和落后，认识到了真理之所在。

五四新文化运动，是人的思想和精神的一次大解放。陈独秀在《敬告青年》一文中向青年提出六项希望，即："自由的而非非奴隶的""进步的而非保守的""进取的而非退隐的""世界的而非锁国的""实利的而非虚文的""科学的而非想象的"，简单一句话，就是民主与科学。《新青年》杂志提倡新道德、反对旧道德，提倡新文学、反对旧文学，鼓吹自由与平等，主张尊重人权与个性，痛击封建礼教、伦理，认为"忠孝节义都是奴隶道德"。所有这些令人振聋发聩的思想和观点，震撼着赵树理年轻的心，涤荡着他的灵魂，在他的面前展现出一派现代生活的新景象。精神之独立，思想之自由，民主与科学、公平与正义、人权与法治，这些新的理念，扫荡了他头脑中的鬼神梦幻和孔孟之道，消除了"江神童"在他身上的阴魔，使他从思想上、精神上跃上了一个新的境界，彻底与过去的旧我告别，跨进了一个新的时代。此时的他，和进入第四师范以前的他，已是判若两人了。对赵树理一生的发展来说，这的确是一个革命性的变化，一次质的飞跃。在他以后的生活和创作发展轨迹中，我们将会看到，这一切，对他的影响是何等深刻和巨大。尽管此时他的名字还是叫"赵树礼"，依然是祖父给他起的那个大名，也许他还没有想到要把这个名字改掉。但是，他已经再也不会把"树"旧社会的那套"礼"作为自己奋斗的目标了。

有一件事，对他刺激很大。那是 1926 年暑假回家，他亲眼目睹了家族里的人如何活埋各轮哥的惨剧。人们议论纷纷："他偷得太厉害了，外村天天有人来找，迟早是要被人打死的，不如自家早些埋了，省得姓赵的都跟着他丢人。""这娃原来可是个好后生，硬是叫这世道逼成小偷的。如今丢下那孩子老婆该咋办呀？"赵树理听着大家的议论心潮翻滚，深感确如鲁迅所说，这是个人吃人的社会，各轮哥被这个社会吃掉了！明天又该轮到谁的身上？明天也许该轮到父亲了！他为了不被人吃掉，不顾债台高筑，供儿读书，是不是为了将来也做吃人的人？他深深地感到，这个万恶的社会太不把人当人了！农民既苦难深重，又愚昧落后。新文学是"人"的文学，作家应该写出农民的切身痛苦和精神负担，帮助他们摆脱精神奴役的枷锁，唤醒苦难中的人们起来打碎这个人吃人的社会。

淳朴善良的他，对人性的思索，对人的尊严和权利的尊重，对"人"的问题的思考和认知，对他日后走上文学创作之路以及他一生的所为，都有着决定性的影响和作用。

各轮哥的遭遇，成为他后来创作《福贵》的一个动因。在他的一生中，不时讲到"人"的问题，多次讲到要把"人"当人，反对不把"人"当人，一直强调要尊重人的人格，维护人的自由、尊严、权利和幸福，可以说，这是体现在他的全部作品之中的重要内容和中心主题。

在接着而来的第四师范学校的学潮中，赵树理以革命者的姿态勇立潮头，让我们看到，在经过五四精神的洗礼之后，他的变化是何等的巨大和鲜明。

03

驱逐校长获胜，砥砺人格升华

1926 年夏，正是国共第一次合作，北伐战争节节胜利之时。暑假以后，国民党长治党部成立。常文郁率先参加了国民党，接着介绍王春、赵树理等十余名同学加入。

1927 年初，常文郁成立"晋山研究会"，又成立农民运动讲习所，很快发展到 90 多人。

有一天，常文郁悄悄递给赵树理一本《共产主义 ABC》，要他偷偷地看，并告诉他自己已经秘密参加了共产党，并要求他不要告诉任何人。

1927 年 4 月，由常文郁、王春介绍，赵树理加入了中国共产党。

赵树理入党后，积极参加学生爱国运动，在长治街头演讲、游行、写标语、画漫画，发挥他在宣传方面的长项。他还接受组织交给的任务，秘密发展党员，选择史纪言、王中青、杨蕉圃、郜鼎秋、霍启高作为培养对象。他们分别属于不同的年级，他给他们介绍读物，并进行"人格教育"。

10 月至 11 月间，在北伐节节胜利的鼓舞下，第四师范学校爆发了震撼全校、震动长治的驱逐腐败校长姚用中的学潮，轰轰烈烈、可歌可泣，一向沉默寡言、优柔寡断、一心埋头读书的赵树理，此时也激情迸发，积极投身其中，同常文郁、王春一起成为这次学潮的发动者、组织者和领导者。

姚用中以家长制的独裁办法治校，一切都听他一个人的。此人任职 4 年来，处处以金钱为目的，压制为手段，经常以莫须有的"品学兼劣"的罪名开除学生。各门功课没有确定的教师，数量既少，程度又浅。各种教学设备及学生的经济费用，多方削减克扣，不择手段聚敛财富，中饱私囊。在建设科学馆时，他更乘机大肆贪污。学生们后来查账，发现他4年中竟贪污了48000多块大洋。以前有学生加入国民党，他竟将其开除学籍，而今国民党发展壮大，他又想投机加入。其劣迹斑斑，不一而足。

10月21日，《第四师范学校全体学生驱逐腐败校长姚用中宣言》贴到了长治街头。宣言在简明扼要地讲了姚用中的若干劣迹后说："以此无耻之人，岂可为师范生之师范？本校全体学生，所以同申愤慨，将姚用中驱逐出校外，誓不让此误青年、误学生之蟊贼，存身于教育界。"

过了几天，根据大家的揭发的材料，加以集中，又贴出了第四师范全体学生会的《第四师范学校驱逐腐败校长姚用中第二次宣言》。这个宣言，长达数千字，历数了姚用中11条罪状。宣言开头说："姚用中卑劣无赖滥充第四师范校长，全不知教育是什么事情，校长是什么职务，只知搜括（刮）金钱，压迫学生而已。自其任事以来，敝漏多端，实难枚举，且其又昏庸糊涂，完全为一无脑筋没知识的动物。"结尾这样写道："如右所述，不惟为本校全体学生所不能忍受，即我各界同胞，当亦不胜发指。庆父不除，鲁难未已。不逐姚用中，第四师范学校无进步之一日。所以本校全体学生，衔苦忍痛，不得已而为最后之举，于本月二十一日，经全体会议议决，将卑劣无耻的校长姚用中驱逐出校，必不让其再作教育界之蟊贼，冒充买办式之校长，以流毒于上党，贻误于学子。各界同胞，其共鉴之。"

姚用中绝不甘心失去他手中的权力，对学生进行疯狂的反扑。他采取了两个行动，一是于10月28日夜间，纠集匪徒200多人由本校学监、教习及几个打手率领，趁学生熟睡之时，冲进学校，痛打学生，受重伤者七八人，被打的不省人事，受轻伤者不计其数。学校设施被砸被毁无数。二是竟不顾法律，不顾性命，私刻"山西省立第四师范学校关防"之章，以图继续行使职权。

姚用中无法无天的暴行和罪行，进一步激起了学生们的无比愤怒和上党父老的公愤。学生们又发了两个宣言，一是《第四师范学校驱逐腐败校长姚用中第三次宣言》，二是《姚用中指使翰墨林私刻关防宣言》。另外，还有写给姚用中的两封信：《第四师范学校学生会上姚用中函》、《第四师范学校学生会上校长姚用中函二》。

学生坚决斗争，社会积极支持，这次学潮终获得胜利。事有巧合，腐败校长姚用中于 10 月 21 日下午 6 点钟被赶出学校，新校长范郁如于 11 月 21 日下午 6 点到校，恰好整整一个月。

11 月 22 日上午 8 点，全校教职员、全体学生及附属高初小500 余人在礼堂开欢迎大会。大会推举常文郁为临时主席，报告开会宗旨，王惠代表同学致欢迎词。奏乐，唱欢迎歌。歌毕，校长讲演：

兄弟此来，蒙教育厅厅长及阎总司令多所谆嘱，一面为整顿我校颓废，发展我校将来；一面为慰问受伤学生，乃蒙诸同学多所爱勉，热诚欢迎，兄弟感激不置。今但就整顿与发展方面说，所有陋规，自当一律革除。即进步方面，兄弟亦认清责任，知所以办教育者，为学生也，故有益于诸君者，举办当不待时日。而无益于诸君者，亦当措置，不假晷刻也。至有害一方面，则兄弟更不敢稍涉胸臆，以资罪戾。惟是兄弟不敏，尤须诸同学共同维持，辅所不逮。人各注意其"人""格"，庶可作将来之师表。"遵守校规"免于兄弟以艰难，此则炳文所深求诸同学者也。

接着是自由发言。王春演讲，说同学仍须自治等。赵树理报告，说："我们的新校长，给我们带来三种幸福：一、当姚用中率领土匪来打我们同学之后，以至于昨日下午，是我们的恐怖时期。在这时期中，我们同学每夜不能安心！各持武器随防处守，虽然想着土匪不至于再来，毕竟不敢自信。昨晚我们新校长才来，我们居然就能大胆睡了一夜，并不觉得恐怖，这是我们已得到的幸福！也是将来大幸福的象征。二、我们的新校长是在教育厅办过公的，将来一定能把整个的全省教育界之长，来把我们的学校改良成我们梦想不到的乐园。三、我们的新校长是在中国文化中心点的北大毕业，将来必能把最新的文化传达到我们上党来，开上党文化之先河。这样的幸福，是很值得欢迎的，并且是我们每日渴望的。"

　　为了纪念这次团结奋战的胜利，他们还编了一本《山西省立第四师范学校同学录》，由赵树理设计封面，收录了学潮中历次宣言、函件和欢迎新校长的情形。序开头说："我们这本同学录和别人的同学录大有区别。他们的同学录是为的联络感情。我们的同学录，却是由联络而团结，而共同奋斗，以致得到最后目的的纪念品。""我们的同学是有精神、有血性的团结，是有主张、有能力的奋斗。我们的同学录是歌声哭声的结晶品，是成功失败的纪念品，是终身的伤痕，是一世之金鉴，是我们三百青年献身革命事业，为公道、为同胞肉搏奋斗的出发点。"在序的前面赫然写着 14 个大字：

　　　　牺牲是家常便饭
　　　　流血为无上光荣

　　字字体现了这伙年轻人的崇高人格、精神气质、革命志气和社会责任感。末尾也赫然留下这样几句话：

　　　　我们的目的：
　　　　　参加校务会议！！！
　　　　校务公开！
　　　　教务公开！
　　　　政财公开！

　　这是这伙"有精神、有血性、有主张、有能力"的热血青年血肉拼搏为之奋斗的目标，即使在今天看来也还没有失去其价值，仍然具有建设性的意义。

　　这次学潮的胜利，赵树理作为领导者之一，可以说，是他在五四自由、民主、人权、科学、法治精神的熏陶下，在北伐战争节节胜利的鼓舞下的一次光辉的革命实践，也是他的人格、精神、气概和文才，首次在激烈斗争的风浪之中的一次壮丽的展现。

这个同学录现已收入《赵树理全集》，列为全集首篇。同学录中的那些宣言和信函的形成，当然是学潮组织领导者集体智慧的结晶，但赵树理在其中无疑起了重要作用。文稿气势非凡，多姿多彩，明朗隽永，且不乏幽默感，颇具赵树理风格特色。这里不妨看看其中一篇：《第四师范学校学生会上校长姚用中函二》，采用文言笔法，笔墨酣畅，游刃裕如，幽默风趣，端的是"嬉笑怒骂皆成文章"，可谓别具一格。请看：

校长姚君左右：前上一函，谅已阅悉。兹再启者，君作事但计功利。初不问及将来，故每有施为，动经蹶折，此在吾侪莫不尽悉。即君自省，当亦自承不误。然此非君长处，实足为高明累也。生等年浅识短，对神奸巨蠹所阴谋，贼徒狗跑所走报，实在不能略明一二。然区区小子，亦颇有所获，谨再为君布之。自十月二十八日夜半学校被君捣毁后，生等以为君计穷竭。此签孤注一掷，最后之举动，方谓从此老贼逃亡，可以渐息惊悸。孰意十一月四日，又伪关防之发现？！此案一出，骇人听闻，谁其料师范校长姚先生而能出此者乎？！君胆大如牛，刚愎自用，一往无前，岂意破露。辛之翰墨林几遭封锁，牛瑞福坐系县狱，史士俊通省缉拿！而君亦负重大责任，岌岌有身家性命之虞！一旦史贼遭刑，实供君名，则一波方兴，一波继起。匪首之案未获，伪印之案又破。至此自艾，尚有及耶？而后知君果非能者，而君亦当知生等所品评者之不谬也。且君所汲汲然阴谋奔走，在生等视之，亦殊觉其不必。君果有此神智，何不防患机先免遭赶逐。既逐矣，何不携带关防行使自便，安用土匪为？安用私铸为？不此之图，而贸然为暴徒窃贼之举，用巧成拙，不特生等为君惜，即旁观者亦为君惜。稍有智虑者，且怜君之愚而好自用也。今生等念君一人作祟，合家无辜，太母病重，将濒旦夕，特向各处商酌，允其回籍。若不令其去，君必不来取，一旦死亡，不肖子游无定方，谁衣斩哀者？惟君宜清夜扪心，自维生平，诸所行事，安对天地？牛瑞福、史士俊杀身无论矣。乃使老年太婆备受囚人之苦！合家上下，皆成囚犯！对社会，对学校，死有余辜。对祖宗亡父，亦不知何面目见之于地下？呜呼姚君：天下之人谁不欲食君之肉而寝其皮？乃犹不肯即死，觍面见人，人之无耻，此其极矣！！！宜早自裁夺，或别出他途，幸勿徒劳也。此颂

死安！！！

山西省立第四师范学校学生会敬上
十一月六日

政治就像魔术，变幻莫测。当人们还在为学潮胜利而庆幸之时，不曾想，行将而来的却是灾难。1927年"四·一二"反革命政变，蒋介石举起屠刀，国共合作破裂，无数共产党人倒在血泊之中。阎锡山对共产党也绝不手软。1928年春，白色恐怖波及长治，省立四师的党组织首先遭到破坏，已经离校的常文郁也在家中被捕。王春闻讯，痛感这是个危险的信号。他该怎么办？赵树理又将面临怎样的前景？

04

漂泊的萍草，苦闷的求索

　　王春和赵树理、赵克宏、霍启高同住一个屋子，他们都是共产党员，王春当即和他们商量对策。王春提出逃跑，其他三位认为王春很活跃，容易被怀疑，应该离校躲避一下，他们三个似无太大危险，没有这个必要。他们几位都尊王春为"先生"，尤其是赵树理，对王春的话几乎是言听计从，最后还是一致认为离校为好。王春说，赵树理会算卦，又懂点医术，便于掩护，还可以赚点饭钱，和他在一起逃跑，相互也有个照应。赵树理同意王春的意见，还不无幽默地说，自己就像是唐·吉诃德的仆从桑·潘扎。

　　他们抓紧时间做了点准备，赵树理买了一些常用的健脾、理气、消食的丸药，装了一钱褡子。临行前，他们一起去向一向关爱他们的王璧老师告别。他们带上简单的行装，赵树理背上钱褡子，拿上三弦琴，就踏上了逃亡之路。时间在 1928 年 4 月。

　　离开长治后，赵树理扮作游方大夫，与王春一起进入了人迹罕至的安泽山区，随后又流浪到阳城、沁水交界的深山里。王春住进他的一位远方亲戚家，赵树理则在周围 15 公里范围内当他的游方大夫，称"杨大夫"。他边走边唱，有人求医，他便停下来，望闻问切，开方用药，一路走来，给不少人看过病。老百姓反映不错，说吃了"杨大夫"的药很有效，对他非常赞佩。

　　两个月过去了，王春、赵树理商定，王春回去探听探听消息，一个月后在王春家会面。

　　7 月中下旬，赵树理在行医途中突遇暴雨，大病一场，住进阳城西山开明寺，幸遇和尚经心照料，才很快恢复健康。

　　赵树理很想王春，自他去后音信皆无。去王春那个亲戚家打听，才知他回家已半个多月了。又到王春家，得知王春和赵克宏去四师补考去了，次日即回。次日，两人相见，王春告诉他常文郁已经牺牲，并代他捎回留在学校的行李，学校因他和霍启高久离学校不归，已被学校开除学籍。赵树理听了很是生气，问王春为什么回校不通知自己？王春说，他们是冒着风险回去看看，如风声不好，再跑回来找他，也算留下一条后路。赵树理虽表示可以理解，但仍心气不顺，认为他出来是为了保护王春的，但如今王春没有事了，而自己却把学籍丢了，没处去了。

就这样，赵树理结束了他在第四师范的学生生活，于9月间回到尉迟村来。

赵树理受到的压力不小。满耳的闲言碎语："念了一阵子书做了个什么？""命中没有莫强求！""那孩子落魄了！"父亲更是窝火。我努了那么大的劲，供你上高小，你教了两年书，被人家给撤了；我一赌气又跟人家借了15块大洋，供你上师范，你倒好，不给我安安心心念书，去闹什么革命，还没毕业，就让人家给赶出来了。你都把我的脸给丢尽了，你还有脸进这个门吗？！你还是我的儿子吗？！

赵树理在第四师范学校上学时就已醒悟了，所谓上学是为了自己找"出路"，是为了自己"上去"，实际上就是要自己从受苦受难的劳动人民中走"出"来，要"上去"，实际上就是要自己向制造苦难的压迫者那方面去入伙。他明白了，摆在自己面前有两条路：一条是维护原有的阶级社会制度，自己在那种制度的支配下，或者躺下来受压迫，或者爬上去压迫人；另一条则是，摧毁那种不合理的社会制度，然后建立一种人和人平等的无阶级的社会制度。他实际上已经选择并走上了第二条路。他觉得，自己本来就是个种地的孩子，念了几年书回来种地，一点也没有降低身份，也不存在什么"落魄"。如果自己入了压迫者一伙回来压迫同难的父老乡亲，那才理应为千夫所指呢！人们受旧的传统思想的毒害也太深了！他知道，这种思想根深蒂固，是很难一下改变的。

1929年初，赵树理和霍启高去县城参加小学教师招考，二人均得甲等，赵树理被委任为城关第一小学教员，霍启高被派往一个较远的学校。赵树理准备按照陶行知先生的教育理论做些试验。在给史纪言等同学的信中说，他已经找到了救国救民、安身立命的机会。他们来信表示祝贺，还寄来一些关于教育和文学方面的书。

4 月间，正在他想大展身手之时，他的妻子因病去世了。他刚刚回家料理完丧事回到学校，不料，却以"共产党员嫌疑"的罪名，在课堂上被抓走了！当晚被捕的还有霍启高。二人均根据省党部密电被抓捕，捕后即送太原。

开始，赵树理被关押在东缉虎营山西省党部。在这里，他被审问过两次。第一次审问时，出示了几份逮捕时搜出的材料，一为郑振铎翻译的俄国路卜询的小说《灰色马》，一为《小说月报号外》，一为史纪言等三位同学的来信。赵树理未承认自己是共产党员。问过以后让填一份表，仍是"何时参加共产党，何人介绍，担任什么职务"之类。表后附有说明纸，赵树理心想，正好可以写上几句，说明他与史纪言等同学在通信中讽刺国民党的话是从何而来。他写道，他是梁漱溟的崇拜者，刚刚读过梁先生的《中西文化及其哲学》，他们通信中的一些话即来自该书。

5 月 20 日左右，赵树理被转到上马街"山西省自新院"。课程有党史、国语、历史、地理、音乐等，宗旨是宣传三民主义，诽谤共产主义，以实现"革心"的目标。在院内党支部的领导下，政治犯们软磨硬抗、装痴作呆，以各种不同的办法进行了不屈不挠的斗争。赵树理装作只爱文艺，不问政治的样子。这里的图书馆有 1500 多册，"自新院"为了使他们"转变思想"，对他们看书不加限制，他们常常以写文章找参考书为名，开列书单，让院方到外面图书馆去借。在这里，赵树理读了许多文艺方面和理论方面的书籍。难友中有位叫高春生的同志，一有机会就给他讲文艺的阶级性，讲文艺不能脱离社会斗争而独立存在，文学应该积极反映社会生活，表现有关人生的重大问题，从而警醒人们，使人们自觉投入革命斗争。以前，赵树理受"艺术至上"思想的影响较深，"为艺术而生，为艺术而死"曾经是他的追求。在和高春生的反复交流中，他又心悦诚服地接受了他的意见，就像以前接受王春对"江神童"的影响的批判一样，使他彻底轰毁了自己思想深处"为艺术而艺术"的文艺观。可以说，这是他在"自新院"的一个最显著的进步和最大的收获，在他的艺术生涯中的意义不可估量。

在"自新院"中，还有一位姓王的同志，为他讲解了日本河上肇的新经济学，使他从此对经济学发生了浓厚的兴趣。他后来说，他认真和共产主义思想接触，是在这时候才开始的。

他的才华是隐藏不住的。在这期间，他先后在院办的刊物《自新月刊》上发表过两篇短篇小说《悔》《白马的故事》，还有一首诗，一篇杂文。

《悔》写的是一个聪明而又顽皮的小学生遭到开除冒雪回家，听到父亲正在向别人表扬自己，不禁悔恨交加，昏倒在雪地里。小说是对校长之专横、教育方法之不当的鞭挞，但值得注意的是父亲讲民权主义、人人都是主人、人人都有选举权那些话。他说：当尧舜时代，就是百姓们举朝廷——和咱乡间举社首一样，人人都有选举权，后来就有人从中取利，把自己的身份抬高，硬把自己的权位当作自己的祖宗事业，子子孙孙相传起来。现在的人比从前聪明多了，所以觉得自己是有主权的，便直截了当地不要朝廷，而大家公举办事的人。"将来"人人都是主人。国家大事虽不是自己亲办，然而大家却都要拿主意。就是做庄稼，也不能像现在的庄稼人——什么都不懂。"

《白马的故事》是篇寓言小说，写的是白马正在松林下接受马仆的洗刷，突然阴云密布，电闪雷鸣，白马受惊，在山洪惊雷中狂奔，差点命丧深渊。当雨过天晴，白马筋疲力尽，带着累累伤痕，重又折回原地，三天后与马仆相会时，白马好像失踪的孤儿遇到了母亲。表面看，白马迷途知返，颇符合"自新"之意，但是，如果联想到那晴空霹雳般的"清党"，赵树理数月中在深山野地里的流浪生活，淋雨大病一场，以及在"自新院"在党的领导下坚持斗争和新的觉醒，那就完全可以作出别样的解读了。

那篇《赠出院自新人词并序》，也可以作如是解。其词曰

《调寄浪淘沙》：

> 弄筏晚潮水头，
> 一任漂流；
> 不图怒雾塞瀛洲。
> 四顾茫茫天海色，
> 哭破警喉。
> 灯火起高楼，
> 接引迷舟。
> 欣然任此得归休。
> 从此谨躬多近岳，
> 再勿溟游！

　　他在这首词的序中将生命比作一叶在大海中的扁舟，说："种种漩涡，时复索我，一忽不慎，席卷而去，其存其没，谁复我惜？不幸扑碎，亦非意外。"语意双关，可作多种解读，不过是意在迷惑敌人，保护自己。客观事实表明，在这里，正是马克思主义的真理擦亮了他的双眼，他一点也不迷茫，比以往任何时候都更加明白，更加清醒，更加坚定。

　　再来看看《读书·做人·革命》一文。文中旗帜鲜明地提出："我们是'人'。我们并非为了物质才生出来，为了物质才被生出来的'机器'，不是'人'。民生史观告诉我们说：'人类以求生存是社会进化的原动力。'求生存的目的，就是'求生存'本身。""或者有人说现在是革命时期，用不着谈人生问题。如果说有人是这样说，错的也不算很近。要知道一方面革命，一方面还要做人，若没有合格的人生观，做人先成了问题，还怎么革命？"在这里，赵树理所讲的不就是历史唯物主义吗？不就是要为人民大众的物质利益，为他们"求生存"、求解放、求幸福、谋发展而奋斗吗？不就是要人们树立这样的世界观、人生观，并且认为只有这样的人生观才可以称得上是"合格的人生观"，这样的"人"，才可以称得上是个"人"吗？否则，还讲什么"革命"，还搞什么"革命"！那只能是"假革命"，甚至是"反革命"。

这就是经过"山西省自新院"出来的赵树理，经过马克思主义理论的学习，思想面貌焕然一新的赵树理！

就在这时，他决定将祖父给他起的大名"赵树礼"，改为"赵树理"。他要同老一代人"读书识礼，学优而仕"的思想彻底决裂，他永远要追求革命的真理，要讲道理，要树共产主义之理，树自由、平等、民主、科学、公平、正义、人权、法治之理，为推翻人吃人的社会，为建立一个公平合理的社会，为人民大众翻身和解放，为人民大众的权利和利益，为人民大众的尊严和幸福而奋斗终生。可以看得清楚，这是他在思想上、政治上的又一次大飞跃，一次质的大飞跃。

谁也不会想到，在事隔30多年后的"史无前例的无产阶级文化大革命"中，赵树理竟因为这段不平凡的经历，那几篇并无问题的文字，被打成了"叛徒"。完全不顾史实，不看事情的本质和主流，蛮不讲理，纯属对赵树理的任意诬陷。

1930年5月中旬，赵树理终于走出了"自新院"。他在院中被囚达13个月之久。也许是因为他的"革心"表现为院方所不满的缘故吧，他被囚禁了两期才被放出。

这一年，赵树理24岁。这是他人生道路上经历的一次重大的考验，也是他在政治上、思想上的又一次升华。

如果说，此时的他也不无"迷茫"之感的话，那就是他不知革命何时到来，也不知自己将在何处生存、怎样发展。是从教，还是从文，抑或是干别的什么。前路茫茫，一切都是个未知数。只能在漂泊不定的生活中，苦苦地不断地去探寻了。

就在放他走出"自新院"那天，当局告诉他，长治第四师范又发生了驱逐校长的学潮，领头的就是他的好朋友杨蕉圃、史纪言、王中青，要他去破坏这次学潮。他当即表示拒绝："我负不了这样大责。"

他没有在太原多停留，即徒步踏上了回家之路。1930年6月2日，他到达长治，让杨蕉圃、史纪言、王中青他们早作准备。

他告诉史纪言，自己已不再叫"树礼"，改名为"树理"了。他应邀与同学19人在校园合影，洗印相片时大家又请他题词，他题道：

> 萍草一样漂泊，
> 或许是我们的前程。
> 此间一度的欢聚，
> 不知何时再会。
> 朋友们，我们的归宿，
> 让我们分头去找。

回到尉迟村，见到了日夜思念的父母双亲。一进门，又被父亲痛骂了一顿。说为了他，背了一身的债，地押出去了，驴也卖了，钱也花光了，可到头来，你功不成，名不就，还坐了牢，你可把我的脸丢尽了，太不争气了。原来，父亲爱子心切，曾托在太原当老师的贾恒礼照顾赵树理，答应每月寄5元钱给他，前后共寄过50多元，可是，他只给过赵树理12元。当时200斤谷子才能卖5元，50元对全家来讲可真是难以承受的重负啊！现在家里已是负债累累，老汉能不气恼吗？

家里经济窘迫，沁水县端氏镇的贾景德现下成了省府秘书长，父亲成天价催促他去省城求个一官半职。赵树理好不心烦。

人要活着，总得找个吃饭的地方。家里不是久留之地，只住了两三个月，他又走上了流浪之路。

该到哪里去，该干什么呢？

05

"我只想上'文摊',做个'文摊文学家'"

1930年9、10月间,在四师合影留念的19位同学以"图谋不轨,蓄意捣乱"的罪名,被开除学籍,史纪言、王中青、杨蕉圃等来信约赵树理去太原相会,然后同去北平谋生。

赵树理立即行动,前往太原。可惜由于盘缠短缺,晚到了几天,没能见到那几位同学,他们已上北平去了。他只好暂时住在万字巷同庆客栈,四处求职。此时,他还给已去榆社执教的王璧先生去信,讲了他眼下的处境,望予指教,"倘蒙夫子不弃,辱惠德教"。

有一天,赵树理在街上忽然遇到一个在家乡上高小时的同学,此人一身军装,趾高气扬,说自己现下在48师供职,为上尉参谋,得知赵树理无事可干,就说他那里正缺一名勤务兵,说着就把他拉往"48师留守处"。留守处设在泽州会馆,他的任务就是给这位上尉打水、倒茶、点烟,还有就是上街为他买"料子"抽。

这个48师,是阎锡山为了扩军弄的一个空番号,底下尚无兵马。没过几天,阎锡山便因倒蒋(介石)中原大战失利,撤销了这个番号。赵树理在那里当勤务兵也就两个星期,即宣告结束。那位上尉参谋另有高就,也许是由于既是同乡又是同学之故吧,将赵树理推荐到山西绥靖公署当了个录事。

所谓录事,也就是一些公文抄写之事。工资每月6元。工余时间,他常到同庆客栈,为文具店、邮局糊信封,有时也在寓所替某一中学教员改作文,还为某学校刻讲义,就这样零七碎八赚个小钱,补贴生活所需。

1930年12月27日深夜,他奋笔疾书写下一首长篇叙事诗

《打卦歌》。这是一篇七言旧体诗，长达 84 行。写一个侠义青年问卜的情形。他既不问求财，也不问升迁，只问战乱中母亲可否平安。诗作通过青年之口，把他和他一家在战乱中流离失所，父亲死于战乱，老母无人照料的情景结合起来写，反映了战乱的破坏和人民的苦难遭遇，意蕴深沉，笔带愤怒之情，表达了善良的百姓对军阀混战的不满和痛恨。请看这样一段：

> 尔来溃兵潜晋南，
> 狂涛击破武陵源，
> 泽州一带匪扰遍，
> 一日报端三五见，
> 仓皇迭访南来人，
> 询叩十人九人"乱"！
> 村庄男妇走相逃，
> 枪声震处裂人胆，
> 鸡鸣藩篱屋宇空，
> 尘封旅道行人断。

该诗发表于 1931 年 1 月 14 日《北平晨报》副刊"北晨艺圃"，署名"野小"。赵树理后来解释说："野小者，野老之子也。"意思是自己永远是乡野父老的儿子。诗的末尾，有段附言："这段故事，我之所以要拿旧体格来写，不过是想试试难易，并没有缩回中世纪去的野心：特此声明。"这是赵树理首次在公开的报刊上发表作品，当时写旧体诗已是日暮途穷，他敢于采用旧体诗的形式写出长篇叙事诗，关注人的生命、生活和安全，反映人民在军阀混战中的颠沛流离之苦，在当时实属罕见，这也是需要一点勇气的，也正是他的"独立之精神，自由之思想"的体现。

在这期间，赵树理还写有《野水》，据说是他的第一篇作品，但没发表，原稿早已丢失了。

1931 年 12 月 18 日，赵和清老汉再次为赵树理举办了婚礼。

他为儿子相中的这个媳妇，是武安村一个富户的女儿，名叫关连中。赵树理说他们是"先结婚，后恋爱"。夫妻二人相敬如宾，后育有二男一女，叫二湖、三湖、广建。

次年春，赵树理在家乡附近地区新建的洞庵高小谋到个职业。校长王广铎是他高小时的好友，愿意自己另去谋事，腾出空位让他代课，并把自己每月 16 元的工资分出一半给他。

赵树理非常热爱这份工作，他语文、算术、音乐、图画、体育，样样都能教，历史、地理老师不在时，他也可以代为拿下。他深受学生的欢迎和爱戴。

教学之余，他写了一篇新体诗《新生》，全诗近 650 行，写一个乞儿被杀后其"游魂"为解除人民的苦难而上阵厮杀、最终取得胜利的故事。作品的主人公"我"，本是一个叫花子，一天，两个法警突然让"我"交代和几个"不相识者"打伙劫人的罪行，否则就要"过炮"。"我"被杀死以后，幸被"逍遥真人"救下，修行 49 天，成了一个"自由的灵魂"，可以寄生在任何人身上，代替寄主原来的那个灵魂。"我"一会儿是个老人，一会儿是个兵士，一会儿又是个商人、学生，最后找到一位士绅作为寄主，岂料突然"轰天大炮如雷吼，人人闻之头如斗。哭声伴着杀声嘶，嘶向北南东西走。"面对苦难中的人们，"我真不想再听"，便向"逍遥真人"发出呼叫：

> 我的师呀！
> 你既不愿违抗天运，
> 弟子却生就几分叛性。
> 我只为实在不忍听这种哀音，
> 我的师呀，请你教我一件本领：
> 请把我的灵魂分作两分，
> 让一分儿守此美人，一分儿上阵，
> 待到把那些杀人的野杂种杀尽，
> 归来时好再向一处合并。

《新生》反映了赵树理当时的精神状态和愉快的心境。那时的他，正沉浸在教书育人的迷梦和家庭生活的幸福之中，一心想着在这所乡村学校安身立命，以高度的敬业精神培养农家学童。此时，他在一个行将毕业的学生的扇面上题词一首："九曲风清何处险？人道有篇，我道无篇。我较你长几年，人世甘苦，我已尝遍，唯学校是真正乐园，胜似西方极乐天。""在这里不管它春风怒吼，……（中缺）只要每日应着铃声转，哪怕它妖魔翻劫古佛殿。祝尔青年，不逢太平世，切莫向人间。"这首诗词体现了他对教育事业和少年学子的深情厚爱，也许还流露出几分昔日"教育救国"的余绪。

可是，在那个阶级斗争异常尖锐、复杂、激烈的年代，不可能有"世外桃源"，也没有"极乐天"，阶级斗争你想躲也躲不开。你不招它，它也会找你。

就在他给那位学生题扇不久之后，他又一次莫名其妙地被捕入狱了。

好在有王广铎相救，这位友人兼任着国民党区分部书记，极力为他担保，他才得以获释。

环境险恶，赵树理在家乡又待不下去了。他不得不离开这所高小，他的那个"胜似西方极乐天"的"真正乐园"，再度漂流他乡了。

恰在此时，杨蕉圃来信说，他在太谷县北洸小学任教，将要去太原上学，请他前去代课。

他先上太原，与正在山西教育学院上学的史纪言、王中青相会。

在那里，他写下短篇小说《金子》。这是一篇匠心独运之作，把新区长与地主豪绅相互勾结强征粮秣的经过全部推到背后，而是截取了这场肮脏交易的结尾，借"我"为新区长高升写歌功颂德的"帐（幛）子"，表达人民的苦难与愤怒。他对自己的这篇创作相当得意。

1933 年 8 月，赵树理来到太谷县第五高小，也叫北洸高小任教。

赵树理讲课浅显易懂，还向学生传播进步思想。他最喜爱的作家是鲁迅，他向学生推崇鲁迅，鼓励大家好好学习鲁迅的小说和散文，特别是小说《阿Q正传》。

该校设在汤帝庙，冬天在厢房上课，夏天则把课桌搬到戏台上去上课，附近农民常在午饭后和晚饭后在戏台角落或后台乘凉休息。赵树理常好同这些庄稼汉聊天、打闹，同他们亲密无间，为他们所称赞。

赵树理把他的得意之作《金子》念给当地的农民朋友听，出乎意料，他们反应木然，对小说采用第一人称的写法弄不懂，对倒叙、插叙的写法也不大理解。这使他再次感到文艺大众化、通俗化的重要和必要。

还是在长治第四师范上学的时候，有一次，赵树理曾经把鲁迅的《阿Q正传》读给父亲听，不料父亲毫无兴趣，只是摇头，拿着《秦雪梅吊孝》就走开了。

这次农民兄弟对《金子》的反应，使他感到切肤之痛。新文艺虽然是进步的，但它只是停留在少数知识分子中间，广大群众，特别是农民，他们和新文艺是绝缘的。

他一直在思索，在探讨，一定要找到一条为广大群众特别是农民所喜闻乐见的创作之路。

此时，左翼文坛正在进行文艺大众化问题的讨论，他十分关注。他立下宏誓大愿，要为90%的群众而写作。他说："我不想做文坛上的文学家，只想上'文摊'，写些小本子夹在卖小唱本的摊子里去赶庙会，三两个铜板可以买一本，这样一步一步地去夺取那些封建小唱本的阵地，做这样一个'文摊文学家'就是我的自愿。"（转引自吴调公：《人民作家赵树理》）

如今，他正在沿着这条创作道路尝试着，探索着，前进着。

在北洸高小期间，他开始了长篇小说《盘龙峪》的写作，并写出了中篇小说《有个人》，署名"尚在"，发表于1933年12月5日至21日《山西党讯》副刊。小说写一个农村知识分子想考秀才而未中，因当上闾长而破产的故事。小说发表后，王中青于12月24日在同一刊物上发表《关于〈有个人〉》的评论文章（署名：忠卿）。文章认为："自茅盾的《春蚕》、《秋收》之后，接连不断地产生出许多描写农村经济转变的图画……除茅盾的作品之外，大半都犯了一个共同的一般事实公式化的错误，也就是说把客观的真实的事实观念地处理了。"尚在的这篇小说中的宋秉颖，则是个"真实存在的人"，他所遭遇的事实，"也是真实存在的事实"。文章在谈到作者时称他是自己的老友，并"知道他是主张文艺大众化的，所以他想避免了'欧化'的写法，利用中国旧章回小说的体材（裁），掺入新的内容，原则上我是赞同的，并且我也是这样主张的一个人"。这篇作品的突出特点，就是写出了一个"真实存在的人"

这年年底，他还编了三个小剧，并组织学生排演。一个是《灶君上天》，主题是揭露当时政府中无官不贪、贿赂公行的腐败现象。一个是揭露地主豪绅利用欺骗和强抢的手段娶了一个女学生做小老婆，在新婚之夜刺死地主豪绅后逃走，去寻找自己心爱的人。再一个是，在除夕之夜，债主到农民家逼债，农民无力偿还，求神不应，被迫自缢于庙中。这三个小剧，都是现实生活的反映，发出了人道、人权、自由、平等、公平、正义、民主、法治的呐喊，表现了人民大众强烈的反抗精神。

这些剧，1934 年元旦在高小大院子里由一年级学生进行了公演。村里很多人都跑去看，颇受群众欢迎。那些权贵们看了当然不会高兴。

1934 年 1 月底，赵树理突然被北洸高小解聘了。解雇原因，未曾明言。据说是这样一条："思想过激"。

这是他第四次遭到失业的打击。

赵树理来到太原，投奔史纪言、王中青，想找个职业，未果。

一个月后，他又回到了尉迟村。生计无着的他，听说开封一位同乡在那里开的一个笔店找人帮忙，他决定前去，好歹混碗饭吃。

谁想到开封后不几天，当局有令，要拓宽街道，这个笔店在拆除之列。他只能闲住，有时也给人打卦算命，得个小钱。所带

20 多块银圆大多已经花光，所剩无几。

接二连三的打击，压得他喘不过气来，他的精神几乎要崩溃了，再也承受不起这样沉重的精神折磨了。不知不觉之间，他患上了"被迫害狂"症。

大约 4 月底 5 月初，他决定离开开封，不回沁水，直奔太原。

在过黄河渡口大桥时，他遇到一件怪事。"警察拦住他搜查行李卷，那里面包了一条毛巾、一个脸盆、一块肥皂和 4 块银圆。通过了检查之后，他继续赶路，在一个村店里停脚过夜。他躺下睡觉的时候，听见窗外有四个人在说只有会门中才用的黑话。这引起了他的好奇心，仔细一听，大吃一惊，只听一个人说，从开封来了个汉子，身上有四块大洋。他断定这帮人是土匪，一定是从警察那里得到了他的情报。他怕被绑票，于是在床上躺了三天，抽着劣等的大烟，想显出穷酸的样子，免得土匪注意。"（杰克·贝尔登：《中国震撼世界》第 112 页）可是当他慢慢重新上路之后，他恍惚感觉那几个人一直在尾随着他，直到他走进山西教育学院的大门，他们还在大门外徘徊。他一见到史纪言、王中青，就神色异常地反复高喊："老赵投奔你们来啦！"

赵树理为"被迫害狂"症所困扰，疑虑重重，总以为自己将遭到不测，又怕连累朋友，在 5 月 25 日左右的一个早晨，他独自来到海子边投湖自杀，幸被游人及时发现救起，即送警察局后，方恢复知觉。史纪言、王中青得信赶到警察局，把他接回学院照料。

经过适时救治，6 月中旬以后，赵树理健康逐步得到恢复，一边休养，一边创作。

在这段时间里，他主要是续写了长篇小说《盘龙峪》。内容是农民和封建势力作斗争的故事。小说仅在《中国文化建设协会山西分会月刊》第 2 至 4 期（1935 年 2 月 15 日、3 月 15 日、4 月 15 日出版）以笔名"野小"发表过一章。既找不到愿意接受此书的出版商，也拿不出昂贵的出版押金，小报篇幅太小，容量有限，所以，他只写了 10 万字，也就是一半的样子，就搁笔了。除已发表的一点点外，其他原稿也不见了。

他深感苦闷和无奈，也不免有点丧气。1935 年春，他以自问自答的方式，写下一首题为《耳畔》的短诗，曾以笔名"吴戴"在太原发表。诗曰：

> 你以为你抱有大志，
> 可惜你的大志只能"抱"，
> 抱到东又抱到西，
> 抱得来又抱得去，
> 是不是要一直"抱"到死了为止？
> 你会锄地挑粪，
> 你以为足以自豪。
> 须知锄地挑粪的角色，
> 比你高明者不少！
> 他们都正没有办法，
> 而你的办法是同他们同锄同挑。

为了维持生计，7 月中下旬，赵树理参加了西北影业公司演员培训班。班主任由吕班担任。9 月末，以辛亥革命期间阎锡山刺杀山西省巡抚的故事为内容的实习影片《千秋万岁》开拍，赵树理在剧中扮演一个冬烘先生的角色，王中青在回忆文章中说："赵树理手持长烟袋化装为冬烘先生，还是蛮像的"。赵树理随后又参加了故事片《无限生涯》的摄制，反映煤矿工人的斗争生活，扮演一个资本家的堂役。

在这期间，他认识了亚马。亚马回忆说："同年 9 月，在史纪言家认识了赵树理。史向我介绍说，他姓赵，叫'尚在'。在讨论文艺大众化和民族化问题时，我与赵树理搞熟了。那时，我写过一篇谈内容与形式关系的文章，表示支持鲁迅、瞿秋白的观点，主张内容决定形式，旧瓶装新酒。赵树理发表过一篇文章，署名'尚在'，认为现在不是什么组织文坛的问题，而是应搞'文摊'。他鄙视文坛，对上海十里洋场的文坛很不以为然，表示厌恶洋场恶少。他认为，大家应搞点唱本、蹦蹦，群众花一两个铜板，就可以听书、看戏，得到娱乐。我们要做艺人，到民众中去，不要做什么艺术家。"（李士德：《赵树理忆念录》第52—53页）

赵树理这段时间一直住在教育学院。教育学院同国民师范只有一墙之隔。国民师范是一所富有革命传统的学校，薄一波、徐向前、李雪峰、程子华以及杜润生等革命前辈都曾是这个学校的学生。1936年2月红军渡过黄河东征，太原进步学生大受鼓舞，国民师范成为太原学生运动的中心，进步力量比较强大，不少学生是地下中共党员，领导着太原地区的革命运动。阎锡山不断派特务到国师监视学生的活动。2月中下旬的一个晚上，当局又派个特务潜入学校，被进步学生发现，将其吊在篮球架上痛打了一顿。3月1日，阎锡山派警察数百人包围了国师，大肆抓捕，逮捕140余人，殃及旁边的教育学院，赵树理也被捕了。经审问，知道他是个赋闲之人，用今天的话来说，就是个"并（太原简称）漂"，不是国民师范学生，准许讨保释放。

王中青前去签名盖章，写了个保证，就把他保了出来。出来后，王中青对他说："形势紧张，你先走吧。"

苦闷，无奈，他又踏上了回家的路。

出路何在？人生之路怎么如此艰难、如此崎岖、如此曲折啊！多次失业，多次被捕，漂泊不定，何时是个头啊？他在苦闷、无奈、无望中不懈地追求着，探索着，走着熬，熬着走。曙光就在前头，光明即将到来。

06

抗战烈火燃晋阳，《打倒汉奸》展奇才

赵树理回到了尉迟村，此时正值春天，已进入农忙季节。春耕春播，那是他非常熟悉的拿手好戏。

就在赵树理埋头躬耕田野之时，整个国家的政治形势，特别是山西的政治形势，正在发生着巨大的戏剧性的变化。

1936 年 3 月间，国共两党通过秘密通道接通了中断 8 年多的联系，酝酿联合全国力量抗日救国。为表明诚意，5 月初，中共将原已渡过黄河开入山西的红军全部撤回河西，并发出《停战议和一致抗日通电》，公开放弃反对蒋介石的口号，呼吁停战议和，一致抗日。从抗日反蒋到逼蒋抗日，这是中共根据国内阶级关系变化的实际状况而作出的重大政策变动。

此时的阎锡山也来了个 180 度的大转弯，变反共为联共，联络进步青年，邀请薄一波回山西"共商保晋大业"，并且通电全国，率先提出"守土抗战"的口号。顿时，山西成为全国抗日的前哨，成为爱国军民追往的先进地区。

9 月 18 日，"山西省牺牲救国同盟会"在太原成立，提出"不分党派，不分男女，不分职业，只要不愿做亡国奴的人们，一齐动员起来，积极参加一切救亡运动"的总纲领。10 月，共产党人薄一波和杨献珍、韩钧、董天知、周仲英等受命来晋。薄一波与阎锡山见面即提出三个条件：第一，宣传共产党抗日救国主张，不应受到限制；第二，对抗日救亡有利的事都做，不利的事不做；第三，在用人方面应给予方便，并保障人身安全。随后，他即主持牺盟会的实际工作，迅即举办各类军政训练班，培养了近万名中级和基层干部，会员也在数月之内发展到 89 万人，使之成为共产党领导下的动员山西群众参加抗日的群众组织。抗日救国，形势大好。

　　这一年的夏天，史纪言、王中青从山西省教育学院毕业，回到长治，接办上党19县联立乡村简易师范，特邀赵树理前去协助工作。赵树理欣然前往。

　　赵树理在乡村简易师范的具体情况，王大昱在《母校难忘 师生情深——访赵树理的学生孟宪德同志》一文中是这样说的："赵树理是他的班主任，又是他的语文老师。当时的上党盆地和长治市，正处在进步的抗日力量和落后保守的反动势力激烈斗争之中。史纪言、王中青、赵树理等人到乡村师范后，积极改变过去一般师范陈腐落后的办学方向，团结进步教师董用芳、赵秋心等，传播革命真理。在他们主持下的乡村师范，'开民主之先河，树革命之风气'。他们到乡师不久，就成立了学生会，孟宪德同志就是当时学生会成员之一。乡师通过班主任和学生会，积极组织学生开展各种形式的学习宣传课外活动。例如组织'鲁迅读书会'、'哲学研究会'、'世界语学习会'等等，由赵树理老师组织的巡回剧团、'吹毛壁报'和课外阅读（活动），也很活跃。不少进步书刊和学生见面。他记得有艾思奇的《大众哲学》，鲁迅的《呐喊》《彷徨》，高尔基的《母亲》，还有《西行漫记》和《解放》杂志以及茅盾、丁玲的作品。"孟宪德回忆说："学校组织的多种活动，赵老师都让我们参加。"（董大中主编：《赵树理年谱》，北岳文艺出版社，1994年第1版，第120页）

　　此时，随着全国抗日救亡运动迅速高涨，乡师很快也成为进步学生的重要活动场所。赵树理热血沸腾，激情似火，在课内课外进行着抗日宣传，给学生们讲历史上反抗侵略者的英雄故事。他还给学生宣传"国防文学"。

　　1936年12月12日，张学良、杨虎城发动了轰动中外的西安事变。就在这一天，赵树理赶写完了有韵小剧《打倒汉奸》，发表于1937年1月14日、21日《太原日报》副刊"开展"第11、12号，署名"常哉"。"开展"为20年代"狂飙社"的主要成员高沐鸿主编，他是中共党员，在太原文艺界颇有威望。他很重视说唱文学，说"那是为民众开展工作"，呼吁作者多多赐稿，赵树理积极响应，随即写成此稿。

可以说，《打倒汉奸》是赵树理创作道路上的一个里程碑。

作品围绕农村青年出路问题展开情节，反映农村破产带来的社会矛盾。矛盾的焦点是寻找什么样的出路。村里出去两个大学生，一个叫黑旦，一个叫保官，黑旦安于清贫，国而忘家，一心在省城忙于抗日救亡，保官是个不择手段只顾自己赚钱的汉奸，他把乡亲们骗到天津，卖给日本人修机场，生死不明，而不明底细的乡亲们却羡慕他有路子，争相请他给自己介绍职业，直到黑旦带着上当受骗逃脱虎口的来栓回到家，揭穿了他的真面目，激起了众人的愤怒，当即打死了这个万恶的汉奸。人性的善良与邪恶，在这里形成了鲜明的强烈的对照。

《打倒汉奸》的一个显著特色是密切配合政治形势和通过对比来揭示主题。这个特点贯穿于日后赵树理的整个创作生涯之中。

还有一个特色，是通篇以对话为主，中间偶尔夹进一两句作者的叙述，但不管是对话还是叙述，都合辙押韵，读起来朗朗上口，十分动听，农村生活气息浓郁，很适合演出。用韵语写话剧，这是个新创造。

请看开头一段，村民们在黑旦家中议论找工作的情景：

"你不会先教白旦跟上保官去天津纱厂纺线？听说一月能赚十来块钱。"

"咱白旦痴眉楞眼，那里会给人家纺线？"

"好干，好干：你不看南院王官，西院小软，前庄上小二、小三、疙瘩、小板、兴旺、来栓、大发、小满……哪一个不是痴眉楞眼？都不是今年夏天跟了保官去天津纱厂纺线？"

"不过也有人说那边的世道很乱，一伙人去了半年，到如今钱也不见，信也不见，慌得老人们心里打战。小软的娘前天不是还在庙里烧香许愿？"

"烧什么香，许什么愿？他们都很平安，我给他们带有信件！"说着保官就来了保官，黑旦的爹走在前面，赶紧给人家打起门帘。

"回来了保官？"赵二嫂说着就往起站。

"坐了良舰！"黑旦的爹一边拂着炕沿，一边看了赵二嫂一眼："女人家只知道那么乱喊，难道不知道李少爷的大号叫'良舰'？"

赵二嫂赔了个笑脸："哟哟，谁敢比你老汉，见过世面？"说着又向黑旦的娘挤眼："看，看！大冬天看人家保官的领口还往外卷！看，看！看人家小口袋里装那黑漆烟管，还镶着金圈！看，看！看人家胸前那一条金丝绳一晃一晃打闪！看，看……"

真是一幅绝妙的农村生活画面，人情世态，可谓绘声绘色，农民的语言，农民的声调，农民的眼光，农民的心态，农民的做派，跃然纸上了！

再请看下面一段，这是黑旦带着遭了大难的来栓回家与父亲相见时发生争论的场景：

"来栓不是在天津什么纱厂纺线？"

"纺线？他算是遭了大难！"

"人家遭遇了大难，难道你是做了大官？"

"你就只认得做官！"

"好，好，你去讨饭！"

"还说讨饭，你忘记了逼得人家媳妇差点寻了短见？"

"寻什么短见？"黑旦看了媳妇一眼。

"亏你还有脸问俺！你在外边住得那么安然，别人的死活你那里还管？"

"谁能不上外边？难道要我一天看你几眼？"

"谁要你看？人家的男人都会弄钱，你偏不给人增脸，让人家一个'下贱'，两个'讨饭'，天天对着人揭短！"

"那算什么短？谁愿意讨饭？真讨了饭，又有什么下贱？如果外国人把咱这地方一占，我看谁也得讨饭！"

　　"自己不会弄钱，还要扯那么远！"老汉眨了眨眼："你看人家保官，一年几万，成天穿绸摆缎！谁像你大冬天穿一件破袍，一件布衫，看看多么体面？"

　　"像他那事我任凭死了也不干！"

　　"我说你只能讨饭，你媳妇还说我是揭短！人家当了委员，你却只能闲住在会馆！"

　　"什么委员？也不过当个汉奸，仗着鬼子们的气焰招摇撞骗！我虽然忍点饥寒，总不至于有他那么凶残、下贱！"

　　"什么汉奸不汉奸，能弄来白花花的银圆就算！"

　　"我不能卖着同伴，卖着乡亲去干！"

　　"我不和你辩！人家对乡亲顾盼顾盼，你却说是卖着乡亲去干！又是什么遭下大难！"

　　"待一会你不会问问来栓！"

　　这一家人对话的现场展现在了我们面前，父亲、母亲、妻子、丈夫，个个性格鲜明，活灵活现，人物的语言都是个性化的语言。在这里，作者对人物个性和个性化语言的驾驭能力，已经达到了出神入化、炉火纯青的地步，这是作者以往的作品所未曾达到的高度。《打倒汉奸》在赵树理创作生涯中堪称杰作，具有里程碑意义。

　　赵树理在原作题后标明："相声底本也能演成独幕剧"。当时曾在农村干演过一个时期。1944 年，在华北根据地太行山区群英会上，阳南剧团重演了这个小剧，赢得了行家们的一致好评，"不只本县人说好，连这次大会的多数戏曲工作者，都很注意，认为这是新东西。"（《阳南剧团的来历》，载《工农兵》第 1 卷第 4 期）在大会总结时还特意指出："这次大会，出来两种新东西，一种是分区的《全家福》，一种是阳南剧团的'押韵话剧'，很好听。我们农村的文艺工作者，我们戏曲的老把式，应该是顺着这条路子，大胆创新，用心研究。"

　　赵树理在新中国成立后回忆说：当时确实作为小剧"在农村演过一个时期。后来抗战开始，那地方成了抗日根据地，除奸成了合法的了，这戏就失去了现实意义，我连稿也没有存。"1950年，在同事们的鼓动下，他一口气背诵了下来，并写了出来，发表于《大众文艺通讯》第2期（1950年4月出版），题后标"有韵小剧"。人物对话，除个别字词外，与后来查到的原稿一模一样。足见作者的记忆力是何等的惊人，也可以想见作者当年付出的心血是何等之大，下的功夫是何等之深，真可谓深思熟虑，字斟句酌，千锤百炼啊！

1937年2月，赵树理写出剧本《打灶王爷》（已不存），元宵节在长治县火神庙公演。还演出了《打倒汉奸》《放下你的鞭子》《谁之罪》等。他是这些剧目的导演，在有的剧中还是演员。

4月下旬，他离开乡师，来到太原。先在太原市电影院做临时工，后还在大营盘一家饭店做过厨师。

期间，他拜访了高沐鸿，就文艺大众化问题进行讨论。他几次与亚马相见，对他与高沐鸿主编的《太行》杂志创刊号提出意见。内容大约就是发表于《太原日报》"开展"上的那篇《对〈太行〉的批评和建议》。文章肯定该刊在思想内容上"都抓紧了救亡，都捉住了现实，都很正确地把握了目前的时代，并且都充满了战斗性，这真是中国文化界新起的生力军。"同时也认为还不够通俗化。"中国救亡阵线的主力军，我们知道他们多是文盲呵，他们也正是都缺短着文艺的食料呵。我们的作品，怎样才能到了工厂和农村。战友们，'通俗化'，这是一把开那锁子的钥匙呀。你们做弹词小调短短的小说，俗俗的歌……吧！一字一句都应当注意大众们能不能懂得。我希望你们实践你们'深入于工农兵的群众中'的口号！"

1937年7月7日卢沟桥事变爆发，全国全面抗战开始。事变的第二天，中共中央即发出《中国共产党为日军进攻卢沟桥通电》，向全国人民呼吁："平津危急！华北危急！中华民族危急！只有全民族实行抗战，才是我们的出路"；号召"全中国同胞，政府，与军队，团结起来，筑成民族统一战线的坚固长城，抵抗日寇的侵掠！国共两党亲密合作抵抗日寇的新进攻！"7月

17日，蒋介石也在庐山发表谈话说："如果战端一开，就是地无分南北，年无分老幼，无论何人，皆有守土抗战之责任，皆应抱定牺牲一切之决心。"

此时，薄一波等人领导的山西牺牲救国同盟会的抗日宣传和组织发动搞得热火朝天，赵树理热血奔涌，立即奔回长治，找到牺盟会特派员宋乃德，加入了牺盟会，从此走上了共产党领导的新民主主义革命之路。开始，他被分配到长治县牺盟会宣传队，在城乡进行宣传鼓动。不久，宋乃德又介绍他到阳城县牺盟会工作，该县特派员是要崇德，任命他为四区特派员。

赵树理任阳城县四区特派员后，组织成立了阳城县第一个时装小剧团，除了在董封镇的主台口外，还到10几个村庄演出，受到群众的拥护和称赞。

1937年冬，由要崇德、桂承志介绍，赵树理重新加入中国共产党。

1938年4、5月间，赵树理接替王春，担任阳城县四区区长，王春改任二区区长。其任务主要是发动群众，树立抗日信心，巩固抗日政权，发展牺盟会、自卫队，保证我军粮草供应。

他在任上，同群众同吃同住同劳动，讲话不搞长篇大论，有时还编成快板讲给大家听。比如：

> 父老兄弟们，听我把话讲。
>
> 日本野心狼，杀人鬼魔王。
>
> 国家遇灾难，民族遭危亡。
>
> 匹夫有责任，卫国保家乡。
>
> 男的扛起枪，女的拿起棒。
>
> 老人看门户，小儿去站岗。
>
> 人多出壮丁，财富献钱粮。
>
> 大家团结紧，齐心打东洋。
>
> 谁要当汉奸，叫他见阎王。
>
> 人人牢记心，谁也不能忘。

他的讲话，总是很有吸引力、凝聚力，只要他开会，人们总是来得又快，人数又最多。

不久，赵树理被调回阳城县，当了县公道团团长。公道团本是阎锡山为对付共产党于 1935 年成立的一个组织，阎为总团长，县、区、村各级都设有团部。牺盟会通过合法途径，赶走了阳城县原来的反动团长，安排赵树理出任此职。

这年夏天，为适应形势，利于斗争，晋豫特委指示阳城县委建立了公开活动和秘密活动两套班子。为了加强团结抗日，根据上级指示，由八路军、国民党、牺盟会、公道团等组成阳城县动员实施委员会，县长陈发贵任主任委员，牺盟会特派员魏永生和公道团赵树理任副主任委员，共同负责各民众团体和群众投入抗日救国的中心斗争。

随后，国民党军在一次会议上，突然提出国军每个师要有一名代表参加动员委员会并担任副主任委员，要陈、魏、赵立即签字同意，当即遭到他们的一致拒绝。赵树理说："你们就是砍掉了我的脑袋，打透了我的胸膛，这个字我也不能签！"

1939 年 1 月 21 日，驻在阳城的国民党 33 军团地工队，纠集四区的三青团，以军事演习为名，包围了县城，闯入县牺盟会、自卫队、各抗日团体办公处，实行打砸抢，剥去县牺盟会特派员魏永生、郭崴的衣服，将他们的被褥、办公用品和文件扔到院里，放火烧毁。

事发后，晋豫地委决定将政治身份暴露、不便在阳城县继续工作的 10 名共产党员，其中包括赵树理在内，暂时调离阳城。

1939 年 1 月底、2 月初，赵树理来到牺盟会长治中心区报到，被任命为第五专署民众宣传科科长，主要任务是发动和组织戏曲演出。

这年春，杨献珍来到长治，任五专署秘书主任。他和薄一波等来晋后曾在临汾任阎锡山的民族革命大学四分校主任，去年冬阎锡山说："民大四分校太革命了"，下令停办，于是来到长治。杨献珍对赵树理的印象是："赵树理与大家一样，穿蓝布军服，打绑腿，人很朴实，土里土气，简直就是一位穿军装的农民。"（李士德：《赵树理忆念录》，长春出版社，1990 年第 1 版，第 59 页）

赵树理一向喜爱戏曲，在担任民宣科长后，就着手改组旧戏班子，做团结民间艺人的工作，把上党梆子一类戏曲、秧歌等纳入到民宣工作的范围中来。

6 月，民间艺人王聪文调来民宣科，不久，他们一起吸收程联考、郭江成、王胖则等 19 人组织起抗战剧团，即烽火剧团，赵树理兼任团长。

在繁忙的工作之余，赵树理编写了好几部历史剧，其中重要的有两个。

一个是《韩玉娘》。写的是一个南宋青年女子韩玉娘反抗金人的故事，系由京剧《生死恨》改编而成。

韩玉娘被金人掳去，在与陈鹏举成亲洞房之夜，她劝丈夫投奔岳家军参军杀敌，不意丈夫误以为是敌人的美人计，怕累及己身，却向敌人告发，致使韩玉娘惨遭严刑拷打。在京剧《生死恨》中，韩玉娘含恨死去，陈鹏举遁入空门，赵树理则反其意而为之，让韩玉娘在临终前看到陈鹏举抗击金兵，不胜欣喜，并嘱咐道："为妻死后，你要好好尽忠报国，杀退金兵，收复大好江山，也不枉为妻想你几年。"陈鹏举痛失贤妻，发誓牢记玉娘遗言，"杀敌报仇冤"，不断向敌人奋勇进击。这一改动，化悲剧为正剧，矛盾更加集中，思想性更加强烈，大大提高了人物的精神境界，强化了爱国主义情操，在抗战初期的形势下，无疑具有很好的教育激励作用。就唱词而言，也很精练、通俗，颇有特色。

另一个是《邺宫图》。写的是东晋 16 国后赵天王石虎要修邺宫，强征民伕，掳掠美女，民怨沸腾，酿成农民起义的故事。剧中的李宏是个敢于反抗异族压迫的农民起义的领袖，他不甘忍受家破人亡的境遇，聚众高呼："各家兄弟，你我都是中华百姓，落在胡人手里，人人受他欺压，愿意报仇的，跟我李宏来！"于是，10 万民伕齐响应，轰轰烈烈的农民起义爆发了。这台戏剧，对鼓舞和动员人民投身抗战，无疑会有强烈的效果。

7月，面对日寇第二次"九路围攻"，向来为兵家必争之地的长治形势吃紧，五区专署决定撤离。兵分两路：一路往白晋路西沁水、阳城，一路往白晋路东壶关。路东的工作由杨献珍负责。

赵树理带着烽火剧团转入路东，在太行山深处各地巡回演出。剧团每到一处，都受到隆重欢迎，群众是那样如饥似渴地喜欢看戏。群众对演出人员热诚相待，在极其困难的条件下，许多人拿出自家的水果、麻糖送给演员，有的制作锦旗，挑着美酒，送给剧团，令赵树理十分感动，铭记在心。

9月初，赵树理奉杨献珍之命，调壶关县芳岱村，主编《黄河日报》路东版副刊。杨献珍非常欣赏他在这方面的才干。报社的主编是王春，一向支持他的文艺大众化、通俗化的主张。赵树理可谓顺风顺水。他给副刊起了个名字叫"山地"，字也是他书写的。

从此，赵树理就跟编辑副刊交上了"朋友"，先后办过三个副刊。

赵树理创作生涯中的一个新的重要的阶段开始了。

07

主编几个小报，锤炼创作魂魄

就在赵树理忙于办他的《山地》副刊之时，正当晋东南军民全力以赴抗击日寇第二次"九路围攻"之际，阎锡山却在蒋介石掀起的第一次反共高潮中，向共产党及其领导下的抗日救国力量下毒手了，在山西全境制造了惨绝人寰的"十二月政变"。

杨献珍在《论山西十二月政变》（连载于1940年2月《新华日报》华北版）中谈到发生在晋东南地区的灾难时写道：

十二月四日，阳城新生报社被暴力摧毁，石印机与收音机被暴徒抢走，编辑王良被绑去活埋了。接着阳城十五日，晋城、沁水于十八日，先后发生同样事变，方式也是一样的。十二月三十日，壶关县第三区区长及牺盟会干部十六人被番号不明之军队两营包围绑去，至今生死不明。长治有二十几个干部被一次活埋了。十二月二十三日，决死三纵队第八总队一部分叛变，全部政工人员被俘虏。同时，《黄河日报》被独八旅武装解决，报馆被投手榴弹三百余枚，编辑人员全部失踪，公款财物损失万余元，机器全部被捣毁。二十六日，独八旅在尹家沟袭击第五行政督察专员公署及牺盟会长治中心区，抢去公款财物价值数十万元，公务人员及牺盟会干部被屠杀十余人。该部并捣毁了五区专署修械所，抢去枪七百六十余支，机件全部抢走。在这一连串事件中，青年干部被屠者在五百人以上，被捕者在千人以上，尤以阳城为最残酷。《新生报》编辑王良，系一热情忠诚的记者，竟被活埋了。单是阳城一县，区村干部被杀者在三百人以上。杀头、挖眼、挖心、挖脑、割乳、割生殖器、割耳、剁手、活埋，什么惨无人道的手段都有，妇女干部被俘者，强奸以后杀死。

12月29日，朱德和彭德怀致电阎锡山，报告孙楚在晋东南以武装手段，策动阳城等六县政变，大肆杀害抗日进步分子和共产党员。孙楚并扬言先解决牺牲救国同盟会后驱逐八路军。希望阎加以制止，重加考虑，以免酿成大的不幸。12月31日，朱德接见《新华日报》华北版记者，发表谈话，指出：孙楚作为省政府行署主任，对阳城等数县所发生之同室操戈的反进步事件，难辞其责。在被害的进步分子中，亦有共产党及八路军工作人员，八路军对此不能漠不关心。八路军对少数阴谋反动分子危害中国共产党及八路军的言论，正在密切注意中。（引自中共中央文献研究室编：《朱德年谱》第213—214页）

在牺牲者中，不少是赵树理在阳城、长治工作时的战友，他刻骨铭心，悲痛不已。烈士的鲜血不能白流，赵树理在血与火的斗争中百炼成钢。

此时的赵树理，上有杨献珍的赏识与重用，又有王春这位老友的支持和配合，工作可谓得心应手。他把自己多年的理想化为现实，《山地》在形式上，鼓词、快板、童谣、故事、小说、杂文等等，无所不包，在政治思想内容上，以发动人民抗战，揭穿阎锡山反共反民主的阴谋为范围，在"十二月政变"期间，对揭露顽固派的阴谋起了很大的作用。《山地》同其他任何报纸的面貌都不一样，很受读者欢迎，贴在各县城的街道上，凡认得字的都愿意看看，道路往往为之堵塞。

杨献珍对此印象很深，他回忆说："每逢《黄河日报》（路东版）发到各县，贴到城门洞，往来行人抢着看《山地》；交通常常为之堵塞。我也是从《山地》副刊上，加深了对赵树理创作大众文艺本事的了解。他的文章浅显生动、干净利索，连'啊、了、吗'之类的虚词都不随便用，文风朴实幽默，措词严谨，老实讲我很佩服和赞赏。"（杨献珍：《暮色苍茫念手足》，载《中国通俗文艺》，1982年第11期）

赵树理在《回忆历史认识自己》一文中也说："那时候山西政权名义上还是阎锡山的，实际上他的反动统治机构已经失灵。

他觉察到这一点，所以在1939年便以什么'同志会''突击队'等名义派下一批又一批的反共组织来破坏我们的地方工作。他当时出过小报叫《黄河日报》，我们就利用他这个名义（那时还没有和他公开破裂）在壶关办了一个《黄河日报》太南版，专门揭发他派来那些虾兵蟹将的劣迹。那小报的副刊叫《山地》，由我担任编辑，我便利用我熟悉的那些民间艺术形式来攻击他们。老实说我是颇懂得一点鲁迅笔法的，再加上群众所熟悉的民间艺术因素，颇有点威力。这报专往他们所到的地方贴，贴到哪里读者挤到哪里。"（《赵树理文集》第6卷第464—465页）

1940年2月，突然内部起了点小风波：牺盟会上党中心区派来了一批同志到《黄河日报》工作，他们自恃为上级机关所派，又没有带组织介绍信，王春拒不接受，双方发生争执，王春被扣押，赵树理愤而辞职。后来双方各作自我批评平息事态，但赵树理耕耘的红红火火的《山地》却被夺走了。

新来的人认为《山地》不够艺术，也就是说太土气，另派姚天珍主编副刊，并将《山地》改为《晨钟》。

赵树理无事可干，被派到厨房当"事务长"。那时报社设在平顺县杏岭村，在该县最高峰处，吃饭是个大问题，菜需要从山下买了沿着小路背上来，很不容易。赵树理虽然对《晨钟》刊登一些空洞无物的东西很有意见，但他还是注意团结新来的同志，专心致志，尽责尽力，积极把伙食搞好。他还学了一套做饭的手艺，以烙饼最为拿手，口感美，速度快，动作爽利，令人赞叹不已。

"十二月政变"后，阎锡山悍然解散牺盟会，1940年3、4月，《黄河日报》（太南版）将本版副刊停刊。

1940年4月中旬，赵树理来到平顺县源头村，参与中共太南区委机关报《人民报》的筹备工作。这是赵树理编过的第二份报纸。

5月1日，《人民报》正式发行，他仍然担任报纸副刊编辑。文章风格也继续保持《山地》的特色。不过，他在这里工作时间很短，也就一个月的样子，中共中央北方局即发来调令，要他到华北《新华日报》馆报到。

杨献珍于这年2月调任北方局秘书长，他向《新华日报》馆推荐了赵树理。《新华日报》馆是当时华北抗日根据地最大、最主要的报馆，赵树理一向主张文艺大众化、通俗化，他的实践和业绩，很为《新华日报》馆所看重。

赵树理的兴奋之情自不待言。他即找到北方局，开好介绍信，熟记下《新华日报》馆的联络暗号，兴致勃勃，一路赶来，到达了目的地：武乡县圪隆峧，也叫安乐庄。

他遇到的第一个人便是著名记者华山。华山详细记叙了他进入圪隆峧两人相遇时的情景，妙趣横生，极具喜剧色彩。请看：

是1940年的春天吧，当时华北《新华日报》馆驻在太行山脉下一个千山万壑里的小山村，叫作圪隆峧，又叫安乐庄，属山西省武乡县管。我在"木刻工作室"给报社刻插画。门口站着个人忽然说话了："同志，问个话行吗？"

真讲礼貌！我回过头去，只见门框傍着个过路打扮的瘦高个儿，且喘着气，披着件罩住小背包的旧棉大衣。我见他独自一人，汗水淋漓，关心地说："你上哪儿？"

"请问"，他凑到跟前，把声音压在嗓门眼里，悄悄问道："这是《新华日报》馆吗？"

我一怔，这人是谁？跑来打听报馆！

在敌后方，是个战士都知道，部队番号是保密的。圪隆峧的老百姓只知道村里来了一个"平凉"部，是个后方机关。什么机关就说不来了，也不问。报社内部也都以代号称呼，或者直呼名字。可这人……你见人就问，我还会装糊涂哩！

"新华肥皂厂？"我冲他一打量，摇了摇头，"这一带，没有肥皂厂。你到西井看看？离这里四十里。翻大山过去，紧走两步，抹黑能赶到啊。"

说着，我转过身，又画起来。心里可默画着一眼记下来的轮廓：三十多岁，满脸皱纹，那么大年纪还背个背包行军真少见啊。在八路军里，当时二十多岁就算年龄很大很大了。……他的脸色和旧棉大衣满像是同锅台烟火常年打交道，但身架腿脚可不像背着行军铁锅走长途啊。正揣不透，他又说了："同志，我可以进来歇歇吗？"

我回过头去，他还是傍门站着，怕挡了光线。我赶忙说："可以！"同时冲着光板土炕一扬脸，"刚打扫过，累了随便歇会儿。"

那时候，对待生人，既要提高警惕，又要热情关怀，先定性后考查是不允许的，可也怕说漏了嘴。见他倚坐炕沿，我又转身画画了，只是尖着耳朵听着。

"同志"，歇歇他又说了，"我有几点嗜好——可以抽烟吗？"

我一愣，还抽大烟？在八路军的概念里，抽大烟不是旧军队，就属地主官僚、社会渣滓。我立刻想到前不久阎锡山发动的"十二月政变"，好多友军都跟了过来，免不了有人又想进步，又急忙去不掉这点嗜好，给一点特殊照顾也是应该的吧。不由得看他一眼：果然牙齿黑黄，面有菜色。便同情地说，"可以吧。……就是没有炕席。"

"他放下大衣，卸下背包，没有上炕，却蹲在炕脚地上，背靠炕沿，掏出三寸长一支小旱烟袋。我差点没笑出声来：什么外国小说里学来的洋规矩，抽袋旱烟还征求同意！可看他那拘谨样子，真不像到过什么十里洋场的新派知识分子啊。还会打火镰！只听得嚓的一声，腕子一撵，怪美的。可是他为什么跑到圪隆峪来，打听报馆，我还是揣不透。可他站了起来，背上背包，披上大衣，冲我和悦地说声谢谢，出门走了。

我凑近窗口，看他已拐进一家院门，正是我们社长何云同志住的那个院子。赶紧跟踪上去，找到支干会的民运干事，叫她赶快去看看。天晌午了，正是开饭的时候，我回家拿上碗筷到了通联科院里。编辑部秘书笑眯眯地挽着个背包进来了，领着那人，跟等着饭菜的同志们说："大家欢迎！又来了新战友：赵树理同志，通俗文艺专家。"赵树理见我在，点头笑笑。我也点头笑了。从此，"新华肥皂厂"成了报社一个小典故。以后熟了，有天我说："那天你来，就不打听代号？"

"该没有哩！"他一本正经地说，"那天我到'巴黎'（就是北方局），转了关系，拿了介绍信，人家还专门开了路条，让我反复背诵，记住了，当场烧掉。一路上我背得烂熟。站在门口看你画画，还背着哩。见你炕沿放着三瓶颜色，都是新打开的。心想真是大机关啊。一紧张，把代号都忘了，越急越想不起来。有心拿出介绍信，又怕你不是报社的人，再不敢问，真怕你送我到锄奸部去。"（华山：《赵树理在华北〈新华日报〉社》）

华山的详尽的描述，真实地反映了在当时那种险恶的对敌斗争环境下人们的工作情景、生存状态、内心世界、道德操守及他们二人的性格特点。由于特定的历史条件和环境，不能不小心戒备和防范，但都是革命同志，彼此又那样互相尊重，彬彬有礼，温暖如春。战争时代的气氛，人物的音容笑貌，栩栩如生。

赵树理到来时，正好赶上《抗战生活》复刊。这是当时唯一的一份综合性半月刊。编辑科长为王春。

赵树理写的第一篇文章《"私人意见"》，署名"方定"，载《抗战生活》第 2 卷第 5 期（1940 年 7 月 1 日出版）。文章开头说："私人有了意见，最好谈出来让大家'集体处理'——采纳，更正或根本取消——不应该'私有'在自己的脑子里，永远成为'私见'。"文章最后讲了将意见谈出来的四点好处，有理有据，很有说服力。

在第 2 卷第 6 期上，赵树理化名写有《喜子》（通俗故事）、《怎样利用鼓词？》，第 3 卷第 1 期上写有《变了》（通俗文艺）。《变了》这篇不到 3000 字的小说，通过婆媳之间的矛盾反映了根据地人民生活的变化，语言通俗、幽默，再次鲜明地显示了他运用大众口头语言写作的独特风格。

接着，他又写了鼓词《开河渠》，以及《身在福中不知福》《"应对如流"》《谈兴趣》等文，发表于《抗战生活》，对干部和群众很有教育作用。

1940 年 7 月 20 日，中共中央北方局宣传部发出关于出版敌占区报纸《中国人》的通知，指出："为了开展对敌占区的宣传工作，特决定自八月一日起，由《新华日报》华北分馆出版对敌占区宣传刊物——《中国人》周刊。"要求运用通俗化的语言和老百姓喜欢看的形式，执行下列政治任务：第一，向敌占区人民宣传我党的政治主张，进行抗战教育；第二，向敌占区人民揭露敌寇汉奸的一切欺骗宣传；第三，介绍敌后抗日根据地，鼓舞敌占区人民的斗争情绪，动员敌占区人民参加抗战并发动敌占区人民的斗争。

这项急迫艰巨的任务，自然落到了公认的"通俗文艺专家"赵树理的头上。领导上赋予他办报的全权，他大展拳脚的机会来了。

编辑部设在一个又小又黑的土屋里，既是他和另外两个同志的办公室和宿舍，土炕和锅台占去了屋内大部分，锅台上摆着他们的吃饭用具和脸盆。炕上放着一张小桌，是他的写字的地方，他往起一站，就能碰到黑乎乎的屋顶。若是敌人来犯，就背着钢板、铁笔上山，把稿纸铺在石头上编撰文章。

报纸八开四版，可容纳 5000 字，二三十篇文章。一版专发社论和要闻，他开辟了"实话实说""鬼话正解""三言两语""时事回答"等栏目，或从正面阐述抗日救国的道理，或从反面将日伪的"经济提携""王道乐土"等反动言论予以批驳，尽情地揭露敌人的残暴丑恶。在第四版副刊《大家看》上，花色品种更是多种多样，小说、诗歌、鼓词、快板、杂文、故事、有韵话、话剧、唱剧、寓言、相声、讽刺笑话、民间歌谣等等，真可谓琳琅满目，美不胜收。《中国人》的第一读者华山曾称赞赵树理说："对他运用通俗文字的才能佩服极了。总共几千字一期小报，居然能搭配出那么多栏目，抗日根据地的新事物和新政治概念都要宣传出去，还要明白易懂，引人入胜，真了不起。"

对于赵树理在在抗战时期编小报一事，根据杨百铸《忆赵树理》一文辑录，赵树理在 1955 年、1956 年曾这样回忆说："那时，办小报，从采访、编辑到印刷、发行都是我一个人包办，又当主编，又当发行员，样样干……农民不识字，看不懂书报，只能让别人念给他们听。所以，办小报主要是给农村干部看的，通过干部再向群众宣传。"他又说："我在农村与老乡吃住在一起。夏天干活时，在地头树荫下，冬天活计少，蹲在房前晒太阳，和老乡拉家常。我向他们宣传党的政策，讲新故事，他们很喜欢听。农民有什么话都愿意对我讲，有什么疑难问题找我给他们解答。我了解农民的喜爱和要求。农民需要什么，我就写什么。农民喜欢什么艺术形式，我就采用什么形式。快板、评书、故事、小说，以及地方戏曲，我样样都写。"（《赵树理全集》第4卷第402页）

所写作品以暴露敌人为多，歌颂自己较少，战斗性、群众性强，很受大众欢迎。如有人把汪精卫画成一个猴子日本人牵着走，他就在上面题上："做了日本官，好像猴爬杆，一时不听话，就要挨皮鞭，再说不干吧，人家用绳拴，抗战胜利后，怎么到人前？"贴到哪里那里的群众就念，有的还从电杆上揭下来，装进口袋，带回去传播。

《中国人》的新闻消息主要来自《新华日报》（华北版），他加以缩编改写，尽力韵文化。如《新华日报》刊登的新闻《神枪手刘二堂》，到《中国人》上面就变成了一段简捷生动的快板：

辽县老百姓，都学刘二堂。

去年十月初，鬼子来扫荡。

进到窑门口，遇见刘二堂。

砰砰两子弹，一对敌人亡。

到了第二天，鬼子又逞强。

进攻烟子岭，自寻苦恼尝；

二堂早等候，子弹装满膛，

对准黑影子，一击中胸膛；

收拾胜利品，步枪大衣裳。

从此根据地，都知刘二堂。

民兵大检阅，奖旗空中扬，

上写"神枪手，辽县刘二堂"。

（载 1941 年 3 月 19 日《中国人》）

篇幅比新闻稿少了一多半，相比之下，更好听，还好记。

再如《李二嫂炉边闲话》，这是作者由一只新闻引发而独创的一篇对话体有韵微型小说：

上月二十七日，罗斯福发表了炉边闲话。二十八日，早晨七点钟，李二嫂的炉边闲话接着也发表了，原文如下：

问：二嫂！锅里蒸的是馍？

答：馍？一年来谁见过馍？自从把粮食交给鬼子封锁，每月休想多领一颗！二和不能挨饿，我才给他蒸些糠窝窝！

问：大家都是这样过活？我也正想蒸些糠窝窝，你的驴要是闲着，借给我推一会磨！

答：自从鬼子来了，驴还会闲着？前天运粮回来，二和他爹坐的盘儿还没有暖热，就又给拉去驮货。如今的日子那里还能过？我老婆活了四十多，谁知道老来还要加这一层鬼子公婆？去年百团大战，多亏八路军抄过他的鳖窝！

问：二和还在学校上学？

答：维持会叫上，咱也没法推脱。能学些什么？一课一课，不是讲"新政府"，就是唱"防共歌"，骂人家八路军"杀人放火"。我常说："二和！再休唱他那鬼歌！前年八路军不是在咱家住过？你看人家对老百姓多么谦和？跟着鬼子血口喷人，都是罪过！我看人家八路军蛮不错！只有鬼子才"杀人放火"，将来总要教八路军打得他没处逃躲！

（载 1941 年 7 月 2 日《中国人》，署名"文"）

活脱脱的一位农村老年妇女的口吻，反映了敌占区人民的生活情状，人们对苦难的倾诉，对日寇的仇恨，对抗战胜利的渴望。

特别令人钦佩的是，一些理论问题，赵树理也能想方设法说得通俗易懂。

比如《漫谈持久战》，作者说："有位毛泽东先生，下棋不知道怎么样，看抗战却看得十分清楚，作了一本说抗战的书，书名叫《论持久战》，真有先见之明，三年以来，全部战争的局势，都是照着他的话来的。'持久战'就是'熬着打'。照他那书上说，长期熬着打，中国一定能得到最后胜利，要想痛痛快快马上见个谁输谁赢，那中国就非吃大亏不可。"又说："反攻阶段是什么光景？""那时的中国，老百姓受了长期抗战的锻炼，又养成了民主政治的习惯，因此也长了见识，也长了本领，都知道了中国是自己的，都学会了管理国家大事，都学会了配合军队作战。军队数目也增多了，本领也高强了，家伙也得劲了……一句话，我们自己各方面都大大地进步了。"那么，"抗战胜利后的中国是个什么样子？"作者从各个方面作了阐述，认定大家的日子一定是越过越好，说："要想证明这种好过的日子将来是不是能实现，最好请看今日的抗日根据地。在这些根据地里，在抗战期间，就要给将来的好日子打下根基。抗日根据地没有帝国主义的势力，这已不成问题。抗日根据地实行了民主，除了汉奸卖国贼，每一个老百姓，不论士绅、老财、庄户、雇工，都有了平等的权利。抗日根据地，到处提高生产力，保护自由营业、自由贸易……这一切，哪样不是给将来的好日子打根基？哪样不是真正地实行了孙中山先生的革命的三民主义？"（载 1941 年 1 月 1 日、4 月 2 日、4 月 9 日《中国人》，署名"画瓢"）作者从抗日根据地，联想到抗战胜利后，信心满怀，那时，将更民主，每个老百姓权利平等，当家作主，自由营业，自由贸易，发展生产力，"日子一定是越过越好"。作者讲的这些根本大事，前景多么令人鼓舞！

又比如《民主歌》。这是宣传抗日根据地的民主普选和对官员的监督的，作者的喜悦和赞美之情溢于言表，请听：

不是疯子与汉奸，管理国家都有权。

能定法，能选官，多数同意就能算；

法令官员不合适，也能取消也能换。

不折不扣这样做，民主才算兑了现。

推三阻四不实干，满口民主也扯淡！

请看抗日根据地，怎么说就怎么办；

村到区，区到县，不分贫富与贵贱。

男女年满十八岁，管理国事都出面。

不怕奸人造谣言，自有事实大家看。

真则真，假则假，何必再与奸人辩？

（载 1942 年 4 月 23 日《中国人》，署名"赵定之"）

　　再比如《创举》，这是一篇宣传晋冀豫边区临时参议会的选举的文章，作者称赞这是一个"初步实行民主政治的伟大创举"，同时也批驳了那种认为"人民还不会运用民主，还须长期训练"的论调。他说："期'长'到什么程度？已经训了十三四年了尚毫无效果。看来恐怕不是二十世纪能够完成的事。""在半封建半殖民地的中国，真的民主，大多数人民从不曾瞻仰过。画饼充不得饥，不拿出真的货色想要知道谁是真正为国为民，训到后五百年也扯淡。只要诚心诚意动员大多数人民，成立起一个真正的民意机关来，使这机关对国家大事说了就算数，然后再向较落后的人们说：'这就是民主'，再不须要多说什么淡话，自然不愁人不懂。""因此我说这是本区的一个好的创举，只有真正的抗日民主政权才能实行的一种创举，这是初步实行民主政治的伟大创举。"（载《抗战生活》革新号第 3 期，1941 年 5 月 25 日出版，署名"定"）

　　还有《比一比看》。这是一篇"有韵话"，称颂共产党真正为国为民。文章说：

要想知道谁是真正为国为民，最好看看他行的是什么政令。你若看了陕甘宁边区的施政纲领，敌寇汉奸的鬼话，哪里还能哄人？

你若是五十岁以上的老人，一定见过各色各样的政令：从满清、袁世凯、段执政……直到冀察政委会退出北平，曾有哪件事情是真正为了全体人民？他们的法令深而又深，听起来好像驾雾腾云，只能叫人头疼，哪肯牙清齿白定出一个施政纲领？他们那些政令，为了骗人，也许有几条念出来也还好听，可是念来念去，永远也不敢执行——例如实施宪政。

……

假只是假，真才是真，因为共产党人真正为国为民，他才能定出这样牙清齿白的施政纲领，只有这个纲领才是抗日救国的不二法门。并且他绝不只图念着好听，假如你曾和任何一个共产党人接近，你一定知道共产党从来不弄一纸空文。

（载 1941 年 5 月 14 日《中国人》，署名"定之"）

赵树理以浅显的令人非常愉悦的大众口话讲出的这些真话和实话，及其所蕴含的深刻道理，如民主普选、民主监督、实施宪政等，不仅在当时有重要的现实意义，即使在今天，也不无启迪作用。

在这里，他给予我们的一个重要启示，就是如何做到"寓教于乐"，如何把文化娱乐与革命宣传融洽地完美地结合起来，不是板着面孔，那么那么干瘪，那么面目可憎。

革命离不开文化娱乐，不能没有文化娱乐。他在一次文化娱乐晚会上曾讲过这么一个段子："咱们这个晚会，叫作文化娱乐晚会，为啥打日本、闹革命，还要文化娱乐呢？我们做工作，好比毛驴拉碾拉磨，驮炭驮水，一天半晌过来，干活累了，让毛驴喘喘气，歇歇劲儿，卸了驮子，卸了驮架，套包笼头毡都卸了，牵着驴儿在太阳地里转上几圈，转着转着，毛驴就懒洋洋地跪下两条前腿，躺倒在干土地上，美美地打个滚儿，裹上一身浮土，又滚过来，滚过去，滚得四脚朝天，好舒服啊，歇上会儿，浑身上下一抖擞，抖掉满身浮土，蹦起来，喷喷鼻子，翻翻嘴唇，扬起脖子，放开嗓门，鼓着肚皮，胡呵胡呵，一叫唤，又精神了，干起活来又是一身劲了。文化娱乐就像驴打滚，没点文化娱乐不行，可是光打驴滚，不干活，就不是只好驴子了。所以做工作，闹革命，都要学会驴打滚，可千万别做打滚驴。"大家听了一阵哄笑，但并未深解其意。

"文化娱乐就像驴打滚"，要学会"驴打滚"，不做"打滚驴"，这是赵树理对文化娱乐与革命的关系的独具特色的阐述，非常形象，精妙绝伦！他的作品，就像"驴打滚"，赏心悦目，令人人爱读爱看，感到快乐，给人以智慧和力量。

《中国人》遵照中共中央华北局宣传部的要求，用通俗化的语言和老百姓喜欢的形式，全面贯彻落实三项政治任务，报纸虽小，作用很大。那些有力有趣的文章，几乎全部出自赵树理的手笔。各类文章，都要用大众化的通俗易懂的口语表述，要求很高，需要嚼字，反复修改，有时往往改得一塌糊涂。对赵树理来说，这是文字的锤炼，更是思想政治境界的升华。

赵树理在办这三个小报的过程中，写了几十万字的小鼓词、小小说、小杂文。在这个过程中，他从政治上、思想上到文字表达上，历经磨砺，日益走向成熟。

08

舌战群贤会，脱颖《万象楼》

　　太行山抗日根据地集中了一大批优秀知识分子，但像赵树理那样热衷于文艺的大众化、通俗化的人却寥寥无几。脱离实际，脱离群众，是当时普遍存在的一个大问题。

　　1940年7月24日，朱德总司令从太行回到延安不久，即在延安鲁迅艺术文学院作了题为《三年来华北宣传战中的艺术工作》的报告，这个报告的提纲收在《朱德选集》中，是书中唯一一篇论述艺术工作的文章。他首先报告了三年来华北宣传战的一般形势。他说，敌人的特务机关统制了新闻杂志书籍，组织了各种欺骗宣传团体，出版了大批的报纸、杂志、小册子、传单，来宣传"建设东亚新秩序""日满支提携"和反共，以及进行各种挑拨离间的宣传。我们则首先经过部队的宣传部门，并取得抗日救国政权和群众团体的配合，出版了大批的报纸、书籍和相当多的宣传品，在部队中还发动每一个战士进行宣传工作。我们宣传的中心内容是坚持抗战，坚持团结，指出新民主主义的中国的前途。结果，虽然我们因技术和各种条件的限制，在宣传手段上远不及日本帝国主义，但是，我们拥有真理，同广大群众有密切的联系，使群众从切身利益的经验中认识到我们的正确，所以群众是拥护我们的。其次，他说，"敌人在宣传中重视利用艺术"。他用事实说明，敌人的一切宣传是尽量利用艺术的，敌人利用艺术，是特别注意中国形式的。接着，他着重讲了对艺术在宣传工作中的作用的看法，对艺术工作者的要求和希望。他说，"一个宣传家不必是一个艺术家，但一个马列主义的艺术家应当是一个好的宣传家。""我们的艺术作品不是给少数人看的，而是给中国广大民众和军队看的。我们必须认清对象，面向群众，面向士兵。""认清对象，便提出一个问题——艺术的民族形式和民间形式的问题，也就是大众化和通俗化的问题。"提出民族形式和民间形式的重要原因："因为它易为大众理解。我们不能笑它俗气而摈弃它，要知道敌人是利用它作工具的。我们应当使它成为我们手中的武器。""因为要创造中国新民主主义的艺术，必须接受民族文化传统中的优良的东西而加以发扬。"他说，我们要求，"一个好的艺术家，应当同时是一个政治家。在阶级社会里，艺术是为一定阶级服务的，绝对不能超然。艺术家要加强自己的政治修养，才能做一个好的艺术家。所以，必须学习马列主义，决不能看轻了这一点。""艺术家应当参加实际斗争，体验生活。他不应当站在群众之外，而应当站在群众之中；不应当是旁观者，而应当是参加实际斗争的战士。只有这样，才能深入生活，创作出好的作品，为广大群众所喜爱。"（《朱德选集》第72-75页）

仔细阅读朱德总司令的文章，有助于我们了解晋东南艺术工作的全局，亦有助于正确认识赵树理在全局中的地位和作用。他的整个艺术创作实践和主张，和朱总司令的意见竟然那样合拍，惊人的一致。难道是因为他们都是出身农家，都是人民的忠实的儿子的缘故吗？

1941年，赵树理就通俗化问题写有两篇重要文章，一篇是《通俗化"引论"》，一篇是《通俗化与"拖住"》，署名分别为"吉提"、"陶伦惠"，意即集体、讨论会，阐述他和同志们对通俗化的认识与主张。

发表于《抗战生活》第2卷第1期（1941年9月25日出版）的《通俗化"引论"》认为，"第一，在对抗战的宣传动员上说，通俗化的作用是顶大的。"各种"小书"历来在民间广泛流行，但是我们新兴文化运动者，还没有一样通俗的"小书"可以比得上它的万分之一。"由于抗战动员的需要，这种现象，我们却断不能再让其自然存在。因此我们就得有抗战'小书'；而这种无孔不入的'小书'的创造，就非运用通俗化的手法不可。""第二，通俗化也不仅仅是抗战动员的宣传手段"，它还得负起"提高大众"的任务。这样一来，通俗化的意义就更加重大了："它应该是'文化'和'大众'中间的桥梁，是'文化大众化'的主要道路；从而也可以说是'新启蒙运动'一个组成部分——新启蒙运动，一方面应该首先从事拆除文学对大众的障碍；另一方面是改造群众的旧的意识，使他们能够接受新的世界观。而这些，离开了通俗化，就都成了空谈，都成了少数'文化人'在兜圈子，再也接近不了大众。这一点，应该成为通俗化最主要的意义所在。"文章还批评了把"通俗化"和"通俗文艺"混为一谈的错误观点，批评了把"通俗文艺"仅仅解释为"利用旧形式"的错误看法。

发表于《抗战生活》第2卷第2期（1941年10月25日出版）的《通俗化与"拖住"》，认为："本来通俗化的任务，在于普及文化，从而提高大众。所谓提高，大致可分四个方面：第一是改造大众迷信落后思想，使大众都能接受新的宇宙观；第二是灌输大众以真正的科学知识，扫清流行在大众中间的一些对事物的错误认识；第三，在文字方面，也应该是使大众逐渐能够欣赏新的形式，而不尽局限在旧的鼓词小调上头；第四是应该注意到大众语言的选择采用，逐渐克服大众语言的缺点，更进一步丰富大众的语言。我们如果根据这些条件来检讨一下我们目前的通俗化书报，检讨我们是否做到了'提高'；或者相反，在某些方面，正尽着拖住的作用，这是很必要的。"作者根据查阅过的一些通俗化书报小说举例证明："正是'拖住'的成分多，'提高'的成分少！"从思想方面来说，迎合群众迷信落后思想，宣传"有鬼论""宿命论"，宣传不相信自己的力量，凡事靠官做主，依赖"青天大老爷"。从形式来讲，宣传文字的神秘感，无条件地采用旧形式和大众口语，其"结果也都是很坏的"。

朱总司令说得对，敌寇是很重视利用艺术，利用中国的民族形式、民间艺术形式来进行宣传的，其宣传手段是我们远远不及的。敌寇的所谓"治安强化运动"，便是"三分军事七分政治"，对抗日根据地一面不断进行残酷的"扫荡"，一面不停地进行文化侵略、文化渗透，指使汉奸利用群众中存在的愚昧、落后的思想和风俗习惯，破坏抗日救亡图存。

1941年，在太行山腹地黎城县，出现了一个由汉奸操纵的迷信组织"离卦道"。"离卦道"是八卦的一个支派，很早就传到了黎城。自从日寇实行"强化治安"以来，"离卦道"便大肆活动起来，他们的首领多利用看病借机进行反动宣传，如说"入道之后，敌人来了可不杀"，"服用道中符，可能有隐身法，使敌人看不见"等，使不少群众信以为真，利用宗族关系、家庭关系，在短短几个月的时间内，就发展道徒1700人。在大力发展反动组织的同时，他们还大肆造谣，破坏我抗日工作。如我军帮助农民春耕，他们说是为了"要粮"；政府实行"三三制"，他们说"三三制是口疮、痔疮、大疮，三疮都没有治"。他们秘密建立武装组织，男中有"铁罗汉"，女中有"铁女兵"，偷割我军电线，替敌人散发传单。他们编出谶语，暗示"离卦道"的首领李永相将坐天下。

10月12日，"离卦道"首领纠集五、六百道徒，妖言惑众，宣传抗日政府里妖精作乱，县长是丧门星下凡，公务员全是鬼怪转世，不把他们杀了，黎城百姓就难逃刀兵水火大劫。于是，道徒们吞下灵符，兵分五路，第一路高喊着反革命口号，向公安局冲杀。其他各路以放火为号联络。我军和地方民兵闻讯，迅速投入平叛战斗。他们闹事不成，匆忙奔向敌人据点微子镇，沿途跑走一批，逃到微子镇时尚有100余人。

黎城县地处我太行抗日根据地的中心，是党在晋东南开展工作较早的一个地方，全县没有日伪军。这次暴乱是发生在我党各项政策已经施行，并得到各阶层人民拥护的1941年，这不能不使人感到震惊和痛心，发人深思。朱德说："在军事上，我们的武器比敌人差，但我们却打了胜仗；在政治上，我们掌握着真理，但我们却打了败仗。"（杨献珍：《数一数我们的家当》，载《华北文化》第2期）一年多以前，朱德就说过，我们在宣传手段上是"远不及"日本帝国主义的，他们是很注意利用艺术，利用我们的民族形式、民间形式作为工具的。

1942年1月16日至19日，八路军一二九师政治部和中共晋冀豫区党委于清漳河畔曲园村召集 400 多名文化人参加的会议。参加会议的有：根据地 22 个文化团体和附近敌占区的开明士绅，八路军总司令部、一二九师师部、太行军分区、冀南军分区、边区政府、太行区 6 个专署、28 个县、《新华日报》社、华北新华社、太行抗战学院、鲁迅艺术学院等机关的代表，真是群贤毕至。这是抗战以来规模最大的一次文化人的聚会，可见要解决问题之急迫与重要。

当天的《新华日报》发表题为《文化战线上的一个紧急任务》的社论，指出："在这一事件后，可更清楚地看出，一个带有迷信伪装的迷途，正在敌人特务的摆布下，诱惑我根据地的同胞迷失方向，葬送自己。我们要加强对敌政治斗争，就必须给参加会门的同胞，做一番艰苦的'指路'工作。""现在，适逢文化人大集合，我们要求大家都来注意这一严重的实际问题。"

一二九师政委邓小平在雷鸣般的掌声中致辞。他指出，在文化战线上，比起敌人，我们是处于下风。因此，他提出五点希望：（一）文化工作者应该服从每一个具体的政治任务，应该是今后文化运动的指针。过去本区的文化工作，缺乏和政治任务取得密切联系，常常赶不上政治任务的需要，有时甚至发生脱离现象；（二）广泛发挥文化工作的批判性，过去某些作品，往往颂扬多于批判，没有成为有力的战斗武器；（三）认真动员根据地和敌占区一切新旧老少文化人、知识分子到抗日文化战线上来，过去这种工作，注意很差，一方面固然因为各有成见，但有很多是被关门主义的错误所挡住了；（四）要为广大群众服务，必须了解群众，了解群众的生活和要求，要接近群众，才能够提高群众，过去有很多脱离群众的现象，作品还不能够普遍地为群众欢迎。最后，他希望每个文化工作者，要做一个村的调查工作，来丰富作品的内容。（《文化人座谈会热烈举行，四百文化战士大聚会》，载 1942 年 1 月 18 日《新华日报》华北版）

据《新华日报》（华北版）报道，会上"发言者异常踊跃"，"意见殊多分歧，辩论热烈"。

18 日，赵树理在会上发言。他一上来，就从他那个自制的怪模怪样的挎包里装着的《太阳经》《玉匣记》《老母家书》《增删卜易》《麻衣神相》《洞房归山》《秦雪梅吊孝》等书中，随手取出一本，高声朗读起来：

> 观音老母坐莲台，
> 一朵祥云降下来，
> 杨柳枝儿洒甘露，
> 拯救世人免祸灾。

全场哄堂大笑，也有人指责。赵树理一概不理，板着脸一扬手说："这才是在群众中占压倒优势的'华北文化'！其所以是压倒的，是因为它深入普遍，无孔不入，俯拾皆是，而且其思想久已深入人心。"他喘了口气，又说："请你们回去再看跟着来的马夫、勤务员的手上，拿着的是你们写的一至两千册呢？还是这种小本本。老实说，这些书就是从他们那里随便找来的，因为家家都有，他们一到驻地也就能借到。它像敌人的'挺进'队一样，沿着太行山爬上来了，毒害着我们的人民。可惜我们却一向不干预这些事，甚至以为新文化运动应该不涉及这些'低级'的事情。这种态度是错误的！我们应当起而应战，挤进它的阵地，打垮它，消灭它。但在形式上，还要向它学习，因为它是老百姓喜闻乐见的。"最后，他建议成立"通俗文艺社"，要把文学从左翼作家的亭子间里取出来，放到劳动人民的炕头上去。他说："一篇文艺作品，无论小说、戏剧、诗歌以及其他等等，如果千百万人民看不懂，不愿看，听不懂，不愿听，一句话，就是不为人民所接受，那文艺还有什么社会效果呢？文艺的宣传和教育作用又在哪里呢？作家创作岂不是浪费笔墨和纸张吗？对人民又有什么用处和好处呢？你是白吃了人民的小米饭！"

19日，杨献珍代表地方和军队的党组织作了总结性发言。他说："检讨过去文化工作，率皆脱离实际，脱离群众。有许多实际例子，证明文化工作者尚不虚心，好高骛远，个人主义，不注意研究社会问题。希望在 1942 年彻底转变以上态度。并提出以下三点意见：一、发扬为群众服务的精神；二、掌握辩证唯物论的思维方法；三、充分准备文艺创作上的工具。关于创作新民主主义形式问题，要吸收民族文化的传统精神与外国文化的精华，因而要：1、反对不照顾群众的倾向；2、反对为艺术而艺术的倾向；3、要客观地衡量群众的水平；4、加强批判性，着重深入农村之调查工作。"（《一九四二年晋冀豫文化人座谈会纪要》，载 1942 年 1 月 21 日《新华日报》华北版）

杨献珍讲话刚刚结束，不料就有一位在《新华日报》工作的二十来岁的青年诗人高咏站起来，表示反对。他断言："用群众语言写不出伟大作品"，还说群众虽然是大多数，但却是落后的，先进群众是主要的，不能以数量的多少为标准。这种公然不愿为广大群众服务的文艺观点，自然受到大家反驳。但大多是从理智上赞成"大众化"，虽然滔滔不绝，慷慨陈词，却又比较空泛，说不清楚，越说越气。高咏笑嘻嘻地看着他们，好不得意。这时，赵树理站了起来，他谁也不看，只是望着人头上面的墙壁，慢语轻声地说道："我搞通俗文艺，还没有想过伟大不伟大，我只是想用群众语言，写出群众生活，让老百姓看得懂，喜欢看，受到教育。因为（他把话锋一转，提出来一个针锋相对的观点）群众再落后，总是大多数，离了大多数就没有伟大的抗战，也就没有伟大的文艺！"他是那样平和、淡定和真诚。华山回忆当时的情景说："鼓掌声把房顶都快抬起来了。解渴！过瘾！扬眉吐气！真亏老赵一句话哩。"（华山：《赵树理在华北新华日报》，《回忆赵树理》，山西人民出版社，1985 年第一版，第 223—224 页）

会后，赵树理奉调中共晋冀豫区党委宣传部，《中国人》周刊亦随之归区党委领导。地点在河北省涉县赤岸、温村一带。

创作反对封建迷信的剧本，是赵树理的夙愿。他曾写过《神仙世家》，但没有完成。黎城"离卦道"暴动发生以后，他就琢磨着写一出反映这一事件的戏剧。正在这时，宣传部负责人问他能否以"离卦道"暴动为背景写个反迷信的戏？恰好合他的心意，他就回答说：试试看。

他在这方面生活积累丰厚，自己从小就生长在"神仙世界"，对迷信活动中的人和事很熟悉。他也听王春讲过，他曾去一个佛楼打过牌，佛前有方桌、条几，打牌时把方桌往前一移，几桌下放个尿盆，大家在佛座前就往里面尿尿。楼上有里外间，里间可以抽大烟过瘾，可以搞腐化。远路弟子来了，大敬神，就不让打牌尿尿，待走了，收拾干净，继续干。

为了进一步收集材料，他还去黎城县"离卦道"曾经活动的地方进行调查，看了他们活动的场所，找一些曾被迷惑的人谈话。

直接取材于"离卦道"暴乱的上党梆子《万象楼》，因为早有生活上、思想上的准备，所以进展很快，5月初就写出来了。

剧本中的何有德，原为太行山某县统税局长，抗战爆发丢官回乡，痛恨共产党，组织古佛道愚弄乡民，与汉奸吴二相勾结，趁中秋节"古佛临坛"之机，欺骗、煽动愚昧无知的道徒攻打抗日的县政府，被我公安机关抓捕。事情集中在一个晚上，剧情也不复杂，但十分紧凑，戏剧冲突剧烈。赵树理一向遵守这样的创作原则："要写自己见过的，类似生活可以嫁接，没有见过的就不行，真正虚构的没有，不是借这块，就是借那块。"王春讲的佛楼打牌、过瘾、腐败被嫁接到这里，成为不可或缺的细节。《神仙世界》中的大半部分内容，亦为该戏所吸收。作者巧妙地躲开了自己没有看见过的"离卦道"暴乱，以及平乱的过程，而是着力刻画了一个幡然悔悟、反戈一击的小头目李积善，把原来对"离卦道"的外部镇压，改为内部揭发。赵树理对这类农民十分熟悉，他们善良、老实，受尽欺凌，但并非没有血性，一旦觉醒，发现自己上当受骗，便会向恶势力报仇雪恨。剧中，吴二在楼上强奸李积善的女儿李月桂，促使李积善奋不顾身起而捍卫自身的权益，焕发出人性的光辉，挥剑杀向敌人，留下"满街香"揭露敌人的阴谋，不仅合情合理、合乎逻辑地构成了强烈的戏剧冲突，而且具有了普遍的教育意义。赵树理说："反迷信，最好从内部揭发，现身说法，比八路军揭发说服力更大。"这样写，这样去启发和教育农民，他们更容易接受些。

这个戏曾在晋东南各地上演，反响强烈，对反迷信活动起了很大的宣传教育作用，是"夺取封建文化阵地"的一个大战役。

《万象楼》是赵树理用他一向钟爱的上党梆子创作现代戏的一个重大成果，也是他运用文艺形式解决现实生活中提出的问题，为他认定的政治正确服务的一次成功的尝试。他对这个戏很重视，解放初期，他曾把这戏在《工人日报》重新发表，在"文化大革命"中，他多次说他的艺术生命是从这个剧本开始的。他不无悲怆地说："我是生于《万象楼》，死于《十里店》。"

赵树理接着写了《"总结之外"》《请查一查原因》《胜读千百篇空头议论》《反对卖膏药》等文章，分别署名"定"或"理"发表于《华北文化》《新华日报》华北版。他注重宣传的客观效果，提倡讲真话、讲实话，反对讲空话。《"总结之外"》是转述他人的文章，指出：在客观效果上，无论干部，无论群众，是否真正接受了我们的宣传？宣言、传单、小册子是否真有人读？读了是否有所感动？应该表扬的，是否引起人的钦慕？应该揭发的，是否引起人的憎恨？指出的事，是否有人照办等等，这一大串问题是在总结中看不见的，然而这却是宣传的真正效果，不在于"我们怎样做了"，而正在于这总结之外的一大串问题中。赵树理强调的这个问题，具有永久的意义，值得做宣传工作的同志时刻反思。左权县向有"模范县"之称，可是在敌寇的"扫荡"中，在其他地方抢粮计划都破产了，唯独在左权县却完成了四分之三的计划。赵树理在《新华日报》发文，请左权县自己查一查原因。他主张冬学不仅要教老百姓识字，而且要让大家懂得些道理。无论谈什么，都要能联系实际，老百姓愿意听，接受得下。他反对那种无计划无止境的夸夸其谈，他认为，那样做，既妨害了正课的教学，政治教育也绝不会有什么成就。赵树理求真务实，最重实际效果，他的这些意见和看法，可以看作是他对"离卦道"事件进行反思的继续和深入，即使对"模范县"，也可以和能够在报端公开进行批评，发挥舆论监督的作用。这很可贵，很难得。

09

小二黑一炮走红，太行山升起巨星

在 1942 年 5 月反"扫荡"斗争中，华北《新华日报》损失巨大，社长兼总编辑何云等许多同志牺牲，机器也没有了。高咏与敌人搏斗，壮烈殉国。赵树理在一次行军中，遇雨天山路难行，不意掉下十几丈深的悬崖，同行者大惊，赶紧跑到崖下施救。幸亏他穿着棉袍被树丛挂住，安然无事，虚惊一场。

反"扫荡"结束后，《新华日报》首先恢复了石印厂。《中国人》石印出版，仍旧归中共晋冀豫区党委宣传部管，仍旧由赵树理一人编辑。驻在河北省涉县下温村前街。

在 5 月反"扫荡"斗争中，北方局调查研究室的损失最为惨重，几十名干部全部牺牲。这年秋天，彭德怀对北方局党校负责人杨献珍说，敌人"扫荡"如此频繁，党校跟着总部行动，也不能安定地学习，我想给你们找个偏僻，敌人又不容易去的地方，你们住在那里，免得经常行军转移耽误学习。他又说，北方局调查研究室的干部都牺牲了，索性把调查研究室放在党校，由你一块管起来。杨献珍提出把赵树理调来，集中精力写通俗故事，教育群众。彭德怀表示同意。

1943 年 1 月，赵树理被调到北方局党校，同他一起被调来的还有王春。

赵树理的报人生涯至此基本结束，即将步入他创作生涯的黄金时代，创作的丰收期。

1943 年早春，赵树理来到辽县（后为纪念在反"扫荡"斗争中牺牲的左权将军，改名为左权县）县委机关驻地麻田村以北 35 公里的西黄漳村，住在老乡家里，从事调查研究和写作。

这年春节，麻田村闹红火，村里人请他给编个演唱节目，他随即写了活报剧《告区长》，大意是一对青年男女向区长告状，反对封建买卖婚姻，宣传"自由结婚和气美，买卖婚姻要反对，拥护政府新法令，谁破坏咱就反对谁！"可以看作这是稍后创作的《小二黑结婚》的先声。

写于此时的《平凡的残忍》，署名"王甲土"，载《华北文化》第2卷第3期（1943年3月出版），对那种嘲笑当地人民的现象提出了尖锐的批评。文章说："贫穷和愚昧的深窟中，沉陷的正是我们亲爱的同伴，要不是为了拯救这些同伴们出苦海，那还要革什么命？把金针海带当作山珍海味，并非万古不变的土包子；吃南瓜喝酸汤，也不是娘胎里带来的贱骨头。做革命工作的同志们，遇上这些现象，应该是引起的同情而不是嘲笑——熟视无睹已够得上说个'麻痹'，若再超然一笑，你想想该呀不该？""目前正在我们抗日根据地吃南瓜喝酸汤的同伴们，正是建设新中国的支柱，而以金针海带当山珍海味的我，还马马虎虎冒充着干部，为将来新中国计，何忍加以嘲笑？""我们的工作越深入，所发现的愚昧和贫苦的现象，在一定时间内将越多（即久已存在而未被我们注意的事将要提到我们的注意范围内），希望我们的同志，哀矜勿喜，诱导落后的人们走向文明，万勿以文明自傲，弄得稍不文明一点的人们坐也不是站也不是！"赵树理对这种歧视和嘲笑群众的错误现象的批评，是同他批评那些看不起通俗化、大众化的现象联系在一起的。

接着，他便写下了名震太行的通俗故事《小二黑结婚》。

事情是从调查研究开始的。

一天，赵树理住的房东家里来了位亲戚向他告状。告状者哭诉道："我是横岭上村的，我侄儿岳冬至是个民兵队长，被干部活活地打死，把尸体吊在牛圈的梁上，造成上吊自杀的样子。我要求边区政府派人调查，给咱做主说说理……"

第二天，赵树理即步行几十里，来到横岭上村住了下来。前前后后，一住就是一个多月。他找老人聊天，与青年人谈心，不仅把案情弄了个清清楚楚，而且还了解了村里的许多情况，包括村民们对村干部的意见。

赵树理发现，岳冬至跟本村女青年智英祥正在谈恋爱。智英祥人长得俊俏，作风正派，村长、青救会主席在村里横行霸道，他们本是有妇之夫，却常常上智英祥家中挑逗、调戏，想奸污她，遭到她的痛骂和抗拒。因此，他们对她怀恨在心，并迁怒于岳冬至，处处找岳冬至的岔子，并跟踪盯梢，对他进行打击报复。他们甚至还通过亲戚关系，联合别的村子的人一起反对岳冬至和智英祥自由恋爱。

事发当天下午，村长等人因有敌情去高峪开会，岳冬至没去。他们怀疑他趁他们不在，去了智英祥家，所以在回来的路上就商定晚上开岳冬至的斗争会，斗他一顿，捆他一绳，逼他承认腐败的罪名，同智英祥一刀两断。岳冬至拒不认错，理直气壮地说自己的恋爱是正当的、合法的，并责问他们私自斗争干部犯不犯法？村长等人理屈词穷，恼羞成怒，对他拳打脚踢，竟活活把他给打死了。死后，他们又把他的尸体吊在他家的牛圈里。可是牛圈太低了，腿都跪在了牛粪里。谁都能看出岳冬至不是自杀，这不过是个蓄意伪造的假现场。

4月底、5月初，县公安局来人做了侦讯，将村长等4人抓去关押。村长等人早已商定，让青救会主任一人顶罪，因为他年龄较小，可以减轻罪责，以减轻他人罪过。结果，主犯因未成年，且被法院认定为"争风嫖娼"而殴打，减处有期徒刑5年，其他人判有期徒刑1至1年半。一年后，县政府又以证据不足，年龄又小，将4人一并释放回村。顶罪者连气带病，一年后病故。此案真凶，至今不明。

赵树理通过深入调查研究，亦参加了案件的审理过程，深深感到受几千年来封建传统思想道德的影响，在婚姻问题上，父母之命、媒妁之言，似乎成了不可更易的铁律。岳冬至的父亲给他收养了一个八九岁的童养媳，他似乎就成了有妇之夫，不管他本人是否愿意、是否承认。智英祥本不是本地人，她是跟随其父从河北武安县白草坪附近迁来的。她的母亲去世后，继母把她许配给了一个她根本不认识的40多岁的商人，这似乎也成了她不可改变的命运，不管她本人如何坚决不从。社会舆论看不惯自由恋爱，对岳冬至因此被打致死，当地普遍的看法是"打几下教育教育不过分，可是不该打死。"岳冬至的家人也认为，虽不该把岳冬至打死，但教训教训还是应该的。2006年赵树理百年诞辰，左权县史志研究者邢晓寿在接受《北京青年报》记者尚思伽采访时说："那时候，偏远山区封建思想的影响还很严重，年轻人自由恋爱被认为是不正经的。法院也认为，岳冬至自己有童养媳，喜欢别人是不道德的。"就是在今天，横岭的老人依然认为这是件不道德的事。他曾到村里采访，岳冬至的两个如今60多岁的侄子，提起惨死的四叔还说："岳冬至不走正道。"更遑论当初那个婚姻只能听父母之命、女子不能随便抛头露面的年代，惹得一群有媳妇的男子为自己争风吃醋的智英祥在世人眼中便算不得规矩女子。（《平生踪迹最相亲》，载2006年9月24日《北京青年报》）

赵树理在调查研究中还发现，这个村的干部年岁虽然都不大，但有的系旧社会的渣滓，有的流氓成性，有的贪污腐化，村民恨之入骨，但又不敢惹他们，因为谁惹他们，谁就会倒霉，谁就会吃亏。

赵树理认为，岳冬至之死，绝不是"情杀"。他要以这个案件作为素材，面对普遍存在的社会问题，写一个通俗故事，旗帜鲜明地肯定、赞扬自由恋爱，帮助人们从是非不辨、麻木不仁的愚昧落后的旧伦理道德的泥潭中挣脱出来，给封建恶霸势力以有力的一击。于是，现代文学史上轰动农村的小说《小二黑结婚》诞生了。

《小二黑结婚》中的小二黑和小芹，一个是年轻漂亮的特等射手，一个是纯洁美丽的姑娘，十分般配，这对出现在抗日根据地的青年农民，已经不是过去的农民，他们为了争取做人的权利，争取自己婚姻自由，已经摆脱了封建思想道德的束缚。小二黑的父亲给他收养了一个童养媳，虽然父亲说是千合适万合适，但小二黑不认账，同他父亲吵了好几天，父亲是非养不可，小二黑是寸步不让，对抗到底："你愿意养你就养着，反正我不要！"三仙姑给小芹找了个国民党军队退职旅长，收了人家财礼，小芹也跟她妈闹了一场，把收的首饰绸缎扔了一地，说："我不管！谁收了人家的东西谁跟人家去！"他们知法、明理、守法，会依靠法律的手段维护自身的权利。小二黑对小芹说："我打听过区上的同志，人家说只要男女本人愿意都能到区上登记，别人谁也做不了主。"面对武委会给他开的斗争会，他认为自己没有错，嘴硬到底，并责问捆他的金旺"无故捆人犯法不犯。"小芹面对妇委会给她开的斗争会，同样敢于抗争，她拉着妇救会主席找村长说理："捉贼要赃，捉奸要双，当了妇救会主席就不说理了？"当金旺、兴旺得意地喊着"拿双拿双"时，小二黑大叫道："拿？没有犯了法！" "你说到哪里咱就去哪里，到区政府你也不能把谁怎么样！"小二黑的父亲看见金旺、兴旺把小二黑绑了要送上级，央求他们"抬抬手"，小二黑说："爹！你不用管！到哪里也不犯法！我不怕他！"他坚信政府会依法办事，他和小芹定能胜利。从他们身上体现出来的鲜明强烈的自由、平等、人权、民主、法治意识，正是新一代青年的特质，这是我国过去反映婚姻爱情的作品的人物所缺乏的或没有的，是他们从未达到的精神境地，确实是新的人物，新的天地。

小二黑与小芹一到区上就被放开了。区上早就听说兴旺、金旺二人不是东西，当即把他们两人押了起来，并派人到村上调查他们横行霸道的证据。区上问过小二黑与小芹的情况，准许他们结婚。

从小二黑以及小芹争取婚姻自由所走过的路，可以清楚地看到，他们确实是具有先进思想的一代，是已经开始掌握了自己的命运并为争取更美好的生活而斗争的一代。他们在民主政府的支持下取得婚姻自由的胜利，对于唤醒那些在婚姻问题上至今仍在苦苦挣扎的青年男女，奋起挣脱旧思想、旧道德、旧风俗、旧习惯的枷锁，无疑具有巨大的鼓舞教育作用。

《小二黑结婚》中的二诸葛和三仙姑，是两个落后人物的典型。就人物刻画的生动性、真实性和深刻性而言，这两位神仙超过了他们的儿女。二诸葛迷信阴阳八卦，遇事总要测个吉凶祸福，结果又总被事实所嘲弄，"不宜栽种"成为笑柄。他既朴实、忠厚、善良，又迂腐之极，既可笑，又可爱。他一见区长，就再三恳求："千万请区长恩典恩典，命相不对！"这位老农爱儿心切又迂腐执迷的形象跃然纸上。三仙姑天性风流，终日搽脂抹粉，穿红戴绿，打扮得妖里妖气，还经常装神弄鬼，骗人钱财，勾引一些青年人乱来。她一见区长就趴下磕头，连声叫道："区长老爷，你可要给我做主！"活灵活现地描绘出一副妖妇的面目。她和二诸葛，都是小二黑和小芹自由恋爱的阻挡者，如果说作者对二诸葛的讽刺还颇讲分寸的话，那么，对三仙姑的奚落和嘲讽，就尖刻得多了。请看这场喜剧的大高潮"看看仙姑"这个场面中绝妙的一段描述：

刚才跑出去那个小闺女，跑到外边一宣传，说有个打官司的老婆，45了，擦着粉，穿着花鞋。邻近的女人们都跑来看，挤了半院，唧唧哝哝说："看看！45了！""看那裤腿！""看那鞋！"三仙姑半辈没有脸红过，偏这会撑不住气了，一道道热汗在脸上流，交通员领着小芹来了，故意说："看什么？人家也是个人吧，没有见过？闪开路！"一伙女人们哈哈大笑。

把小芹叫来，区长说："你问问你闺女愿意不愿意！"三仙姑只听见院里人说"45""穿花鞋"，羞得只顾擦汗，再也开不得口。院里的人们忽然又转了话头，都说"那是人家的闺女"，"闺女不如娘会打扮"，也有人说"听说还会下神"，偏又有个知道底细的断断续续讲"米烂了"的故事，这时三仙姑恨不得一头碰死。

看来，三仙姑还没有完全丧失做人所应有的羞耻感，还有一点做人的自尊心。作者对她的尖刻的嘲笑和批判，同对二诸葛的幽默的嘲讽一样，从实质上来看，都是善意的和热情的，目的是促进他们弃旧图新，希望并且相信他们会在新的环境中开始新的生活，能够与旧社会遗留给他们的旧思想、旧观念、旧道德、旧习惯彻底决裂。这两个人物的典型意义并不亚于小二黑和小芹，在现实生活中确实也起到了很好的教育作用。

《小二黑结婚》中还有两个有名有姓的人物，这便是金旺和兴旺。他们俩是旧社会遗留下来的渣滓，是恶霸和流氓，他们利用村长（外地干部）不熟悉本村的情况，也利用当时群众普遍觉悟不高，钻进了基层政权组织，欺压百姓，为非作歹，无恶不作。因为奸污小芹未遂，就千方百计迫害二黑和小芹。这场斗争，是封建专制主义与自由、人权、民主、法治的较量，是封建恶势力与新生的进步力量的斗争。斗争是尖锐的，激烈的。在这里，一边是封建势力施展淫威，企图主宰一切，为所欲为，逼人就范，让人们服服贴贴继续做奴隶；一边是在共产党领导下已经觉醒的人们，为了争得做人的权利，争得恋爱婚姻的自由，开始向封建势力发出了挑战，勇敢地站起来进行斗争，并最终取得了胜利。这是一个新的伟大的时代，站在小二黑和小芹背后的是共产党、人民政府，是政府在一年多以前颁布的《婚姻暂行条例》《妨碍婚姻治罪法》，小二黑和小芹的斗争得到了最强有力的支持。这样，就使爱情婚姻自由这一传统主题获得了新的前所未有的广阔的深刻的社会意义。整个作品具有浓重的喜剧色彩，笼罩在理想主义、乐观主义的氛围之中，基调轻快、明朗、幽默、风趣。在这里，作者不只是在讴歌人性对兽性的胜利，恋爱自由的胜利，更是在讴歌新社会的胜利，农民的胜利。因为只有在这种社会里，农民才能享有恋爱自由的正当权利；因为只有在这种社会里，农民开始懂得自己是生活的主人，自己要为争取过上美好的生活而斗争。这是一场积极的、进步的、科学的、文明的生活方式，对消极的、落后的、愚昧的、野蛮的生活方式的斗争，那些愚昧落后野蛮的东西是必须抛弃的，那帮封建恶霸势力是一定会失败的。这是一曲新社会、新农民的胜利的赞歌。

岳冬至和智英祥恋爱故事的结局原本是一场悲剧，可是到了赵树理笔下的小二黑和小芹却变成喜结良缘，以喜剧结束。原故事的结局，赵树理觉得太惨了，既然是在艰难的抗日时期写反封建的东西，就应该是给正面人物找个出路，照原来的结局，正面人物是被封建习惯吃了，太苦了，太惨了，写出来不能指导青年和封建习惯作斗争。赵树理回忆说，因为当时想不出更好的办法，才由区长、村长支持着搞了个大团圆。他自己认为，这个小说的不足之处，是当时没有发现村长的父亲是那地方原来的统治者，叫他孩子当村长，不过是个名义，实权还在他手里，跟其他地主政权差不多。赵树理说，他是在很久以后才发现这一点的，如果发现得早的话，全盘的布置就要另做一番打算，可以完全与现在这个作品不同。赵树理"另做"的"一番打算"是什么？"可以完全与现在这个作品不同"是个什么模样？我们无从知道，难以作出判断。有的论者不赞同赵树理把悲剧情节喜剧化，认为"也许换一个人换一种写法，完全会变成另一副模样，从中可挖掘出的，也许是更为深刻更为富有社会内涵的有关'人权'、'法制'的主题。"（陈为人：《插错"搭子"的一张牌》，广东人民出版社，第43页）不错，悲剧如以"人权""法治"为主题，可能会更令人震撼，发人猛醒，给人们以更深刻的启示。但是，在当时具体历史条件下，抗战正处在最艰苦、最困难的阶段，需要让人民群众看到前途，看到光明，给人以希望和信心，鼓舞人们积极向上，奋发进取。赵树理将悲剧情节喜剧化，可以说是历史的选择，自有其一定的必然性和合理性，不失为一种最佳方案。这一选择，并未影响他对"人权"和"法治"理念的鲜明表达。实践是检验真理的唯一标准，事实已经证明，赵树理的这一选择是成功的，而且是惊人的巨大的成功。

《小二黑结婚》完成于1942年5月，但它的出版却在10月，其经过可谓一波三折。赵树理先将稿子交给杨献珍看，他看了觉得很好，送给彭德怀的妻子北方局妇委会书记浦安修看。她看了也很喜欢，很高兴，又送给彭德怀看。彭总看了也很满意，彭德怀指示马上送太行新华书店出版。

谁知交到太行新华书店后，却如石沉大海，杳无音信。一些"新派"文化人，对通俗的大众文学看不上眼，认为那不是文艺作品，久久不予出版。

杨献珍去彭德怀处，跟他谈了这一情况，彭德怀听后，就在一张纸上写下了这样几个字：

像这种从群众调查研究中写出来的通俗故事还不多见

彭德怀

　　热情地表达了他对《小二黑结婚》的欣赏和支持。这个题词，由他亲自交给北方局宣传部长李大章，由李大章转交太行新华书店。这样，小说才赶快印了出来。彭德怀的题词印在《小二黑结婚》的扉页上，封面上标明为"通俗故事"。

　　小说在 10 月出版后，受到太行区广大群众的热烈欢迎，一版再版，仅在太行区就销达 4 万册。当时该书店出版的文艺书籍最多两千册。各地剧团还竞相把它搬上舞台，从武乡光明剧团开始，太行根据地的许多职业剧团和业余剧团，如襄垣农村剧团、沁源绿茵剧团等，纷纷把《小二黑结婚》改编成各种戏曲演出。人们一听说哪个村演出《小二黑结婚》，不管跑多远路，都争相去观看，并且一看再看不厌。小二黑、小芹、三仙姑、二诸葛成为家喻户晓的人物，到处都在谈论，连不识字的老婆婆、老大爷也说小二黑做得对。一篇小说能够激起如此巨大的强烈的反响，在中国现代文学史上尚属首次。赵树理说过："让老百姓看得懂，喜欢看，受到教育。"他的愿望实现了，他的目的达到了。

　　《小二黑结婚》的巨大成功让人们看到：一位具有新颖独创的大众风格的人民艺术家、文坛巨星闪亮登场了，一代语言艺术大师横空出世了！

10

李有才面世，代表作诞生

1943 年 9 月，华北《新华日报》决定把以前埋藏的印刷机器和因灾荒疏散的人员收拢起来，把原属《新华日报》馆的新华书店分离出去，以减轻报社兼印书籍的负担。新华书店还准备办一个名叫《新大众》的刊物，让赵树理去当编辑。赵树理欣然同意。《新大众》最初是一个综合性的小 32 开本的杂志，正式创刊于 1945 年 6 月，1947 年 12 月停刊，1948 年 11 月改为《新大众报》，每周出一张。从《新大众》杂志创刊到《新大众报》出版，赵树理一直担任编辑，直到全国解放。

就在《小二黑结婚》出版不久，太行山地区开展了第三次减租减息运动。赵树理来到后柴村，调查研究减租减息的进展情况和问题。

这个村子较大，有两户地主，一家姓孙，一家姓阎，孙家霸滩，阎家霸山，这一带叫阎家山。赵树理住在一个叫李家园的小山村，房东叫李有才，1937 年入党，也就二十五六岁，尚未娶妻。他是个很乐观的人，爱讲笑话，编顺口溜，闲时就给赵树理说上一段，顺便讲上一段故事。他的顺口溜都是根据当地生活中发生的事现编的，很有现实性。赵树理老家也有这样的人，对这类人很熟悉。

赵树理在这个村住了一个月左右，了解了不少情况，从其他村子也搜集到不少材料。

通过调查研究，他发现，地方干部中不少同志，尤其是来自城市的小青年，他们空有热情而没有工作经验，既不了解农村的实际情况，又不想深入群众调查研究，光知道不着边际地讲些什么重要意义，空洞无物，农民很不爱听。在落实政策时，或操之过急，或简单生硬，工作做得不好。

通过调查研究，他还了解到，有些村子，政权仍然控制在反动地主手中。像岳冬至村里的那个恶霸流氓村长，其实就是他父亲的傀儡，他父亲原来就是村里的统治者，他的所作所为，同他父亲过去的行径毫无二致。正是这帮人控制着村政权，利用青年干部不谙世事和主观主义、官僚主义的作风，欺上瞒下，使一些地方年年减租减息，但始终没有什么效果。

赵树理回到涉县，编辑部要求每人写一个通俗故事，他就想写个"阎家山的故事"，把他在现实生活中看到的农民跟地主豪绅斗争的事迹加以提炼，用一个"板人"的活动作为线索串起来，一气呵成，3万余字，这便是中篇小说《李有才板话》。

《李有才板话》写于1943年10月。这年9月，曹星火创作歌曲《没有共产党就没有新中国》，核心是歌颂党"他坚持抗战六年多，他改善了人民生活，他建设了敌后根据地，他实行了民主好处多。"赵树理感同身受，《李有才板话》的中心思想，简单地说，就是四个字：民生、民主，实质和核心是人的自由及各种民主权利。如果说《小二黑结婚》写的是农村中的恋爱故事，笔锋却是对着封建势力的话，那么，到《李有才板话》，着重点就转到农民同地主阶级之间的正面斗争上来了。在这里，自由、平等、公平、正义、人权、民主、法治等现代价值理念比在《小二黑结婚》中得到了更加丰沛、更加畅达的展现。自然，问题的解决还是得靠老杨同志的到来，作者还是没有想出更好的办法。受历史条件所限，亦由中国文化传统所决定，作者只能做出如此选择。

《李有才板话》于12月由华北新华书店出版，标为"大众文艺小丛书"之三，次年3月再版，以后多次重版、翻印。

《李有才板话》是一部反映农村斗争的最杰出的作品，被周扬赞为"解放区文艺的代表作"。作品所反映的是抗日战争时期根据地农村中农民与地主的斗争以及农村面貌和农民面貌的深刻变化。那时，由于抗日战争的需要，一方面，党要帮助农民改善生活条件，以调动人民群众的抗日积极性；另一方面，由于地主阶级还可能参加抗日，又要适当照顾他们的利益。这样，一方面，广大人民群众在党和人民政权的支持下，权利意识正在觉醒，迫切要求减租减息，合理负担，满足自己的民生、民主的正当要求，与地主阶级展开了斗争；另一方面，地主阶级则利用自己的土地占有权，以及千百年来的统治权术，千方百计地维护自己的地位。广大农民同地主阶级之间的这场斗争是尖锐激烈而又微妙复杂的。《李有才板话》就是在这样特定的时代背景下展开了它的情节。作品围绕着改选村政权和减租减息两件事，正面描写了抗日根据地一个叫作阎家山的农村中农民对恶霸地主的斗争和胜利。

在古老落后、封建势力盘踞的阎家山，村西头是高大的砖楼房，村东头是低低的破土窑，"地势看来也还平，可是从房顶上看，从西到东却是一道斜坡。"单从住房上就可看出地主阎恒元和农民之间的尖锐对立了。阎恒元是阎家山的传统的统治者，独霸大权，一手遮天，逼压农民，他的权力和威势笼罩着整个阎家山。抗战以前，他独揽大权：

> 村长阎恒元，一手遮住天，
> 自从有村长，一当十几年。
> 年年要投票，嘴说是改选，
> 选来又选去，还是阎恒元。

抗战开始以后，这里成了抗日根据地，他为形势所迫，退居幕后，指使他的侄儿阎喜富乘机出来抢了个村长的职位，把村政权仍旧操纵在自己手中。三天两头的派款、派差，谁要不服，谁就遭殃。说事情请村公所人吃烙饼的古旧陈规别处早已废止了，这儿却还盛行着。阎喜富"没有他干不出来的事，屁大点事弄到公所，也是桌面上吃饭，袖筒里过钱，钱淹不住心，说捆就捆，说打就打，说教谁倾家败产谁就没法治。逼得人家破了产，老恒元管'贱钱二百'，买房买地。"就这样，阎恒元除吃了无数黑钱不算，近十年来仅村里人押给他的地就有 84 亩之多。

阎恒元是抗日民主政权初建时期老奸巨猾的恶霸地主的典型形象。这个不法地主，表面上装着"开明""守法"，拥护政府，暗地里则充分利用民主政权初建时期农民思想上的弱点和青年干部的主观主义、官僚主义等缺点，篡夺政权，破坏法令，抵制贯彻党的政策：政府要撤阎喜富的职，重新改选村政权，他就在暗里使坏，威逼着选刘广聚，"侄儿下来干儿上"；政府要他减租减息，他就暗暗以夺地要挟佃户们，并假造表报，蒙蔽上级；政府要选代表清丈土地，实行合理负担，他就搞阴谋施诡计，使土地无法丈清。请看这段精彩的描写：

> 老恒元道："马凤鸣好对付：他们做过生意的人最爱占便宜，叫他占上些便宜他就不说什么了。我觉得最难对付的是每二十户选的那一个代表，人数既多，意见又不一致。"家祥道："我看不选代表也行。"恒元道："不妥！章工作员那小子腿勤，到丈地时候他要来了怎么办？我看代表还是要，不过可以由村长指派，派那些最穷、最爱打小算盘的人，像老槐树底老秦那些人。"家祥道："这我就不懂了，越是穷人越出不起负担，越要细丈别人的地……"恒元道："你们年轻人自然想不通：咱们丈地时候，先尽那最零碎的地方丈起——比方咱'椒窒'地，一亩就有七八块，算得时候你执算盘，慢慢细算。这么着丈量，一个椒窒不上十五亩地就得丈两天。他们那些爱打小算盘的穷户，那里误得起闲工？跟着咱们丈过两三天，自然就都走开了。等把他们熬败了，一方面说他们不积极不热心，一方面还不是由咱自己丈吗？只要做个样子，说多少是多少，谁知道？"

阎恒元就是这样一个阴险狡诈的家伙！他有一整套统治农民的权术，压榨农民的手段，他摸透了农民身上的弱点，善于因人而异，软硬兼施，或拉或打，逼你就范。对老秦那样胆小怕事的人，他一方面给他点小恩小惠，一方面又威压他。对马凤鸣，因为他做过生意，见过世面，胆子大，敢说话，在改选村长的会上第一个向喜富开炮，就收买他。阎恒元看中了他这个小商贩"最爱占小便宜"的特点，就给他个民政委员做，又不断给他点甜头吃，把他安顿住，使他高高兴兴，不声不响。而对陈小元，这个反抗地主的积极分子，先是把他送去受训，想狠狠治他一下，借此压压东头老槐树底下人们的反抗，待到适得其反时，他又另施毒招，设法"把他团弄住""将他变成自己的人"。阎恒元对小元的手段是"捧他的场，叫他占点小便宜"，以自己的生活方式慢慢地来腐蚀他。小元中计，很快就变坏了。阎恒元这个老奸巨猾的恶霸地主，充分利用了农民身上自私落后的弱点，分化农民的团结，破坏农民的斗争，竭力维持自己在阎家山的独裁统治和阶级利益，当面一套，背后一套，假装进步，阳奉阴违，是一只难以识破、难以对付的老狐狸。作品通过"丈地""可怕的模范村""小元的变化"三节，集中地、多方面地表现了他的奸猾的性格和剥削阶级的本质，真实而又深刻地反映了当时阶级斗争的曲折性和复杂性。

阎家山虽然是阎家的天下，但它现在毕竟是在抗日民主根据地，党的思想的阳光已经照到了这里，农民们正在渐渐觉醒起来，和阎恒元展开了顽强不懈的斗争。

小说中李有才，以及小顺、小福、小保、小明的形象，是长期受压迫受剥削的先进农民的形象。他们不甘心受压迫，为了争得和维护自己应有的权利和利益，一直与阎家父子顽强地对抗着。老槐树底有两辈人，一是"老"字辈，一是"小"字辈，外来户的名字除了间长派差派款在条子上开一下以外，别的人很少留意，只叫"老"什么；本地人呢？即使活到八十岁也只能叫"小"什么，你就是起上个大名也使不出去。他们只有受压榨的权利，没有任何政治地位，甚至连个享有自己的大名的自由和权利也没有。小保、小明、小顺、小福这一群"小"字辈人物是正在成长中的新的农民的集体形象。他们共同的特点是年轻热情，友爱团结，敌我分明，敢说敢干，毫无顾忌。他们没有老秦一辈人的顾虑，没有马凤鸣的私心和圆滑，他们有的是对地主的仇恨和要求翻身解放的激情。还在阎恒元横行霸道、一手遮天的时候，他们就围绕在李有才周围，编歌子揭露阎恒元的面貌。当政府决定撤喜富的差时，"老村长的意思"叫选广聚，好让他"侄儿下来干儿上"，"小"字辈偏要跟他"扭把劲"，攒上一伙人，选自己的人出来当家，与他对抗；并且不顾阎恒元的威压，在改选村长的大会上，揭发了喜富的罪恶。老恒元想用"小艺道"收买小户，隐瞒土地，他们偏要叫他原形毕露，让大伙跟他算账。小元被拉下水了，抛开他，继续干；有才被撵走了，小顺接上去把歌子编出来，斗争毫不停顿。他们正在开始决定着阎家山的命运，改变着旧农村的面貌，改变着旧中国的面貌，同时，也在斗争的过程中教育着自己，增长着自己的才干，改变着自己的面貌。

李有才是他们之中人的权利意识最强烈的一位，也是一位最敏锐、最正直、最懂得地主丑恶的民间诗人。他没有地，给村里人放牛，"一身一口，没有家眷"，本来他爹曾给他留下一孔土窑三亩地，可是后来把地押给了阎恒元，"土窑就成了他的全部产业"。但他没有被苦难的生活所压扁，他乐观开朗，诙谐风趣。他有丰富的生活经历与斗争智慧，知人论事深刻精到。他在听到喜富撤职的消息后，虽然也很高兴，但他比"小"字辈看得更清、想得更深，问他们："为什么事撤了的？""光撤了差放在村里还是大害，什么时候毁了他才能算干净，可不知道县里还办他不办？"这不仅表现了他对喜富的强烈仇恨，也表现出李有才比"小"字辈成熟、老练。他支持"小"字辈和阎恒元"扭把劲"，并分析了他们每个人的特点，推荐选举陈小元上。但他对选举的态度又比较冷淡，因为他感到眼下斗争还不能胜利。李有才的绰号叫"气不死"，编快板是他的特别的本领。他的快板就是他同不法的地主恶霸斗争的利器。他对地主的强烈仇恨和蔑视，他的"气不死"的乐观性格，使他的快板锋利、泼辣、幽默、风趣，首首都刺向阎恒元及他的狗腿子们，辛辣的讽刺，开心的嘲笑，令人捧腹。阎恒元及他的狗腿子们，尽管一时还在威风凛凛地欺压农民，但在人格上他们是低下的，在群众的眼里是小丑，是穷哥儿们开心的笑料。李有才"就像一炉火"吸引着老槐树底贫苦的农民，他的破土窑就好像是战斗的参谋部，他是老槐树底下人们的眼睛和喉舌，自由、平等、人权、民主、法治的广播台，每出一件新事，就有歌出来，阎恒元的什么花招，都瞒不过他敏锐的眼光，都要予以揭露。后来因为他揭穿了阎恒元隐瞒土地，就被阎恒元诬为"造谣生事""简直像汉奸"，赶出了阎家山，并永远不许他再回来。

像李有才这样幽默、乐观、热情、智慧的农民，具有人权、自由、平等、民主、法治观念的农民，在我国农村中并不少见。可是在新文学中，描写的主要还是他们的悲惨命运和痛苦麻木的状态。到了赵树理的笔下，则完全不同了。这是一个新的群众的时代，已经觉醒起来的农民，正在为实行减租减息，满足民主、民生的正当权利和需求而斗争，他们在党和政府的领导和支持下，正在摧毁着农村的封建势力，走上彻底翻身的道路。他们的权利意识已经和正在被唤醒起来，他们的积极性和创造力已经和正在被调动起来，这力量将决定一切，没有任何东西能够抵抗得住。在《李有才板话》中的"小"字辈人物如小保、小明、小顺等人的身上，特别是老一辈农民李有才身上，充分地表现了农民的智慧、力量和革命乐观主义，不管斗争如何曲折，如何复杂，最终的胜利将必然是他们的。在整个作品中，光明的新生的东西始终是支配一切的基调。这是过去描写农民的作品中所未曾见到的。

老秦和陈小元这两个人物在小说中也具有独特的意义。老秦在长期封建势力逼压下，服服帖帖，胆小怕事，连树叶落下来也怕碰破了头，"对待压迫——忍受，对待斗争——旁观。从来也不敢得罪人。"当他的小女儿无意之中唱出了"模范歌"，又对老杨说是小顺编的，老秦觉着这一下惹了祸，还连累了邻居，自古"官官相卫"，老杨要是回到村公所一说，这还了得。他气极了，劈头打了小女儿一掌骂道："可哑不了你！"把一个胆小怕事而又心地善良的农民写得入木三分。

陈小元与老秦不同。他本是"小"字辈中与地主阶级斗争的积极分子，可是自从当了武委会主任之后，就"割柴派民兵，担水派民兵，自己架起胳膊当主任"，远离了自己的阶级弟兄。他的腐化固然是由于阎恒元的阴险，可是主要还是与他本身的弱点有关。他贪小利、爱虚荣，甚至羡慕人家的那一套，把劳动看成丢人的事，在他的身上存在着农民的一些弱点，如果不进行思想教育，离开了群众的监督，是很容易变坏的。

老秦和陈小元这两个人物大大丰富了《李有才板话》的内容，从多方面、多角度表现了民主政权初建时期阶级斗争的尖锐性和复杂性，打下了深刻的历史印记。

作品还成功地创造了思想作风完全不同的两种农村干部的形象，即章工作员和老杨同志。这是作者创作这篇作品的主要动因之一。

章工作员是个典型的来自城市的知识分子青年干部。他年轻热情，积极肯干，但是由于他缺乏阶级观点和群众观点，阅历浅，一到村里就叫阎恒元一伙给"团弄住了"。他没有做踏踏实实深入细致的调查工作，颇有点"钦差大臣满天飞"的样子，虽然长期在阎家山工作，但却一点也未发觉阎恒元的罪恶与阴谋，反而称阎恒元是"开明绅士"，说在丈地中，村干部"工作积极细致""堪称各村模范"，把阎家山奖励为"模范村"。甚至直到老杨同志把阎家山的问题揭露出来以后，他还"三番五次说不是事实"。他的主观主义和官僚主义严重到了何等程度！他确实是个"好人"，也很希望把工作做好，但是，由于他只会空谈，不能密切联系群众，不能深入实际，结果只能事与愿违。

与章工作员形成鲜明对照，老杨同志是党的优秀农村干部的形象。他具有鲜明的群众观点和群众作风。他生活非常朴素，"头上箍着块白手巾，白小布衫深蓝裤，脚上穿着半旧的破鞋至少也有二斤半重"。他当过长工，打场、割谷，样样精熟。不论在生活上，还是在思想上，都能和群众打成一片。他给人印象最深的一点，就是他的敏锐的阶级嗅觉。他作为县农会主席，来阎家山的目的是检查秋收工作，他之所以要来阎家山，是因为这儿是"模范村"。可是一进村公所，看到广聚、小元下棋度日的景况，就很不顺气；在老秦家吃饭，听老婆说了句"把地押了"，

秋收还是"各顾各",就立即发现了"模范村"的问题;老秦小
女儿那段"模范不模范,从西往东看,西头吃烙饼,东头喝稀
饭"的歌子,更让他决意揭开"模范村"的隐秘。于是他就帮老
秦打场、帮小顺割谷,深入了解情况。由于他坚定的阶级立场,
鲜明的阶级感情,他一走进阎家山就成了老槐树底人的知己,成
了阎恒元们的对头。刘广聚遵照阎恒元的吩咐来招呼他回公所,
企图阻拦他和群众谈话,他以半软半硬的方式令他狼狈而去。他
对得贵更不客气,不仅当众把他训了一通,还把他的农会主席、
会员资格一同取消。他善于启发教育农民,引导他们组织农会,
维护自己的的权利,在组织中发挥自己的作用,鼓励他们斗争
的信心。他对小明说:"现在的事情要靠大家,不只靠一两个
人——这也跟打仗一样,要凭有队伍,不能只凭指挥的人。"在
他的领导下,群众发动起来了,改选了村政权,实行了减租减
息,阎家山发生了翻天覆地的变化。这一切,都发生在他来阎家
山三天之内。一切为了人民群众,为了他们的权利、利益和幸
福,是他的出发点、落脚点。老杨同志这个密切联系群众、密切
联系实际、实事求是、踏实工作、经验丰富的优秀农村干部的形
象,对广大干部具有重要教育意义。

　　赵树理的《李有才板话》在艺术上的成就,即新颖独创的大
众风格,首先是作品的故事性。他的小说总是有头有尾,一开始
就点出什么人做什么事,对人物结局都有交代。作者善于把生活
中复杂的现象、头绪纷繁的矛盾斗争提炼成典型的故事情节,巧
加安排,使它脉络清楚,条索分明,构成一个有头有尾的完整的
有机体,情节比较单纯,而所反映的生活矛盾却一点也没有简单
化。《李有才板话》描写当时农民与地主阶级之间的斗争,是以
李有才及他所作的快板为主线串起来的。如果把这些快板连缀起
来,便可看出主要人物的面貌和故事梗概,以及农民对于这些事
件和人物的反应。每一个小节都是一个完整的故事,但又都是整
个故事的组成部分。

　　他的作品虽然以叙述故事为主,但并不忽视对人物的刻画。
他不同于其他作家的地方是,他从不对人物作孤立的静止的大片

的介绍，决不把人物离开故事进展作单独的叙述与描写。相反，他总是将他的人物安置在一定的斗争环境中，放在一定地位上，通过人物自己的行动和语言，来显示他们的性格，表现他们的思想感情。在整个作品中，故事不断发展，人物不停地行动，随着矛盾不断地深化和发展，人物性格便逐渐明朗和完善。

从语言方面来说，他可谓是个革新家、创造家，他洗尽了五四新文化运动以来的欧化影响，扬弃了旧的章回平话式的口调，形成了一种自然、简洁、明快，且具幽默风趣的语言，不仅在人物对话上，而且在作者的叙述与描写上都是口语化的。这种语言，是一种在群众口语的基础上经过艺术加工和提炼而形成的艺术语言，也是一种吸收了民间说唱文学的精华而形成的艺术语言。他写农民就像农民，动作是农民的动作，语言是农民的语言，一切都是自然的，简单明了的，没有一点矫揉造作、装腔作势。他就用那些平平常常、普普通通的话来写，只消几个动作、几句话，就把农民的真实情绪和面貌勾画得活灵活现、栩栩如生。

郭沫若在《〈板话〉及其他》一文中说，他一口气读完了《李有才板话》和《解放区短篇创作选》，"我是完全被陶醉了，被那新颖、健康、朴素的内容与手法。这儿有新的天地，新的人物，新的感情，新的作风，新的文化，谁读了，我相信都会感着兴趣的。"（山西大学中文系赵树理研究组编：《赵树理研究资料》第二辑第 155–156 页）

茅盾在《关于〈李有才板话〉》一文中也说：《李有才板话》"当然可以视为赵树理（到目前为止）的代表作"。"在民主政权下翻了身的人民大众，他们的创造力被解放而得到新的刺激，他们开始用的《万古当新》的民间形式，歌颂他们的新生活、表现他们的为真理与正义而斗争的勇敢与决心。《李有才板话》是这样产生的新形式的一种。无疑的，这是标志了向大众化的前进的一步，这也是标志了进向民族形式的一步，虽然我不敢说，这就是民族形式了。"（同上，第 157、158 页）

就在《李有才板话》写作完成之时，毛泽东《在延安文艺座谈会上的讲话》10月19日在《解放日报》上正式发表了，这是中国现代文坛的一件大事。赵树理与毛泽东在思想上不期而遇，不谋而合，他像翻身农民那样高兴。十多年来他常和一些人争论不休，而又始终没有得到赞同的问题，在毛泽东的《讲话》中成了提倡的东西，毛主席批准了他的创作。他有理由感到高兴，这条路走得对，走得好，走定了。他没有自鸣得意，更不会志得意满，他将毅然决然沿着自己的这条路继续前行。

11

《李家庄的变迁》，血淋淋的史诗

《李有才板话》完成以后，赵树理暂时没有进行小说创作，而是把兴趣转到了戏剧方面。

这固然是他自小就有的爱好，但主要还是因为现下抗战的需要。

1943 年 3 月，中央文委曾专门讨论过戏剧运动中的方针问题，认为戏剧向来是艺术与群众结合的最主要方式，应当大力发展，使之更好地为战争、生产和教育服务。赵树理深以为然，极表赞同。

联系到晋东南地区戏剧界的实际情况，赵树理深深感到，群众有权利享有更多更好的戏剧，太行山区太需要开展戏剧运动，以满足群众文化生活的需要了。有些同志总以为用戏剧表现根据地的抗日斗争、生产自救、学校教育等社会问题，就会成为低劣的宣传品，失去艺术价值。许多剧团喜欢演"大戏""洋戏"给干部看，而不去下力创作富有战斗性的短小精悍的适合形势需要的剧作，对数以百计的农村剧团及秧歌队亦缺乏指导和帮助的热情。结果，弄得几年来农村、工厂都没有戏看了。这种局面必须尽快改变。

赵树理确实是个"热心家"，他的特质就是一心想着群众，一心想着革命，一心想着抗战，只要对群众有利，对革命有益，对抗战有助，他这个"热心家"就要积极去干，什么个人的名呀、位呀、利呀，根本不在他脑子考虑的范围之内。中宣部 11 月 17 日下发的《关于执行党的文艺政策的决定》，要求"克服过去思想中作品中存在各种偏向，以便把党的方针贯彻到一切文艺部门中去，使文艺更好地服务于民族与人民的解放事业，并使文艺事业本身得到更好的发展。"于是，他这个"热心家"就立即暂停小说创作，迅速转战戏剧，先写个话剧一试，为克服太行山戏剧运动这个薄弱环节而奋斗了。

这年年底，从来没有写过话剧的他，写出了他一生中唯一的多幕话剧《两个世界》。创作素材取自于山西省陵川县，那里原是顽固派庞炳勋的驻地，他们不打日本鬼子，只祸害老百姓，将农村一切牲畜搜刮一空，杀死烤干装箱，一旦日军来犯，即逃进深山，在那里嚼着肉干躲避敌情。为了避免敌人发现他们的行踪，他们竟下令严禁方圆40里内不得烟筒冒烟，在两个月内不准当地村民烧火做饭，结果饿死病死村民不计其数。幸亏八路军赶来，打跑了日寇和顽军，救民于水火。赵树理用他惯用的对比手法，用话剧的形式来表现一个山村由敌占区变为解放区的两个截然不同的世界。

可惜，这次尝试很不成功。作者的意图显然是想为战争和生产服务，想配合正在开展的拥军爱民活动，他也并非不知道剧本的结构布局、故事情节、人物关系的组合，都要通过戏剧矛盾冲突的产生、发展、高潮来解决，从中来表现人物的思想感情和性格特点，这样才能写出一个成功的剧作。可是，理论认识是一回事，实践又是一回事。他写小说、戏曲可谓轻车熟路，写话剧却不免有点手生，难以得心应手。剧本结尾写道，在讲完选村长、村副，一要先把各家的死人埋了，二要趁秋天，赶紧一律打野菜，采树叶，准备渡过明年春天的灾荒，并严惩两个坏人，于是，众人欢呼："这又成咱们的世界了！""对，可算又能活了！"全剧缺乏戏剧性情节，也几乎没有什么戏剧冲突，松散拖塌，头重脚轻。赵树理深知，艺术可以是宣传，但艺术首先必须是艺术。这次尝试的失败证明，单有为政治服务的良好愿望与热情，并不能保证艺术创作的成功。即使像他这样成熟的著名作家也不例外。

话剧创作尝试的失利，赵树理毫不气馁，立即转向戏曲创作。为了发展太行戏剧运动和上党梆子，这位"热心家"亲自出马，登门拜访太南名角段二淼，去动员他出山了。

　　段二淼以扮演小生、须生闻名遐迩，在晋东南享有盛誉，号称"活罗成"。民主政府早就想请他出来带动旧戏为抗战服务，王聪文为此多次上门邀请，他毫不动心。赵树理当年也是段二淼的崇拜者，如果能请他出山，对晋东南的戏剧运动肯定会产生较大影响。陪他前去的有王聪文和年轻的戏曲工作者程联考。

　　赵树理热情洋溢地讲了一通上党戏的渊源、流派、唱法、做功，还讲了旧艺人的苦楚，抗战的形势，以及对他的崇敬和期望。赵树理以理服人，以情感人，令段二淼心悦诚服。据程联考回忆，段二淼听后高兴地说："你看，你有那么多文化，满肚子都是文章。现在为了打日本鬼子，特地来劝我，咱一个旧戏子，还能不把那绿豆大点本领拿出来，为抗日救国出点力？"赵树理说："过了年，正月要开展拥军爱民活动。为了配合这个运动，咱们就干脆用这种形式编一个军民鱼水情剧本吧。"于是他们四人谈了这方面的许多好人好事，赵树理讲了剧本的编法，让程联考执笔。这个剧本就是后来流传甚广的《双回头》，也叫《双转意》。程联考回忆说："我在前面写，他在后面改，不能用的他都重写了。""这个剧本所以能写出来，主要是由于赵树理的指导帮助，可是在署作者姓名时，他却不让把自己的名字写上去，只落下了我和段二淼、王聪文三个人的名字。"（程联考：《和赵树理同志在一起的日子里》）赵树理还为该剧写了一篇序，加以鼓励和提倡，也没有署名。他在序文中说："编这小戏的三位先生，都是潞安一带的旧戏名角。在从前他们只演唱些前人传下来的戏本，自己不敢编新的，总以为只有人家念书人才能编。抗战以后，王程两位编了好几本新戏，唱起来很受人欢迎，段二淼为人很谦虚，总以为自己不行，直到编这本小戏的时候，经人一鼓励，也就参加在中间编起来了。""这本小戏编得还不错，不过我们觉得且不论编得怎么样，这种愿做、敢做的精神是大家应该学习的。""我们希望：只要有心写的人，就放胆写。谁觉着什么有意思，谁就写什么。只要写得多，不断地学习，不断地进步，一定会写出好东西来。请向编这小戏的三位先生学习！"序文充分体现了赵树理组织和帮助民间戏曲创作的巨大热情和提倡创作自由的精神。

随后，这位"热心家"又接受襄垣农村剧团的邀请，去各地巡回演出，差不多跑了一个夏天。

新华书店开展大生产运动，响应党的号召"一个好党员必须同时是一个生产能手"，要求每人上交 500 斤南瓜、200 斤土豆。赵树理虽然经常外出，体质又弱，但也没耽误生产，他种的南瓜、豆荚、西红柿、土豆又大又好，令人称羡。

1944 年 11 月 20 日至 12 月中旬，赵树理到黎城县南委泉参加太行区规模最大的群英会和生产战绩展览会。会后，他创作了传记文学《孟祥英翻身》、鼓词《战斗与生产相结合———一等英雄庞如林》，都成为"销路最畅"的图书。

孟祥英是太行山上"半边天"的一面旗帜。关于她生产救荒的模范事迹，已经报道了许多，赵树理的兴趣不在这里，他关注的是这个人是怎样从不是英雄变成了英雄的。他在会上对她进行过采访，会后又到她的家乡涉县西峧口村，进行了详细的调查研究。他发现，她有独立思考、主持公道的品性。她受婆婆和丈夫的虐待，常常是婆婆下令，丈夫执行，她动不动就挨打受饿，无穷无尽的虐待，逼迫她曾两次自杀未遂。民主政府的工作员来到村里后，委任她当妇救会主任，从此，她开始丢掉了捆在她身上的夫权观念、大男子主义的枷锁，冲破小家庭的牢笼，投身社会，参加生产劳动。她敢想、敢说、敢干，打开了一片发展的新天地。赵树理认识到，孟祥英走向社会，参加生产劳动，这是保护妇女做"人"的权利和切身利益，实现"男女平等"的关键所在。《孟祥英翻身》，主要写的就是她在党领导的民主政权下，面对旧势力、旧思想、旧习惯的压迫，如何奋起反抗，成为妇女解放的带头人的经过。她的独立的人格，她争取妇女的自由、尊严、权利，妇女的解放和幸福的精神，无疑具有普遍的社会教育意义。

1945 年 2 月，赵树理在涉县参加反奸、反霸、减租、退租运动，写了短篇小说《地板》。在小说中，对那位认定土地能产生价值的地主王老四，他的任小学老师的弟弟王老三现身说法，情真意切，娓娓道来，向他讲述了劳动的艰苦和可贵，自己过去一向依赖土地过着舒适的生活，由于日寇的入侵，也由于饥荒，舒适的生活崩溃了，现实教育了他，使他醒悟了，人性复苏了，深深体悟到，土地之所以能产生价值，是由于农民投入了劳动，自己虽然占有土地，可如果不加上农民的劳动就什么也生产不出来。若不是农民给自己当小学老师的机会，怕早就饿死在土地上了。"粮食确确实实是劳力换的，地板什么也不能换"。尽管哥哥和村干部一再说服，说明减租的意义，但王老四却只是一句话："那是法令，我还有什么意见？"村长和他说："法令是按情理规定的。咱们不只要执行法令，还要打通思想！""老实说：思想我是打不通的！我的租是拿地板换的，为什么偏要叫我少得些才能算拉倒？我应该照顾佃户，佃户为什么不应该照顾我？""要我说理，我是不赞成你们说的那理的。他拿劳力换，叫他把我的地板缴回来，他们到空中生产去！你们是提倡思想自由的，我这么想是我的自由，一千年也不能跟你们思想打通！"对一个顽固坚持地主阶级立场的人，是没有法子说通的，作者的观察、理解和思考是冷静的，也是极其深刻的。这篇小说在写法上不同于赵树理的其他小说，有点"洋"味，发表在1946年4月1日出版的太行文联主持的《文艺杂志》上。这是该刊首次刊登赵树理的作品，也许是他们觉得符合自己的口味，也许是今日之赵树理已非昨日之赵树理，他们认为自己也需要调整一下自己的方位。

1945年8月15日，日本宣布无条件投降。全国欢庆，太行山万众欢腾！

10月，上党战役结束，赵树理的家乡解放了！

赵树理离家9年，一直音讯不通。现在，经组织批准，他第一次回家探亲了。

尉迟街道上杂草丛生，房倒屋塌，缺门少窗，一派萧条景象。他父亲和许多亲人都被日本鬼子杀害了，仅他家院里3户人家，就有2人被杀害，3人饿死，3人被卖掉。16岁的儿子太湖目睹爷爷被鬼子残害，愤然投奔抗日政府。

回家半月，他有一大半时间在外面调查研究，了解战争中家乡的人事变迁。

在1945年最后不多日子里，他抓紧写他的长篇小说《李家庄的演变》（后将"演变"改为"变迁"）于次年1月脱稿。

在这之前，他写过一首快板《汉奸阎锡山》，概括了他的历史，历数他的罪行，言简意赅，切中要害，可以看出他对阎锡山在山西的罪恶统治有相当深刻的了解和研究。现在，他要用长篇小说的形式，把他经受的苦难，把那些血淋淋的历史记录下来，以解他心头之积郁，亦以此告慰英灵。

《李家庄的变迁》，描写的是太行山区一个村庄从大革命失败后到抗日战争胜利近20年间发生的事情，可以说是20世纪30年代山西省政治风云变幻的真实的历史纪录。同前面的《小二黑结婚》、《李有才板话》一样，都是写光明与黑暗、善良与邪恶、尊严与屈辱的较量，农民同地主豪绅的斗争，不同之处是，这个斗争的范围更广，规模更大，过程更长，因而也就更尖锐，更激烈，更复杂，更残酷。在这里，前面两部作品所特有的轻松、明朗、幽默的基调为一种沉重的氛围所代替。作品的主人公张铁锁也比以前那些"小"字号人物更深沉，觉悟更高，能力更强。全书的故事就是以他作为中心来展开的。他是李家庄的一个外来户，受尽了地主豪绅李如珍一伙的剥削和压迫，不论走到哪里，都逃不出他们的魔掌。他在太原流浪时遇到了共产党员小常，将自己满脑子的疑问，"李如珍怎么能永远不倒"等等，向小常提出，小常告诉他："自然不能一直让它是这样，总得把这伙仗势不说理的家伙们一齐打倒，由我们正正派派的老百姓出来当家，世界才能有真理。"当他还想再听听怎么才能齐心时，小常却被捕了。后来抗战开始，恰好小常被牺盟会派到他们县上来工作，来到了李家庄。在他的领导和发动下，抗日救国运动轰轰烈烈地开展起来，铁锁以及冷元、白狗等成为最积极、最活跃的分子。

请听听小常这番发动群众的精彩讲话吧：

为什么大家都不干实事啦？这有两个原因，就大多数人，没有钱，没有权。没有钱，吃穿还顾不住，哪里还能救国？像铁锁吧：你们看他那裤子上的窟窿！抗日要紧，可是也不能穿裤就不要紧，想动员他去抗日，总得先想法叫他有裤穿。没有权，看见国家大事不是自己的事，哪里还有心思救国？我对别人不熟悉，还说铁锁吧：他因为说了几句闲话，公家就关起他来做了一年多苦工。这个国家对他是这样，怎么叫他爱这个国家呢？本来一个国家，跟合伙开店一样，人人都是主人，要是有几个人把这座店把持了，不承认大家是主人，大家还有什么心思爱护这座店呢？没钱的人，不是因为懒，他们一年到头不得闲，可是辛辛苦苦一年，弄下的钱都给人家进了贡——完粮、出款、缴租、纳利、被人讹诈，项目很多，剩下的就不够穿裤了；没权的人，不是因为没出息，是因为被那些专权的人打、罚、杀、捉、圈起来做苦工，压得大家都抬不起头来了。想要动员大家抗日，就得叫大家都有钱，都有权。想叫大家都有钱，就要减租减息，执行合理负担，清理旧债，改善群众生活；想叫大家都有权，就要取消少数人的特别权力，保障人民自由，实行民主。这些就是我们牺盟会的主张，我们组织牺盟会就是做这些事。

这段精彩讲话的核心是民生、民主、民权。民生，就是要减租减息，合理负担，改善群众生活；民主，就是要保障人民自由，人民当家作主；民权，重要的是选举权，能够运用自己手中的权利选举自己满意的人来管理社会。民生、民主，实质即民权，是中国共产党在抗战时期的主张和实践，也是取得的重大成果。这一切，也正是赵树理在他的作品中一再体现和表达的主要思想内容和中心主题。民生，民主，一个是经济，一个是政治，实质是民权，这永远是颠扑不破的真理。作者通过小常之口讲的这番话所体现的人权、自由、平等、公平、正义、民主、法治等现代文明观念，至今仍放射着灿烂的光芒。

就这样，一边是群众发动起来了，在减租减息，一边是李如珍一伙抵抗减租减息，他们想叫牺盟会不起作用。李如珍一伙当汉奸了，八路军来了，敌人跑了，李如珍倒了。阎锡山发动"十二月政变"，向牺盟会和抗日军民开刀了，李如珍又得意起来了，血腥的大屠杀开始了。小常被活埋了。李家庄被血洗了。逃出来的哭诉道："不讲了！没世界了！捉了一百多人，说都是共产党，剁手的剁手，剜眼的剜眼，要钱的要钱，……龙王庙院里满地血，走路也在血水里走。"当八路军第二次解放李家庄时，村里剩下的人，连从前一半都不到了。在开大会斗争李如珍时，愤怒的群众将他围住痛打，县长、铁锁、冷元都说"这样不好这样不好"，但大家还是"把李如珍一条胳膊连衣服袖子撕下来了，脸扭得朝了脊背后"，把他给打死了。县长说："这弄得叫个啥？这样子真不好！"又说："算了！这些人死了也没有什么可惜，不过这样不好，把个院子弄得血淋淋的！"冷元说："这还算血淋淋的？人家杀我们的时候，庙里的血都跟水道流出去了！"

斗争就是如此之残酷。作者将他的笔放在描述近20年的历史的血迹上，结尾写到庆祝抗战胜利的大会本来也可以结束了，可是作者并没有把它写成一个大团圆的结局，而是加写了一场为自卫战争欢送参战人员的大会，让人们感到，斗争还在继续，或许更加残酷。它既使人们感到历史的沉重，又给人们以勇气和信心。

《李家庄的变迁》，虽然写的是晋东南地区一个小村庄的变迁，实际上却是中国北方农村的一个缩影。革命的目的是为了人，为了人的幸福，为了建立起一个合乎人性的环境，恢复人性的尊严。从《李家庄的变迁》这幅血腥的图画中，可以看到我们民族和社会所经历的苦难和牺牲，人民的觉醒和所进行的艰苦卓绝的斗争。

《李家庄的变迁》于1946年1月迅速由华北新华书店出版，随后各地出版社竞相翻印，销路甚佳。

周扬于1946年8月26日在《解放日报》发表《论赵树理的创作》一文，评论非常及时，全面而又精准。他说："赵树理，他是一个新人，但是一个在创作、思想、生活各方面都有准备的作者，一位在成名之前已经相当成熟了的作家，一位具有新颖独创的大众风格的人民艺术家。"他认为《李有才板话》"简直可以说是一个杰作"，《李家庄的变迁》"虽只写的一个村子的事情，但却衬托了十多年来山西政治的背景，涉及了抗战期间山西发生的许多重要事件，包含了历史的和现实的政治的内容；可以看出作者在这里有很大的企图。和作者的企图相比，这篇作品就还没有达到它所应有完成的程度，还不及《小二黑结婚》与《李有才板话》在它们各自范围之内所完成的。它们似乎是更完整，更精炼。但是就作品的规模和包含的内容来说，《李家庄的变迁》自有它的为别的两篇作品所不可及的地方。"文章还对赵树理人物描写和语言特点作了仔细分析。周扬知道赵树理一直在努力做通俗化的工作，认为他"在语言上是用过很大功夫的"。"他竭力使自己的作品写得为大众所懂得。他不满意于新文艺和群众脱离的状态。他在创作上有自己的路线和主张。同时他对于群众的生活是熟悉的。因此他的成功并不是偶然的。这正是他实践了毛泽东同志的文艺方向的结果。他意识地将他的这些作品通叫作'通俗故事'；当然，这些绝不是普通的通俗故事，而是真正的艺术品，它们把艺术性和大众性相当高度地结合起来了。""赵树理同志的作品是文学创作上的一个重要收获，是毛泽东文艺思想在创作上实践的一个胜利。"

郭沫若于 1947 年 9 月 7 日在《北方》杂志发表题为《读了〈李家庄的变迁〉》，以诗一般的语言热情洋溢地称赞道："这是一株在原野成长起来的大树子，它根扎得很深，抽长得那么条畅，吐纳着大气和养料，那么不动声色地自然自在。""它不受拘束地成长了起来，确是一点也不矜持，一点也不衒异，大大方方地，十足地，表现了'实事求是'的精神。""最成功的是语言。不仅每一个人物的口白适如其分，便是全体的叙述文都是平明简洁的口头语，脱尽了五四以来欧化体的新文言臭味。""他是处在自由的环境里，得到了自由的开展。由《小二黑结婚》到《李有才板话》，再到《李家庄的变迁》，作者本身他就象一株树子一样欣欣向荣地、不断地成长。赵树理，毫无疑问，已经是一株子大树子。这样的大树子在自由的天地里面，一定会更加长大，更加添多，再隔些年会成为参天拔地的大树林子的。作者是这样，作品也会是这样。"

茅盾于 1947 年 11 月 1 日在《平原文艺》第 3 期发表《论赵树理的小说》。茅盾说："《李家庄的变迁》不但是表现解放区生活的一部成功的小说，并且也是'整风'以后文艺作品所达到的高度水准之例证。"这部书的技巧，"用一句话来品评，就是已经做到了大众化。没有浮泛的堆砌，没有纤巧的雕琢，质朴而醇厚是这部书技巧方面很值得称道的成功。这是走向民族形式的一个里程碑，解放区以外的作者们足资借鉴。"

《李家庄的变迁》在创作技巧上符合赵树理一贯特点，即他总是把人物放在一定的斗争环境中，放在一定的地位上，这样来展开人物的性格和发展。在本书中，也许是因为这些重大的事件太重要了，斗争太复杂了，场面太宏大了，也许是因为他太拘泥于个人的亲历了，下半部的发展过程显得过于仓促，未能把主要人物的刻画与重大事件更好地熔铸在一起，进而推进人物性格的发展，从而使作品中的那些人物的个性更鲜明、更具有典型意义。作者的着力点，也许就是写"李家庄"，通过写李家庄的"变迁"，来揭露阎锡山的统治如何黑暗，歌颂共产党领导下的解放区如何光明，人民群众怎样由痛苦走向高兴，"这里的世界不是他们的世界了！""这里的世界完全是我们的世界了！"作者能够记录下这段真实的历史即弥足珍贵，如果作品人物的形象更完整一些，典型性更强一些，那么，作品的规模和所包含的内容也许将会达到更高的程度。当然，这是不可以苛求于作者的。

在很短时期内，赵树理从《小二黑结婚》到《李有才板话》，再到《李家庄的变迁》，接连推出数部优秀之作，有的堪称杰作，受到广大读者的热烈欢迎，得到郭沫若、茅盾、周扬等大人物的含金量很高的评价，既为世人科学认识赵树理及其作品提供了指南，同时，也牢牢地确立了他在中国现代文学史上的历史地位。

12

得心应手出作品，"方向"太高不敢当

此时此刻，赵树理信心百倍，心情畅快，在写作上可谓得心应手，左右逢源。

时移事易，反专制，反独裁，反内战，争取建立联合政府，成了当前面临的一个新课题。一切为了人，为公平，为正义，争自由，求民主，维护人的权利和利益，是他的创作永恒不变的主题，现在又增加了新的内容，又有了新的创造。

赵树理在 1946 年 2 月出版的《新大众》上发表了小唱剧《巩固和平》，反对专制独裁，力主实现联合政府。剧中的义务教员唱道：

> 中国为啥多内战？
> 不民主是他的总根源——
> 少数人专权来独断，
> 多数人反抗理当然。
> 想叫永不起内战，
> 除非是大家掌政权。
> 国家大事大家管，
> 才能把内战根子剜。
> 争取得联合政府早实现，
> 到那时就是太平年。

1946 年 2 月下旬，赵树理随华北新华书店迁到邯郸。3 月 11 日，陈荒煤从延安来新华书店商谈工作，首次与赵树理相见。陈荒煤说，从外观上看，"他完全是一个山西的农民模样：上身穿一件黑布对襟的小棉袄，下身是农村长见的棉裤，戴一顶棕色的小毡帽，脸色有些苍黄，丝毫没有一点知识分子样子。甚至也不像一个普通农村干部。"（陈荒煤：《回忆赵树理》，山西人民出版社，1985年版，第241页）这次相见，他给陈荒煤印象最深的有两点，一个是他对开展农村戏剧运动的重视，一个是他建议抓通俗文艺创作。赵树理认为，现在还有广大农民不识字，但他们从小看地方戏，通过晋冀鲁豫区的地方戏进行宣传，老老少少的农民都能看，听得懂，又喜欢看。谈到他自己创作通俗文艺的愿望和经验，他用最通俗的语言形容他唯一的志向，就是像在农村集市上摆一个"地摊"，让自己的作品像一些小唱本一样，挤进《封神榜》《施公案》《七侠五义》《笑林广记》这类市场里，去夺取封建文化阵地。这可谓赵树理的初衷，终生坚持，至死不变。

4月13日，晋冀鲁豫边区文联在邯郸成立。范文澜为理事长，陈荒煤为副理事长，赵树理等31人为理事，他还被选为常务理事。同日，文协晋冀鲁豫分会成立，赵树理等15人被选为理事。

会后，他回到了他曾经工作和战斗过的阳城县，住在太岳《新华日报》社。他在这里熟人很多，现在又是名满太行的大作家，来客应接不暇。赵树理秉性生怕应酬，特别厌恶那种投机钻营、逢迎拍马的恶劣作风。在这里，赵树理写下短篇小说《催粮差》。他说，他写这篇小说是挖掘旧衙门狗腿子的卑劣品质的，他在阳城见到了好多像《催粮差》中崔九孩那样一类人。小说写一个名叫崔九孩的法警下乡催粮的丑恶嘴脸，他在财政局长的弟弟面前，不仅不敢要粮，还要给人家赔礼道歉，一副低三下四、溜须拍马、奴颜媚骨的丑态。而对山上贫苦农民孙甲午，则是另外一副恶霸土匪的嘴脸，任意敲诈勒索，活脱脱一个丧失人性、毫无人格可言的走狗和奴才的形象。由这号不是人的东西执法，哪里还有什么公正与法治可言？这篇小说获得了1946年年度太行区文化奖会甲等奖。

接着他回到老家尉迟村，景象大变，夏粮丰收，场上地头一片欢声笑语。他这次回来，听到儿时同伴冯福归的悲惨遭遇，深感悲痛。此人受尽苦难，为了不饿肚子，送死人，偷吃喝，当忘八，什么被村民视为卑贱的事都干过，备受凌辱，在村里名声极坏，连减租、清算翻身大会都不让他参加。他也自轻自贱，觉得无脸见人，于前几天默默死去，一生未享受到作为一个"人"的尊严和权利。赵树理联想到1926年各轮哥被族人活埋的惨剧，写下了短篇小说《福贵》。

小说中的福贵在辽县民主政府的安排下已经有地种，有房住，他的人身权、生命权、发展权已经得到了保障，他是回来接老婆孩子去那里生活的。现在，他要的不是土地钱财，他要的是他的人格权，是他作为一个"人"的尊严。他理直气壮责问老万族长："我欠你的是30块钱，两担多谷；我给你的，是3间房、4亩地、还给你住过5年长工。不过你不要怕！我不是跟你算这个！我是想叫你说说我究竟是好人呀还是坏人？" "我赌博因为饿肚，我做贼也是因为饿肚，我当忘八还是因为饿肚！我饿肚是为什么啦？因为我娘使了你一口棺材，十来块钱杂货，怕还不了你，给你住了5年长工，没有抵得了这笔账，结果把4亩地缴给你，我才饿起肚来！我从29岁坏起，坏了6年，挨的打、受的气、流的泪、饿的肚，谁数得清呀？直到今年，大家还说我是坏人，躲着我走，叫我的孩子是'忘八羔子'。这都是你老人家的恩典呀！幸而没有叫你把我活埋了……我想就这样不明不白走了，我这个坏蛋名字，还不知道要流传到几时，因此我想请你老人家向大家解释解释，看我究竟算一种什么人！看这个坏蛋责任应该谁负？"福贵的这番维护自己做人的权利、人格的尊严的理直气壮的责问，既是对老万的恶行的愤怒谴责，也是对封建剥削制度，对吃"人"的封建伦理道德的血泪控诉，更是一个人性的觉醒者铁骨铮铮的誓言。

这篇小说感人肺腑，具有震撼人心的力量。东北野战军有个战士叫杨有国，他听了《福贵》后，号啕大哭，"福贵"唤醒了他，促他自尊、自重、自强，放出了作为一个"人"的灿烂光辉。在紧接着的战斗中，他异常勇敢，飞身炸毁了敌人设在要道口的核心地堡，为部队进攻打开了缺口，身负重伤，荣立一等功。首长在立功授奖大会上说："杨有国同志在旧社会被人看不起，说他是二流子，到部队后，也有人奚落他。他平时不吭声，作风有点稀拉。他听了报上的文章（即转载在《东北日报》上的《福贵》）竟大哭了一场，说自己的遭遇和文章里谈的那个人差不多。同志们，旧社会的二流子，不是天生的，是被逼的。"说着，他翻开报纸，一边念，一边讲福贵自小是个好孩子，后来被逼走上邪路，赌博，偷窃，当吹鼓手，怕地主活埋，连夜逃跑了……他讲到这里，战士们群情激奋，喊起了"为阶级弟兄报仇"的口号，立功授奖大会，变成了请战大会，各连干部纷纷要求在新的战斗中担任主攻的突击队任务。（彦克：《赵树理同志的作品在部队》，载《山西文学》1982年12月号）

6月9日，赵树理的小说《地板》在《解放日报》刊出，并在编辑前记中说："《地板》的作者赵树理曾写过《李有才板话》和《小二黑结婚》，这都是很受欢迎的作品，本版将有专文介绍。这里发表的《地板》，是通过地主王老四和佃户们的斗争说明，只有劳动才能产生价值，才能产生财富。像这样有深刻的思想性和相当高的艺术性的作品，是很难得的。"

6月26日，《解放日报》开始9天连载赵树理的《李有才板话》，并配有工柳、杨君的木刻插图。同时登出冯牧的评论文章《人民文艺的杰出成果——推荐〈李有才板话〉》。

这时，各解放区正在贯彻党中央的"五四指示"，开展土地改革运动，《地板》和《李有才板话》被列为干部必读的参考资料。

8月14日，郭沫若在上海委托即将返回解放区的周扬带信给"北方的朋友们"，对赵树理的小说《李有才板话》和《解放区短篇创作选》大加赞赏。他说："我费了一天工夫，一口气把《解放区短篇创作选》第一辑和赵树理的《李有才板话》读了一遍，这是我平生的一大快事。我从不大喜欢看小说，这一次是破例。这是一个新的时代，新的天地，新的创世纪。这样可歌可泣的事实，在解放区必然很丰富，我们希望有笔在手的朋友们尽力把他们记录下来。即使是素材，已经就是杰作。将来集结成巨制时，便是划时代的伟大作品。我恨我自己陷在另一个天地里，和光明离得太远，但愿在光明中生活的人，不要忘记应该把光明分布到四方。"（郭沫若：《向北方的朋友们致意》，载 1946 年 8 月 25 日《解放日报》）

9 月 8 日，《人民日报》刊登赵树理暨边区文艺工作者 9 月 5 日《给郭沫若的复电》。复电说："谬承鼓励，信心倍增，今后自当格外自勉。诚如你所云，我们解放区数年来可歌可泣的事迹随处都有，可惜我们都缺乏写作素养，过去由于反扫荡，现在又由于反内战，不仅难以写出完整的作品，只记录素材也难免挂一漏万。先生倘能动员大后方作家来解放区，共同写作，广为收罗，以免埋没英烈事迹，群众创造，则更为盼祷欢迎之至。"

10 月 3 日，赵树理结束回家探亲、采访和写作，带着妻子和女儿，搭上一辆拉木炭的汽车，回到了驻地河北武安冶陶村。书店同事喜开茶话会为他们接风洗尘。

赵树理抓紧时间，创作长篇小说《刘二和与王继圣》，从 11 月开始在《新大众》半月刊连载。小说写的是少年生活，这是他唯一一部富有自传性的而非解决问题的小说。原计划写三部分，每一部分写三章，《新大众》发表了第一部分三章以后，就没有继续连载。后来发现了第四、第五章的手稿，第六章以后，不知是原稿遗失，还是没有写下去，现难以判断。

一个可能的原因，也许是轰轰烈烈的土地改革正在进行，他到乡下参加土改工作，土改中出现的问题吸引着他，他对此不能不特别上心，创作那个长篇小说的兴奋中心转移了。

1947 年 1 月，赵树理接受美国著名记者杰克·贝尔登采访。这是他平生第一次与外国记者接触。赵树理在同他两天的相处中，向他披露了自己的全部经历。在谈到赵树理作品的畅销情况时，"贝尔登问赵树理：'你出书收了多少版税？'赵说：'我不收版税。'贝问：'收了多少稿费？'赵答：'没有收版税，又没有收稿费，我们是供给制，我是写小说来为人民服务。'贝说：'他们剥削了你。在我们美国，你早已成为百万富翁了。'

赵说：'我们各行各业之间分工不同，这中间没有剥削与被剥削的问题。'贝尔登表示无法理解。"（李士德：《赵树理忆念录》，第115—116）在贝尔登看来，赵树理是"解放区鼎鼎有名的作家"，"可能是共产党地区中除了毛泽东、朱德之外最出名的人了"。他看着赵树理那营养明显不良的脸色和寒碜的衣着，他确实无法理解。赵树理微笑着诚恳地对他说："你知道在中国'文丐'是什么意思吗？抗战前，自己不掏点钱，书就没法出版。中国大多数作家是付钱给出版商，而不是出版商付钱给作家。没钱就别想出书。关于群众运动的书就更不能出了。而现在，我想写的东西，政府就帮助出版。再说，在这种时候，我赚钱干什么？有志愿战士，就有志愿文化人。正因为如此，我为人民创作完全是出于自愿的。""我的物质生活还是比从前好多了。除了写作，我还在边区出版社当编辑。我们有自己的生产组织，能纺纱织布，能种地。大家共同劳动，共同分享劳动果实。出版社每天发我一斤半小米，半斤菜；还给我一些医药费，因为我身体不好。我每年领一套棉服，一套单衣。抗战前，我只有一条薄毯子，几件单衣，所以我总是受冻。过去我从来没有烤过火，现在我有炭烧。出版社还给我钱，供我女儿上学。我老婆能种菜，每个星期还能做一双鞋。她用 500 块钱买做鞋的材料，做成鞋可卖得两千块钱。我现在简直没什么负担了，可以更自由地从事写作了。"（《赵树理全集》第 3 卷第 167—168 页）贝尔登写道："不过赵树理并不幻想要做个大作家，他也不想把所有的精力都用于写作，那样会使他脱离人民的。'我应该投入社会生活'，他说，'我要跟上革命的各个阶段。现在最重要的搞土地改革，以后大概就是搞工业化。我们将来要组织合作社，需要美国的机器，所以我想去美国看看。我很想写重大的题材，也许内战结束后，我可以安顿下来专心专意写它一阵子。不过我决不愿完全脱离人民'。赵还说，'……我想，我应该向农民灌输新知识，同时又使他们有所娱乐，于是我就开始用农民的语言写作。我用词是有一定的标准的。我写一行字，就念给父母听，他们是农民，没有读过什么书。他们要是听不懂，我就修改。我还常去书店走走，了解买我的书的都是些什么样的人，这样我就能知道我是否有很多的读者。因为成千上万的农民都不识字，所以我就写能为他们演出的剧本。这样，从前只有少数知识分子看我的作品，现在连穷人都普遍能看到了。"（贝尔登《中国震撼世界》，北京出版社，1980 年版，第 116—117 页）

6 月下旬，新华通讯社著名战地记者李普在他重返前方之前，花了两天时间，赶了 40 里路，特地到赵庄，拜访正在那里参加土改的赵树理。李普写下《赵树理印象》一文。李普说：10 多年以前，他发现新文学的圈子狭小得可怜，真正喜欢看这些东西的人，大部分是学习写这样的东西的人，等到学的人也登上了文坛，他写的东西事实上又只是给另一些新的人看，让他们也学会这一套，爬上文坛去。这只不过是在极少数的人中间转来转去，从文坛来到文坛去罢了。他把这叫作文坛的循环，把这种文学叫做文坛文学。至于他自己呢？他说："我不想上文坛，不想作文坛文学家。我只想上'文摊'，用些小本子夹在卖小唱本的摊子里去赶庙会，三两个铜板可以买一本，这样一步一步地去夺取那些封建小唱本的阵地。做这样一个文摊文学家，就是我的志愿。"李普又说："我看见有些成名的作家教育后辈，叫他们随身带一个小本子，记群众的语汇，也看见有些辛勤的青年学习者真是这样做的，因此，我问赵树理的办法怎样？他以为与其这样去记录在本子上，不如记在心里，就是长时间的到群众中去工作，作群众运动或基层政权工作，去学习他们的语言，了解他们的思想和感情等等。几年来，赵树理每到一个地方住下来，总是参加当地的工作的。他说：我会说两种话，跟知识分子说知识分子的话，跟农民说农民的话。写的时候信手写下去，不用临时去寻找。"（《赵树理专集》，福建人民出版社，1981 年 6 月版，第 34—35 页）

根据中共晋冀鲁豫中央局宣传部的指示，边区文联召开文艺座谈会，专门讨论赵树理的创作。从 7 月 25 日开始，到 8 月 10 日结束，整整开了 16 天。会上，赵树理详细介绍了自己的创作过程和方法，认真听取与会同志的发言。会议对赵树理的创作进行了全面探讨和评价。《人民日报》报道说："大会首先讨论赵树理创作。在讨论中，大家实事求是地研究作品，并参考郭沫若、茅盾、周扬等对赵树理创作的评论及赵树理的创作过程、创作方法的自述，反复热烈讨论，最后获得一致意见，认为赵树理的创作精神及其成果，实应为边区文艺工作者实践毛泽东文艺思想的具体方向。"

会上，主持边区文联工作的副理事长陈荒煤作了总结性发言，题为《向赵树理方向迈进》，刊登于 1947 年 8 月 10 日《人民日报》。

陈荒煤在文章中说，在这次文艺座谈会上，大家都同意提出"赵树理方向"，作为边区文艺界开展创作运动的一个口号。他集中大家的意见，提出文艺工作者要从以下三点向赵树理同志学习。第一，赵树理同志的作品政治性是很强的。他反映了地主与农民的基本矛盾，复杂而又尖锐的斗争。他是站在人民的立场来写的，爱憎分明，有强烈的阶级情感，思想情绪是与人民打成一片一片的。第二，赵树理同志的创作是选择了活在群众口头上的语言，创造了生动活泼的、为广大群众所欢迎的民族新形式。第三，赵树理同志从事文学创作，真正做到全心全意地为人民服务。他具有高度的革命乐观主义和长期埋头苦干、实事求是的精神。

陈荒煤对赵树理的创作活动作了全面的总结，指出："十余年来，赵树理同志坚持通俗化工作，在小报纸副刊、在街头、在剧团……写过不少小说、快板、小戏及其他文字，生活与工作都曾遭到相当的挫折，但始终如一坚持了夺取封建文化阵地的志愿。工作中从未计较过个人的名誉、地位，也不想把自己的创作当'艺术'——那种脱离群众的艺术。也不是为了表现自己，为了成为一个作家，才立志写作，他写作的动机和目的，都是为了群众的，为了战斗的，为了提出与解决某些问题的，现在是如此，抗战前就是如此，因此他不多写，更不乱写，用他自己的话来说：只要'老百姓喜欢看，政治上起作用！'"文章认为赵树理这两句话"是对毛主席文艺方针最本质的认识，也是我们实践毛主席文艺方针最朴素的想法，最具体的作法。"

陈荒煤说："因为以上我们所能共同认识到的几点，我们觉得，应该把赵树理方向提出来，作为我们的旗帜，号召边区文艺工作者向他学习、看齐！"

赵树理对提"赵树理方向"是不同意、不赞成的。陈荒煤回忆说："《向赵树理方向迈进》的文章，就请赵树理同志看过。他曾一再提出意见，希望我不要提'赵树理方向'这个字句：我不过是为农民说了几句真话，也像我多次讲的，只希望摆个地摊，去夺取农村封建文化阵地，没有做出多大成绩，提'方向'实在太高了，无论如何不提为好。""当时也有同志认为'方向'太高了，但是我当时认为，老赵实际是一个具体实践毛泽东同志提出的为工农兵服务方向的标兵，提'赵树理方向'比较鲜明、具体、容易理解，所以最后还是以这个篇名发表了文章。"（陈荒煤：《回忆赵树理》，山西人民出版社，1985 年版，第242—243 页）

实在说来，赵树理的成功，是根据社会的实际情况，根据从群众中调查研究得来的材料而创作，并不是从学习某个政策条文或领悟某位领导的意图出发。他之所以成功，最重要的是，的确如他所说，是为"农民说了几句真话"。能做到这一点，就不容易，很难得，极重要。他一心一意为维护农民的权利和利益，为他们的自由、尊严和幸福，为帮助他们创造新生活而奋战。一切都是那样实实在在，朴朴素素，一点也不虚假，一点也不浮华。他的成功，还得益于他的独具匠心的叙事方式和洗练的群众化的语言，简洁、明快、幽默，生动有趣且韵味十足，让人百读不厌，在娱乐中受到教益。可以说，这些都是他一生中都在坚持的"创作路线和主张"。

我们党在工作方法上一向特别喜欢树标兵，立样板，举旗帜。那时，在农业上有"吴满有方向"，工业上有"赵占魁运动"，他们的名字和事迹在抗日根据地尽人皆知。毛泽东几次公开谈话要求向吴满有"看齐"，还给他题词"天下有名"，诗歌、电影、美术、戏剧一齐上，宣传声势之浩大，"赵树理方向"绝对望尘莫及。从实际情况来看，文艺界许多人对提"赵树理方向"其实也并未十分在意。

赵树理不同意、不赞成提"赵树理方向"，这固然与他为人谦逊一向低调有关，但更重要的是出于他的民主精神、科学态度和实事求是的一贯作风。文学艺术创作是作家艺术家自由驰骋的天地，特别需要充分发挥每个人的独创精神，在文学艺术领域，不宜树"标兵"，立"样板"，倡"看齐"，那样做，容易形成某种有形无形的束缚，即使对被树为"方向"、"标兵"和"旗帜"者，也会形成某种压力，这样，将会影响宽松、宽容、自由的创作土壤、气候和环境的形成，从而对文艺园地争奇斗艳局面的出现和发展产生不利的影响。其实，把赵树理树为"具体实践毛泽东同志提出的文艺为工农兵服务方向的标兵"，不过是一时的政治需要罢了。赵树理在这个问题上的清醒的认识，实事求是的态度，令人敬佩。

13

频频著文论土改，《邪不压正》遭质疑

1947 年 8 月，刘（伯承）邓（小平）大军下江南进入大别山，陈（赓）谢（富治）大军和陈（毅）粟（裕）大军分别进入豫陕鄂边地区和豫皖苏平原，人民解放军由战略防御转入战略进攻。战场上的新形势，要求在解放区更加普遍深入地进行土地制度的改革，以进一步调动广大农民的革命和生产的积极性，支援解放战争。

1947 年 7 月至 9 月，中共中央在河北省平山县西柏坡召开全国土地会议，制定了《中国土地法大纲》。这个彻底的反封建的土地革命纲领，于 10 月 10 日颁布，明确规定废除封建性及半封建性剥削的土地制度。于是，解放区各级领导机关派出大批土改工作队深入农村，发动群众，组织贫农团和农会，控诉地主，惩办恶霸，彻底平分地主土地，迅速掀起了土地改革的热潮。

赵树理，这位土生土长的中国农民的忠实的儿子，和农民心连着心，立即放下手中的其他事情，全身心地投入到这场轰轰烈烈、翻天覆地的伟大革命斗争中来了。

8 月 20 日前后，赵树理与新华书店的人员一起来到河北省武安县赵庄进行调查研究，发动群众，进行土改。

赵庄是河北武安县九区的一个大村，有 580 多户，2100 多口人，7700 余亩土地。抗战前，土地集中在少数人手里，贫雇农数量很大。有一户地主，包括外村的土地在内，就拥有土地 1700余亩。掌握村里实权的是靳家兄弟俩。1941 年夏，靳家兄弟组织维持会，被我游击队消灭，建立抗日民主政权。原地下党支部因集体接受地主贿赂而被解散，留下一名党员。1942 年实行减租减息，无地少地的农民取得一部分土地。1943 年大灾荒，很多人外逃，政府救济粮被合作社人员挥霍，这些人被处分撤换。直到《五四指示》以前，这个村是"光杆子干部与地主作战"，斗倒地主后，他们又学了地主的样，统治其他群众。《五四指示》以后，搞过四、五次斗争，一次比一次激烈。封建势力虽然基本上被摧垮，但对跟干部有关系的地主的斗争仍不彻底。在最后一次斗争中，扩大了斗争面，误将富裕中农划为地主富农，伤害了不少人。由于干部作风不民主，果实分配不均，"窟窿户"很多，干群对立严重，"群众仇恨干部超过了仇恨地主"。因此，赵庄的土改，主要不是斗争地主平分土地，而是发动群众，"抽肥补瘦"，整顿党的作风，改善干群关系，实现民主。

关于赵树理等人这段时间在赵庄的工作情况，《人民日报》曾作过多次报道。1947年8月30日《人民日报》刊登的王春写的《换一个看法思想》说："赵树理同志则特别注重驻村群众运动，在他的组织推动下，书店王春同志等几个人和他共同成立了一个驻村工作组，从群众运动中的小组酝酿直到大会斗争，无不全过程地参加，替群众发现'防空'的麦子，帮助群众维持会场秩序，给群众讲道理撑腰，回来座谈感想，比论道理。"

9月4日《人民日报》又报道说："新华书店人员，积极参加驻村翻身运动。作家赵树理同志，今年以来，经常帮助驻村的群运工作。在改善干群关系、动员干部'洗脸'时，他为了解决一些干部和积极分子的思想疙瘩，常给他们耐心解释，甚至一连搞四五黑夜。在这次复查运动中，赵树理同志带同书店的国涌、赵德新、李书芹等同志和书店总编辑王春同志，都自始至终地参加了。随时给群众讲理撑腰，打击地主，参加村中各级会议，给村干部帮忙。书店俱乐部更号召全店同志大力支援群众运动……目前书店这一批同志已与村干部打成一片，一道计划工作，推进运动，与群众关系更加密切。"

全国土地会议结束后，晋冀鲁豫中央局在冶陶召开了一次长达85天的会议。在边区会议上，赵树理被选入主席团。同事们戏称他为"赵主席"。《人民日报》尊他为"农民作家"，并刊登了一幅他的木刻像：头戴瓜皮毡壳帽，身穿对襟黑棉袄，双唇紧闭，两眼忧戚地注视着前方。不知他是在思考着怎样发动群众、组织群众，怎样才能使贫苦农民、弱势群体彻底翻身，摆脱贫困，还是在思考着干部队伍的变质和不纯，怎样整顿干部队伍，怎样防止和克服在土改中应当避免发生而又很难避免或完全避免的事情？

中央局组织了赵庄工作团，张磐石任团长，赵树理、王中青任副团长。工作团进驻后，先扎根串连、访问贫雇农，并抽出人手领导党支部整顿。春节前召开全村大会，宣布支部书记暂停工作，听候群众审查评议。正月初一，赵庄贫农团正式成立。接着又联合中农成立新农会，成立农代会改选村政府。整党继续采取在群众中整党的办法，分批进行。在此基础上，以"抽多补少，抽肥补瘦，填平补齐，动少数不动多数"的办法，解决遗留的土地问题。

进入1948年以后，赵树理又搞了8个月的土改工作。

在这期间，在村干部的问题上，赵树理和王中青看法不同，经常发生争执。王中青认为村里主要负责干部都难说是好人，要把全村的党员都隔离审查。赵树理不同意，他认为支部的多数党员没有大问题，不能一律当坏人审查。在整个土改过程中，由于赵树理体察下情，实事求是，政策掌握得比较稳，运动结束后，赵庄干部群众干劲十足，全村面貌为之一新。多年后，王中青在《赵树理回忆录》中说："赵树理了解下情，我们常受表面现象的迷惑，我们之间经常争论，他说我们左，我们说他右。历史证明，赵树理的看法是对的。"他深有感触地说："赵树理看问题的方法和我们不一样，他对党的政策总是站在群众的立场，是用群众的实际情况来衡量、理解的，所以理解得深、准，实事求是。而我们却往往站在干部的立场上，是从完成任务来理解政策的，便容易脱离群众实际，出现偏差。"此话有理，发人深思。赵树理一向是依据群众的实际情况来工作，而不是单靠中央文件、领导的指示来行事，简单生硬，强制执行，这也许就是他为什么常常被历史证明是正确的根本原因所在。

杨品在《颠沛人生——赵树理传》中说：

　　遗憾的是，赵树理的认识并不为上级领导赏识，认为他有右倾思想。一位边区土改工作负责人找他谈话："老赵同志，土改运动是一场大革命，我们不能像老太婆一样慢腾腾的，要克服右的观念。你是有影响的人物，尤其要和上级保持一致。"

　　赵树理却认真地辩解说："我们应当实事求是，根据群众的思想状况做细致的工作，否则会造成无穷后患。"

　　"老赵，你不要固执嘛！"

　　"我不是固执，我是说真话。"

　　"中央负责土改工作的康生同志要求我们要克服右倾思想。"

　　"不管是哪位领导，脱离实际情况的指示就需要研究。"

　　……

　　"我不怕别人说什么，我还是那老观点，替农民说说心里话。"

　　作为一个"有影响的人物"，他不是"尤其要和上级保持一致"，而是"尤其要"从"实际情况"出发，"尤其要为维护人民的权利和利益"，为人民"说真话"，"替农民说说心里话"，这就是人民艺术家赵树理的品格，非常难得的高尚品格。这也正是他能够避免"左"的或"右"的错误，常常被历史证明是正确的"奥秘"所在

　　在这期间，赵树理写下了不少诗文，表达了他对土改中一些问题的看法和主张。

　　1948 年元旦以后，华北新华书店主办的《新大众》半月刊改为《新大众报》，每周出一张。赵树理写的有关土改的各种形式的文章，不论是短论、快板，还是"大众话"，都以几个笔名发表在该报上，也有一些发表或转载在《人民日报》上。

　　有几篇是讲土地法的。如《我们执行土地法，不许地主富农管》《休想钻法令空子》《土地法的来历》《中农不要外气》等。有几篇是讲组织贫农团的，如《为啥要组贫农团》《穷苦人

要学当家》《发动贫雇要靠民主》《停止假贫农团活动，不能打击贫雇》等。还有几篇是讲干部队伍和干部作风的，如《干部有错要老实》《谁也不能有特权》《不要误解行政命令》《再谈谈行政命令》《躺倒不对，起来怎干？》《从寡妇改嫁说到扭正村风》等。这期间，他还写过几篇反对封建迷信的作品，如《不要受坏人的骗》《考神婆》《"关公"制住"周仓"》。

《为啥要组贫农团》从农村土改中存在的实际问题出发，全面讲了组贫农团对维护农民权利和利益的好处，重要和必要："谁把贫雇剥削干？地主富农老封建。分土地，反封建，贫雇站在最前面。穷苦人，一串连，大家组个贫农团。带起头来分土地，才能彻底把身翻。村里没有贫农团，贫农翻身难上难。一直翻了一年半，好多窟窿没有填。东村没有贫农团，地主富农假转变；改头换面当干部，假装斗争把人骗。西村没有贫农团，全是中农当骨干，只有斗争很和平，哪管穷人多困难？南村没有贫农团，流氓当权胡作乱。斗争果实还没分，自己先要抓一半。北村没有贫农团，几个贫雇当了权，只顾自己翻透身，不管别的穷苦汉。……只要组成贫农团，谁想贪污也不敢。有些人，得了权，好打自己小算盘，只要组成贫农团，没有空子叫他钻。"

发动群众和组织贫农，激发贫雇农的人权意识、民主精神、法治观念，要自己起来彻底闹翻身，当家作主，做自己命运的主人，做社会和国家的主人，这些新的价值观念的培育和树立，不仅是土改成功的思想政治保证，而且对帮助农民走向现代文明也具有长远意义。赵树理在《穷苦人要学当家》中说："这次平分土地，要咱们这些贫苦农民，组织成贫农团来领导。法令上就是这么规定的。既然叫咱们当头，咱们就要挺起腰来当一当这个家。""有的说：'咱一辈子只会劳动，啥也不会说，人家叫咱干啥咱干啥吧！'有的说：'不论人家怎么分，分给咱多少咱要多少吧！'这都是太看不起自己了。'穷苦'、'老实'、'劳动'，不只不是我们的短处，还是我们的资格。""咱们这些老实人，都没有多经过事，办起事来似乎有点困难，不过众人是圣人，遇事多开会多讨论，什么困难都挡不住咱们，因为大家出主意，总比过去那些凭着个人小聪明办事公道得多。""靠法令，靠团体，听了群众意见，自己要拿主意，这就是咱们老实人当家的简单办法。"

他特别关注农村干部基层党组织不纯，流氓掌权对农民的权利和利益的危害。在《发动贫农要靠民主》一文中说："每个村子里，都有一种灵活的滑头分子，好像不论什么运动，他都是积极分子——什么时行卖什么，吃得了谁就吃谁；谁上了台拥护谁。这些人好多是流氓底子，不止没产业，也不想靠产业过活，分果实迟早是头一份，填窟窿时候又能回回是窟窿。可是当大多数正派贫雇农还不相信自己的时候，偏好推这些人出头说话，这些人就成了天然的积极分子。""要是大多数正派人都还没有当家作主的时候，就依靠他们出来作积极分子，或是让他们当了领袖，他们更会把别人踏到脚底下，工作一定要搞坏。""只要能叫多数人说话，不正派的人纵然能说会道，和别人一比他就不得不低头了。"

他要求干部们在土改中严格按照土地法办事，有错误就老老实实纠正，谁也不能有法外之权。《干部有错要老实》说："这一年的填平补齐工作没有做好，村干都应当负责，不能把二十五个窟窿都推给中农去填。""好在土地法公布出来了，照法办事，就可以纠正这种错误。"在《谁也不能有特权》中进一步指出："犯了错误的人，只要老老实实，照着土地法规定的，该退果实的退果实，该交出财产的就交出来，我们就照着土地法，按照他们犯罪的轻重，分别发落；要是他们仍然摆起老资格来欺人，或者仍然想在土地法以外保存他的特别权利，我们就有权送他到人民法庭受审判。就算他们有过功劳，也不能算成犯罪的本钱。执行土地法以后，谁也不能有法外的特别权利。"

不论是对农民说土改，还是做干部的思想工作，都是从维护人民的权利和利益出发，都是通俗易懂的大白话，守法，明理，合情合理，让人爱听，贴心入脑。这些文章，都鲜明地体现了自由、人权、公平、正义、民主、法治的精神，其中心内容和准则，简单来说，就是他在《不要受了坏人骗》中所说的："中央又把指示下，错斗中农要退还。地主富农要安置，不让一人受作难。咱们群众翻了身，不要再受坏人骗。大家齐心搞生产，建设民主好家园。"作者时刻挂念在心、牢牢紧抓、紧紧围绕着的还是一个中心思想：民生、民主和民权。在他看来，最根本的任务还是"大家齐心搞生产"，实现人民的富裕和幸福。

作者在土改工作中的实践，及他的这些认知，都为他后来创作《邪不压正》作了充分的准备，也为我们正确理解他的这部作品提供了准确的信息。

这时，晋冀鲁豫和晋察冀两个边区已连成一片，两个区的文联也宣告合并，改成华北文艺界协会。1948 年 9 月，两区的新华书店也在河北平山合并。赵树理的家眷也由赵庄迁到平山。在这里，他开始了早已烂熟于心的中篇小说《邪不压正》的创作。

1948 年 10 月 13 日，《邪不压正》开始在《人民日报》连载，16 日、19 日、22 日四次连载完毕。

这部作品的中心内容和写作方法，赵树理本人讲得十分清楚。他说：

我在写那篇东西的时候，把重点放在不正确的干部和流氓上，同时又想说明受了冤枉的中农作何观感，故对小昌、小旦和聚财写的比较突出一点。据我的经验，土改中最不易防范的是流氓窜空子。因为流氓是穷人，其身份很容易和贫农相混。在土改初期，忠厚的贫农，早在封建势力之下折了锐气，不经过相当时期鼓励，不敢轻易出头；中农顾虑多端，往往要抱一个时期的观望态度；只有流氓毫无顾虑，只要眼前有点小利，向着那一方面也可以。这种人基本上也是穷人，如果愿意站在大众方面来反对封建势力，领导自然也不会拒绝，但在运动中要加以教育，逐渐克服了他的流氓根性，使他老老实实做个新人，而绝不可在未改造之前任为干部，使其有发挥流氓性的机会。可惜那地方在初期土改中没有认清这一点，致使流氓混入干部和积极分子群中，仍在群众头上抖威风。其次是群众未充分发动起来的时候，少数当权的干部容易变坏。在运动中提拔起来的村级新干部，要是既没有经常的教育，又没有足够监督他的群众力量，品质稍差一点就容易往不正确的路上去，因为过去所有的当权者尽是些坏榜样，稍学一点就有利可图。我以为这两件事是土改中最应该注意的两个重点，稍一放松，工作上便要吃亏。

我所以套进去个恋爱故事，是因为想在行文上讨一点巧。要是正面写斗争恶霸、穷人翻身、少数人多占了果实留下穷苦窟窿、二次追究连累了中农，一直写到整党、纠偏，篇幅既要增长，又容易公式化，所以我便想了个简便的方法，把上述一切用一个恋爱故事连串起来，使我预期的主要读者对象（土改中的干部和群众），从读这一恋爱故事中对各阶段的土改工作和参加土改的人都给以应有的爱憎。

事情非常明白，一个是那个"打倒皇帝做皇帝"、缺乏监督的村干部小昌变坏的问题，一个是那个"流氓无产者"小旦混入干部队伍干坏事的问题，这两个严重侵犯和损害农民权利和利益的问题，的确是土改中特别值得重视的问题，也是在革命过程中革命队伍需要特别加以警惕的问题。这是赵树理在深入土改运动的实际工作中的两个重大发现，他在作品中作为两个重点予以揭示，这就使他与正面描写土改的作品，如丁玲的长篇小说《太阳照在桑干河上》、周立波的长篇小说《暴风骤雨》区别了开来，显示了作者的独创性。作者以锐利的眼光、卓越的见识和非凡的勇气，发现并揭露土改中出现的严重问题，是他在新中国成立之前最后一部杰作，又一独具慧眼、别具一格的杰出贡献。周扬在为《赵树理文集》写的序文中曾自谦地说，他过去写的那篇《论赵树理的创作》，现在读来，"说得并不充分，也不深刻。""记得当时就有人说过，赵树理在作品中描绘了农村基层党组织的严重不纯，描绘了有些基层干部是混入党内的坏分子，是化装的地主恶霸。这是赵树理同志深入生活的发现，表现了一个作家的卓见和勇敢。而我的文章却没有着重指出这点，是一个不足之处。"（《周扬文集》第5卷，人民文学出版社，第234页）周扬所指出的从《小二黑结婚》到《李有才板话》再到《邪不压正》赵树理一系列作品的这一突出特征，正是这位伟大的现实主义作家的难能可贵之处。随着时间的推移，人们会越来越深刻地感受到这一点。

现在，就请读者看看书中描写"布置斗争会"的这段精彩的描述吧：

晚饭后，还是这四十来个人，开了布置斗争会。元孩是政治主任，大家推他当了主席。元孩说："区上的会大家都参加过了。那个会决定叫咱们回来挤封建，帮助没有翻透身的人继续翻身。咱们怎么样完成这个任务，要大家讨论，讨论一下谁还是封建？谁还没有翻身？谁还没有翻透？"他说完了，小昌就发言。小昌说："我看咱村还有几户封建，第一个就是刘忠！"有人截住他的话说："刘忠父子们这几年都学会种地，参加了生产，我看不能算封建了！"小昌说："他那种地？家里留二十来亩自耕地，一年就雇半年短工，全凭外边那四十来亩出租地过活。这还不是地主？还不是剥削人的封建势力？"这意见大多数都同意，就把刘忠算一户封建尾巴。接着别人又提了四五户，都有些剥削人的事实，大家也都同意，其余马上就再提不出什么户来，会场冷静了一大会。元孩说："想起来再补充吧！现在咱们再算算，咱们村还有多少没翻身或者翻也没有翻透的户！"大家说："那多啦！""还有老拐！""还有安发！""还有小宝！"……七嘴八舌提了一大串。元孩说："慢着！咱们一片一片沿着数一数！"大家就按街道数起来，数了四十七个户。元孩曲着手指计算了一下说："上级说这次斗争，是叫填平补齐，也就是割了封建尾巴补窟窿。现在数了一下：封建尾巴共总五六个，又差不多都是清算过几次的，可是窟窿就有四五十个，那怎么能填起来？"小宝说："平是平不了，不过也不算很少！这五六户一共也有三顷多地啦！五七三百五，一户还可以七亩地！没听区分委说'不能绝对平，叫大家都有地种就是了'！"又有人说："光补地啦？不补房子？不补浮财？"又有人说："光补窟窿啦？咱们就不用再分点？"元孩说："区分委讲话不是说过了吗？不是说巳经翻透身的就不要再照顾了吗？"小旦说："什么叫个透？当干部当积极分子的管得罪人，斗出来的果实光叫填窟窿，自己一摸光不用得？那只好叫他们那四十七个窟窿户自己干吧！谁有本事他翻身，没有本事他不用翻！咱不给他当那个驴！"元孩说："小旦！你说那不对！在区上不是说过……"元孩才要批评这自私自利的说法，偏有好多人打断了他的话，七嘴八舌说："小旦说得对！一摸光我先不干！""我也不干！""谁得果实谁去斗！"元孩摆着两只手好久好久才止住了大家的嚷吵。元孩说："咱们应该先公后私。要是果实多了的话，除填了窟窿，大家自然也可以分一点；现在人多饭少，填窟窿还填不住，为什么先要把咱们说到前头？咱们已经翻得不少了，现在就应该先帮助咱的穷弟兄。"小昌说："还是公私兼顾吧！我看叫这伙人不分也行不通，因为这任务要在两个月内完成，非靠这一伙人不行。要是怕果实少分不过来，咱们大家想想还能不能再找出封建尾巴来？"这意见又有许多人赞成。小旦说："有的是封建尾巴！刘锡恩还不是封建尾巴？他爹在世时候不是当过几十年总社头？还不跟后来的刘锡元一样？"元孩说："照你那么提起来可多啦！"跟小旦一样的那些人说："多啦就提吧！还不是越多越能解决问题！"元孩说："不过那都是三四十年前的事，从我记得事，他家就不行了……"有人说："不行了现在还能抵你那两户。"元孩说："那是人家后来劳动生产置来的。"又有人说："置来的就不给他爹还一还老账？"元孩听见他们这些话，跟在区上开会那精神完全不对头，就又提出在区开会时候，区分委说那不动中农的话来纠正他们。小旦他们又七嘴八舌说："那叫区上亲自做吧！"元孩说："不要抬杠！有什么好意见正正经经提出来大家商量！"那些人又都一齐说："没意见了！"以后就谁也不开口，元孩一个一个问着也不说，只说"没意见"。会场又冷静了好大一会。有些就交头接耳三三两两开小会，差不多都是嘟噜着说："像锡恩那些户要不算，那里还有户啦？""要不动个几十户，那里还轮得上咱分果实？"……元孩听了听风，着实作了难：上级不叫动中农，如今不动中农，一方面没有东西补窟窟，一方面积极分子分不到果实不干，任务就完不成。他又在会场上走了一圈，又听得不止积极分子，有些干部也说分不到果实不干，这更叫他着急。他背着手转来转去想不出办法。小昌说："我看还叫大家提户吧！提出来大家再讨论，该动就动，不该动就不动。"元孩一时拿不定主意，小昌就替他向大家说："大家不要开小会了，还是提户吧！"一说提户，会场又热闹起来，哗啦哗啦就提出二十多户，连聚财进财也都提在里边。一提户，元孩越觉着不对头，他觉着尽是些中农。他说："我一个人也扭不过大家，不过我觉着这些户都不像是封建尾巴。咱们一户一户讨论吧！要说哪一户应该斗，总得说出个条件来！"小昌说："可以！咱们就一户一户说！"元孩叫记录的人把大家提出来的户一户一户念，每念一户，就叫大家说这一户应斗的条件。像小旦那些积极分子，专会找条件，又是说这家放过一笔账，又是说是那家出租过三亩地；连谁家爷爷打过人，谁家奶奶骂过媳妇都算成封建条件。元孩和小宝他们几个说公理的人，虽然十分不赞成，无奈大风倒在"户越多越好"那一边，几个人也扭不过来

这是一幅多么生动的在土改中阶级斗争的画面！不仅要斗争那些应该斗争而尚未斗争的地主，而且更为严重的问题是把中农也要当作地主来斗争。各类积极分子的音容笑貌、言谈举止跃然纸上，读来如临现场，如闻其声，如见其人。当某种错误倾向的狂风恶浪袭来之时，往往会使人们失去良知，邪恶肆虐，借土地革命以营私的人性之丑恶横行无忌，一时为公平、正义、民主、法治、理性、善良所难以阻挡。

这部作品的突出成就在于极为形象地描写了以"割封建尾巴"之名，侵犯中农利益的"左"的错误，揭示了产生这种错误的邪恶的价值理念对人的尊严、权利和利益的侵害。作品不仅提出了当时华北解放区土改中带有普遍性的重大问题，而且对人们认识农村社会的复杂状况和阶级根源，也有极其重要的价值。

赵树理没有料到，许多人也许不会想到，他的这个作品，竟然会引起争议，甚至对他的良好的政治愿望提出了质难。

1948 年 12 月 21 日《人民日报》发表了党自强的《〈邪不压正〉读后感》、韩北生的《读〈邪不压正〉后的感想与建议》两篇观点相互对立的文章，接着，1949 年 1 月 16 日《人民日报》又发表了耿西、而东、乔雨舟、王青写的四篇评论《邪不压正》的文章。同时还配发了编者写的《展开论争推动文艺运动》。

持否定观点的同志认为小说"将地主的'腿'小旦，涂上满脸黑灰去顶替地主的罪恶是阶级观点的含糊"，使人感到，"把党在农村各方面变革中所起的决定作用忽视了"，使人感到，"纸上的共产党不是现实的共产党"。还有文章批判作者："到底小旦是什么成分呢？作者没交代清楚。……真正坏透了的不应该是小旦之流的人物，而是不可调和的封建统治阶级。"并且严厉指出："如果模糊了这一点"，就是"阶级观点上的含混"。编者的话也这样说："论争的重点，主要集中在作品的现实指导意义上，因而也就牵涉到对阶级关系、对农村党的领导、对几年来党的政策在农村的实施，……一些基本问题的认识的分歧。"其意向相当明显，对赵树理不利。

赵树理不得不亲自出马为自己辩护。

1950 年 1 月 15 日，他在《人民日报》发表《关于〈邪不压正〉》一文。同日，该报还刊发了竹可羽的《评〈邪不压正〉》和《谈〈传家宝〉》两文，均节自该作者《评〈邪不压正〉和〈传家宝〉》一文。

赵树理的文章说，他写那篇东西的意图是"想写出当时当地土改全部过程中的经验教训，使土改中的干部和群众读了知所趋避。""把重点放在不正确的干部和流氓"小昌和小旦上，同时又写了受冤枉的中农聚财，这三个人写得比较突出一点。竹可羽的文章则认为赵树理的意图不是这样，"从全文的事件发展上看，作者的中心思想（主题）集中在一个中农家庭里的父女关系上，集中在这个父亲和这个女儿之间的一个矛盾的引起、展开和解决。这个问题就是在女儿软英的婚姻问题上。"软英是个"消极的人物"，"这个问题这个人物，没有给予我们读者以应有的教育意义。""在一个矛盾的两面，作者善于表现落后的一面，不善于表现前进的一面，在作者集中表现的一个问题上，没有结合整个历史的动向来写出合理的解决过程，这是《邪不压正》主要的最基本的弱点。"2月25日《人日报》再发竹可羽的文章《再谈〈关于〈邪不压正〉〉》，批评赵树理缺乏自我批评精神，认为创造新的英雄人物，"是当前中国文艺界的中心问题，也是社会主义现实主义创作原则的中心问题。""在赵树理的创作思想上，似乎也还没有自觉地重视这个问题。""人物创造，在作者创作思想上还仅仅是一种自在状态。"批评够严厉，从思想到艺术，一笔抹杀，简直是要一棍子打死了。

　　对这种"左"的教条主义的批评之不当，无须多言。好在毛泽东有言，他在1947年12月25日所著《目前形势和我们的任务中》一文明确指出："有许多地主分子、富农分子和流氓分子乘机混进了我们的党。他们在农村中把持许多党的、政府的和民众团体的组织，作威作福，欺压人民，歪曲党的政策，使这些组织脱离群众，使土地改革不能彻底。这种严重的情况，就在我们面前提出了整编党的队伍的任务。……全党同志必须明白，解决这个党内不纯的问题，整编党的队伍，使党能够和最广大的劳动群众完全站在一个方向，并领导他们前进，是解决土地问题和支援长期战争的一个决定性的环节。"（《毛泽东选集》，人民出版社，1966年3月版，第1252页）赵树理发现并着重表现的正是这样一个"决定性的环节"。看看毛泽东的这段话，赵树理的《邪不压正》在政治上、现实指导意义上不仅不存在任何问题，而且正是他难能可贵的慧眼卓识之所在。这次对他的作品的曲解、误解和责难，未能掀起什么大浪，终究还是"邪不压正"，赵树理有惊无险，平安过关。但是，共和国刚刚成立，就在中央党报上，对被尊为贯彻执行毛泽东文艺的"方向""标兵""旗帜"的他如此无端指责，却不能不在他的心灵上留下一道阴影。"打倒皇帝做皇帝"，缺乏监督会变坏；"流氓无产者"混进干部队伍干坏事；中农的权利和利益不可任意侵犯，这些都是重大问题、敏感问题，有风险。这次批评使他初次尝到了被批判的滋味，颇受刺激。他后来不再谈起这篇小说，甚至都没有把它收进自己的集子。

　　一篇小说引起这么大的分歧和争议，与赵树理小说创作的独特方式有关。他说："我在做群众工作的过程中，遇到了非解决不可而又不是轻易能解决了的问题，往往就变成了所要写的主题。"他认为，"在工作中找到的主题，容易产生指导的意义。"他的许多作品，如《小二黑结婚》、《李有才板话》以及《邪不压正》都是如此。这是由他的高度的政治责任感所决定的。他写小说，不是出于要当什么"家"，要创造什么艺术典型、传世珍品，而是出于革命的功利，为社会现实政治服务，这就决定了他在写作的时候，其着力点不是在人物典型性格的精细刻画上，而是他所要解决的问题的过程和结果。他笔下的人物，几乎都是为解决某个问题而设置的，自然这些人物都是从生活中来的，是他非常熟悉的，不是凭空编造的。你可以说他没有达到典型环境中典型性格的高度，但你不能说那个形象不是活生生的人物。他的生活积累无比丰厚，他在生活中接触到的、看到的、听到的各种各样的人物和故事，实在是太丰富多彩了，一到他立意要解决社会提出的某个问题时，就都跑到了他的笔下，为他所驱遣，挥洒自如地发挥着他们各自的作用。因此，在他那里，思想性和艺术性总是水乳交融般地融为一体的。为政治服务是所有革命文艺工作者共同的特点，也是赵树理创作的一大特色，但能够像他那样在思想性和艺术性上达到相当高度的融合的作家却并不多见。这正是他不同于一般的革命文艺家，并且远远胜出他们的地方。他的确善于写落后人物，非常生动，但在他的作品中先进人物也并不少见，且颇具个性，亦相当成功。文学艺术的根本目的和任务是真实地反映社会生活，创造出各种各样的人物，为最广大的群众所喜闻乐见，使他们得到娱乐和教益，从而提高精神境界，促进社会文明的发展与进步。赵树理无疑是文艺家中最值得尊敬和称赞的一位。

　　新中国刚刚诞生，正在迈开大步向前进，一派兴旺景象。赵树理下一步将怎么走，迎接他的将是什么呢？

14

"打入天桥"落空，《说说唱唱》遭难

　　还在 1948 年夏，周扬捎话要赵树理到平山参加编辑《中国人民文艺丛书》。此事，由周扬负责，已由柯仲平、陈涌以及后来加入的康濯基本编成。共收入戏剧 23 种、小说 15 种、诗歌 5 种、说书词 2 种、通讯 7 种。与赵树理一起去的还有欧阳山。

　　1948 年 10 月 7 日《人民日报》发表赵树理《介绍一本好小说——〈高干大〉》。欧阳山的这部作品，写的是任家沟合作社由一个单一的日趋衰落的合作社，发展成为一个相当规模的综合性的合作社的故事。小说的主要人物农村财贸干部高干大生动感人。赵树理在文章中称赞这是一本反对主观主义、官僚主义的好小说。他说："主观主义、官僚主义，在 1944 年至 1945 年，虽在解放区到处遭到反对，可是据我所知，还没有任何一个作品能像本书揭发得那样彻底。"又说："主观主义和官僚主义曾经大家反对了好几年，可是只能说比以前少了些，却并没有肃清。在目前的大生产中（连农业生产在内），尚遇到只有花样和数字的工作，并未深入研究其实效，这恐怕也是程浩明（小说中的人物——区长）、任常有（小说中的人物——合作社主任）式的思想方法（即不要情况、不要创造性）作怪。我觉得大家读一读本书，可以避免走任家沟（小说中的故事发生地）的弯路。"

　　1948 年末，赵树理面对革命很快胜利，即将进入北平，工作可能会流动性很大的形势，把家眷送回老家。也顺便探望一下年过花甲的母亲。

　　1949 年 1 月 17 日，赵树理给周扬写信，主要是讲革命胜利进入北平后与自己"整个前途有关"的问题。他说，自己的前途有二，一是就现有的条件做可能做的事，不必求全责备，甘心当个农民的写作者；二是力求成为一个全面的写作者。他有点犹豫不决，想来想去，"最后我觉着依靠现在的条件工作，并加强今后的流动性，逐渐把自己的活动范围转移到城市去，或者是个较妥当的办法。我这种想法如与党使用我的计划不冲突，请求给我调动这样一个岗位。"

信中还提出了一个非常值得重视的问题。他说："我们的宣传工作，从上下级的关系来看，好像一系列用沙土做成的水渠，越到下边水越细，中央的意图与村支部的了解对得上头的地方太细了，不独戏剧工作为然。像最近中共中央对青年、妇女工作的指示，各级照着做，赶到了村，往往就变成莫名其妙的填表任务。封建思想之海的农村，近十余年来只是冲淡了一点，尚须花很大气力才能使它根本变转了颜色。"（《赵树理全集》第3卷第327、328页）

我们面对的是"封建思想之海"，这是一个非常深刻极其重要的思想。"封建思想之海"，封建专制主义、皇权专制广义"之海"，农村尤深，城市亦然。确实是需要下极大的气力，经过长期不懈的努力，"才能使它根本变转了颜色"，步入现代文明之境界。

1949年1月31日，北京和平解放。

1949年3月5日至13日，中共中央七届二中全会在河北省西柏坡召开。毛泽东讲："从现在起，开始了由城市到乡村并由城市领导乡村的时期。党的工作重心由乡村移到了城市。"

赵树理在他给周扬的信中，已经表示过，他要将他的工作重心转移到城市中来。但是，怎么转移，能否转移成功，还是个未知数。

1949年3月初，华北解放区大部分机关迁入北平。3月15日《新大众报》迁入北平，改为《大众日报》，赵树理为编委。他是在4月初才带着他的小女广建到达北平的，他不住宾馆，住进了报社的宿舍。

赵树理带着小女来到天安门前，看到天安门两边墙上有八个特大的字："发扬民权"，"实施宪政"。这是旧政权的遗迹。

话是不错，可惜没有做到。毛主席说"宪政就是民主的政治"。解放区为改善民生，发扬民权，建设民主政治，进行了许多探索。毛主席亲自担任延安宪政促进会会长。要做到这八个字，难着呢！

1949年4月19日、21日，赵树理在《人民日报》发表短篇小说《传家宝》。题材依旧是农村常见的婆媳争端。土改不仅解放了农村的生产力，改变了农村的生产关系，也冲击着农民旧有的生活方式和家庭关系。李成娘一心想按照自己的传统的生活方式，把媳妇金桂圈在家里，围着锅台转，行不通了。作品最后以李成娘甘愿认输，放弃家政的喜剧收场，揭示了农村由封建宗法制度向新民主主义社会的转变，人们思想观念的更新，人的思想和精神的解放，人性的施展，使作品具有了重要的艺术价值，赢得了文艺界的普遍赞誉。

发表于5月14日《大众日报》的《田寡妇看瓜》，是一篇非常短的短篇小说，情节极其简单：土改前，田寡妇下力看瓜，最怕饿得发慌的秋生来偷。土改后，秋生翻身了，种的南瓜大获丰收，路遇去看瓜的田寡妇，请她去他地里随意取用。秋生由偷瓜而送瓜，田寡妇由看瓜而回家，无须再看瓜，生动地表现了土改前后农村面貌的显著变化，社会焕发出的人性、人情之美，活像一幅充溢着喜庆诗意的田园铅笔淡彩画！难怪很快就被译成各种文字流传国外。

6月30日，赵树理在《文艺报》上发表《会师前后》一文，他念念不忘提醒人们要注意的还是又广又深的"封建思想之海"，引人注目地提出了"彻底""消灭""封建思想和殖民地思想"的任务。他说："七百余人的文代会即将在故都开幕，这是中国文艺界空前的会师。""会师不等于完成任务。武装部队会了师，正好彻底消灭敌人的武装；同样，文装部队会了师，消灭敌人的文装（他们遗留下的封建思想与殖民地思想）也须彻底；而且这种仗也只有文装部队才能打，所不同者，是人家的任务眼看快要完成，而我们的任务似乎还得个十年八年。要说我们过去的仗打得有点不得劲，那么会师之后，正是我们打'得劲'

仗的时候，只要好好打，我们可以预祝彻底胜利。"

7月2日，中华全国文学艺术工作者大会（即第一次全国文代会）在北平隆重开幕。赵树理被选入99人的主席团。

周扬在会上所作的《新的人民的文艺》报告中，称《李有才板话》是"反映农村斗争的最杰出的作品，也是解放区文艺的代表之作"，对"赵树理的突出的成功"给予很高的评价，认为"在他的作品中，艺术性和思想性取得了较高的结合"。

7月10日，赵树理在文代会上作了《我的水平和宏愿》的发言。他说："我的'文化水'是落后的，'文学水'似乎高一点儿，但那只是一般老前辈拖的捧的。'政治水'稍好一点儿，但还需提高。'社会水'呢，我是家庭农业大学毕业，不过对乡村还不能说是太熟悉，进到城市以后对工人更是生疏。"他还说："旧文艺阵地还很大。上海有小人书作坊约八十家，作者约有一千个，估计能影响八十万人。旧的阵地还这样的大，我们新文艺工作者应该以最大的努力来夺取它！"他念念不忘的还是那个"封建思想之海"，封建专制主义、皇权专制主义"之海"，务必要"以最大的努力"，去"夺取它""占领它"。

在这次会上，赵树理被选为全国文联常务委员、中华全国曲艺改进会筹备会副主任委员、中国戏曲改进会委员、全国文协常务委员、《文艺报》和《小说月刊》编委，并担任工人出版社社长。

9月21日，赵树理出席了中国人民政治协商会议。

会后，赵树理被任命为新成立的文化部戏曲改进局曲艺处处长。局长为田汉，副局长为杨绍萱、马彦祥。

赵树理进京后，常到街上去转，他最爱去的地方是天桥。那里空场地很多，有小戏园，有大棚，有露天场地，集中了各种各样的民间艺人，摔跤的，跑马的，走钢丝的，耍枪弄棒的，舞刀挥剑的，说书弹唱的，说相声的，演评剧的，唱戏的，拉洋片的，变戏法的，玩杂耍的，还有卖各种小吃的，卖药的等等，应有尽有，热闹非凡，是一个很受首都劳动人民欢迎、影响很大的娱乐场所。赵树理很感兴趣。

10 月 15 日，赵树理在前门箭楼主持北京大众文艺创作研究会成立大会，这是他担任曲艺处处长后的第一件大事。150 余人与会，他在会上即席讲话，旗帜鲜明地反对"封建体系"，响亮地提出：将新的作品"打入天桥去"，把崇拜帝王将相等那一套封建专制思想从劳动人民的乐园中驱除出去！他说："我常到天桥一带去，看到许多小戏园子里，人都满满的，可是表演的却不是我们文艺界的东西。我们号称为人民文艺工作者，很惭愧，因为人民并未接受我们的东西。广大的群众愿意花钱甚至站着去听那些旧东西，可见它是能吸引住人的。它的内容多半是以封建体系为主，表扬'帝王君主的尊严''某公子中状元''青天大老爷救命''武侠替天行道''神仙托梦''一道白光'等等。这些题材，基本上都是歌颂封建体系的，拿这些很为群众喜爱的文艺形式，却灌输给群众许多封建性的东西，这是一件非常可惜的事。……我们想组织起这样一个会来发动大家创作，利用或改造旧形式，来表达一些新内容也好，完全创作大众需要的新作品也好，把这些作品打入天桥去，就可以深入到群众中去。"他还讲到旧文艺作者要树立新观念，第一要了解政策，第二要研究群众。"我们的作品是否吸引住群众，受群众欢迎是最重要的。"无论形式内容，都要下功夫研究。

可是，没过多久，这个集中了那么多民间艺人，在劳动人民中有那么大影响的乐园就被撤销了，民间艺人也全给赶走了，不少人被赶到外地去了。

这真是一件令人感到"非常可惜的事"！首都劳动人民失去了一个乐园，赵树理也失去了一块难得的用武之地。直到 20 世纪 80 年代，周扬因为"异化"问题被批判住进了医院，还对前去看他的吴祖光说，他早就想恢复天桥，向他问计。可惜，时过境迁，这早已成为不可能办到的事情了。

10 月 26 日，赵树理与丁玲、沙可夫一行 15 人组成中国工会与文化工作者代表团去苏联参加十月革命 32 周年纪念活动。

全国总工会负责同志想让赵树理写点反映工人生活的小说，他也早有此意。于是，他到城里一家制造喷雾器的小厂体验生活。但是，习惯于与农民同吃同住同劳动的他，哪知工人生活与农民生活完全不同，根本没有接触工人的机会，更谈不上深入了解。他说："上了班，大家都忙着干活，下了班，一个人也找不到，住了一个多月，毫无收获。"看来此路行不通，还是得回到咱驾轻就熟的写农民、农村和农业的老路上去。

1950年《说说唱唱》杂志在北京创刊，赵树理与李伯钊任主编，编辑者为北京市文艺创作研究会。编委还有王亚平、老舍、田间、康濯、苗培时、马烽等共9人。刊名是赵树理起的。

赵树理一心想借这个刊物大力提倡和发表大众化和通俗化的作品，扶植和培养群众文艺创作作者。

来稿不少，质量不高。作家们不屑于干，旧文人干不了。赵树理亲自动手，将田间的长诗《赶车传》改编成鼓词《石不烂赶车》，发表于《说说唱唱》创刊号和第2期。他既忠于原著，又去掉一些枝蔓，添加了一些动人的生活细节，并根据鼓词的特点，有说有唱，生动活泼，增加了故事性和趣味性，从而使作品的主题和人物形象更加鲜明和突出，受到文艺界同行的推崇，广大群众的欢迎。后成为艺坛保留节目，连演不辍。

1950年5月1日，婚姻法公布了，《说说唱唱》需要积极配合进行宣传，可是没有现成的稿件，于是决定编辑部自己来写。由谁来写呢？你推我让，最后还是落到了赵树理头上。在婚恋问题上表现争取做人的自由和幸福的权利，是赵树理的拿手好戏。马烽回忆说："这是命题作文章，也叫作'赶任务'，一般说来是'赶'不出什么好作品的，可是老赵却很快'赶'出了一篇评书体的小说《登记》。""老赵为什么能够在短时间内'赶'出《登记》来呢？最根本的原因还是他生活基础雄厚，脑子里早就形成了那些呼之欲出的人物。就连那些'罗汉钱'、张木匠用锯条打老婆之类的细节，也不是临时去'搜集材料'所能搜集起来的，而是作者长期深入农村生活的积累。"

《登记》说明婚姻问题必须用法治来解决，可以说是《小二黑结婚》的续篇。小二黑和小芹自由恋爱的阻力主要来自封建思想和敌对势力，在《登记》中自由恋爱的阻力主要来自封建思想和官僚主义。一枚罗汉钱，母亲小飞娥和女儿艾艾的命运却不同，受尽毒打和欺凌的小飞娥决不让自己的悲惨遭遇在女儿身上重演。女人们再也不是任人宰割的"驴子"，她们也是人，不能辈辈挨打，辈辈受凌辱，她们也要同男人一样享有平等的权利和待遇。可以看出，不论是在抗战时期，还是在新中国成立以后，赵树理始终都在坚持五四新文化运动的启蒙传统，始终都在努力把批判封建思想的影响深入推向前进。把政权中的官僚主义当作自由恋爱的对立面加以鞭挞，是作者从生活实际出发的一个敏锐的新发现和新创造。这些掌权者根本没有民主法治观念，凡事不为民做主，只打自己小算盘，利用自己手中的那点权力，干着维护封建婚姻道统的事。官僚主义危害之大，完全可以成为自由、人权、民主、法治的破坏者和死对头。不能不说，这正是赵树理和《登记》的独到之处和深刻之处。

《登记》是新中国成立后赵树理的第一篇杰作。它同当年的《小二黑结婚》一样，社会反响热烈，迅速被人们编为《罗汉钱》，搬上银幕和舞台，演遍全国各地。当年是解放区尽人皆知"小二黑"，现在是大江南北，谁人不识"小飞娥"，具有永恒的艺术价值。

赵树理对发现文艺人才、培养文艺人才特别上心。有一天，他从正要退走的稿堆里发现了署名陈登科的一部题为《替死》的很长的稿子，十分高兴，送田间看。田间看了说："近来创作中，能够如此打动我心的还不多。其中的人物，虽然没有经过精雕细刻，但他们也令人忘不了。"他主张早日全部发表。赵树理又送给康濯看，说："有篇稿子，看来是个工农干部写的，有些字是打的记号，还要你去猜，要把它看完，是要费点劲，耐点心，吃点苦头，不过是值得一看的。"

赵树理把这个很粗糙的稿子认真进行了修改，把题目改为《活人塘》，并写了《〈活人塘〉四人赞》，发表在《说说唱唱》1950年第10期上。同时，他给陈登科写了一封很长的信，说："我读了你的小说之后，觉着内容充实，语言生动，乡土气很浓，但是，书中人物还欠精雕细刻，在艺术结构上也不够完

整，希你能在它出版之前，再做一次必要的修改。地方土语，以
少为好。"他还开了一大串书名，让他阅读，刻苦钻研，循序渐
进。他还和田间联名写信给陈登科所在《皖北日报》社领导，建
议送陈登科到北京文学讲习所学习。由于他们的推荐，陈登科很
快入所，从此步入文坛。

陈登科在《忆念赵树理》一文中深情回忆说："他对一个初
学写作的人，并不因我的字难懂难认，放到一边去，或者推给别
人处理，他不但细心地、认真地、负责地看了我的稿子，一字一
句地帮我修改，而且还动员其他编委帮我看稿，修改稿，这对一
个初学写作的人来说，是多么难得啊！"

康濯也回忆说："大家都知道老赵曾十分热切而细致入微地
培养过陈登科，对他的中篇小说《活人塘》的发表给予过巨大的
帮助，既亲自动手修改，又让田间同志和我看过，提过意见。他
生怕我不看，跟我说了一阵这是个工农干部所写的，有些字还是
打的记号、划的符号，要边看边猜之外，又特别讲到作品乡土气
息很浓，语言生动，作者很有前途，很值得一看，只要耐心点，
费点劲，一定会看出味道……当然我后来也确实看出了味道；
而更主要的自然是从老赵身上看到了应该如何对待文学青年的
榜样。"

《说说唱唱》第3、4期上发表了孟淑池的一篇中篇小说《金
锁》。赵树理没有想到，这篇小说竟然给他带来了麻烦，一个不
大也不小的麻烦。实在是太出乎意料了！

小说写的是一个名叫金锁的流浪汉，流落在一个恶霸地主
家里当长工，那地主欠下他的工钱不给，却骗来一个女难民，名
义上是给他当老婆，实际上别有用心，后因强奸未遂，便残忍地
将男女一同治死。不料金锁死里逃生，投入解放军。新中国成立
后，已是连长的金锁回乡揭发，案情曝光，恶霸伏法。

其时，恰逢中共中央发布《关于在报纸刊物上展开批评与
自我批评的决定》，《文艺报》积极响应，发表社论，并拿《金
锁》说事，对这篇小说，实际上也是对赵树理展开了批判。

邓友梅在《文艺报》第2卷第5期（1950年5月出版）发

表《评〈金锁〉》一文，厉声指责道："这篇小说看不到金锁有什么反抗，对地主有什么憎恨，有的只是对地主的羡慕"；"这是农民吗？是劳动群众吗？简直是地痞，连一点骨气都没有的脓包，只是地主的狗腿，旧社会的渣滓才有这样的性格。才可能为了吃饭连地主调戏老婆都无动于衷。而作者把这当作劳动人民的正路。"随后，又有个"非常愤怒"的读者在《文艺报》第8期上斥责小说"让市侩色情在其中奔驰"，甚至"要提出严重的抗议"。

面对这种蛮横的无端的指责，赵树理承担全部责任，他作了自我检讨，同时，也对作者、对自己进行了辩护。

赵树理在5月25日出版的《文艺报》第2卷第5期上发表《〈金锁〉发表前后》一文，在介绍了编辑经过后自我检讨说，他的错误，一是其他编委提出的意见自己不同意，不和大家再商量，就按自己的意见处理了，在作风上欠民主。二是以迁就毛病为尊重作者，其实就是对作者不诚恳。他自我辩护说："读者意见中，有一条是说这篇作品中的主角金锁是不真实的，是对劳动人民的侮辱。我以为这是不对的。我所以选登这篇作品，也正因为有些写农村的人，主观上热爱劳动人民，有时候就把一切农民都理想化了，有时与事实不符，所以才选一篇比较现实的作品来做个参照。事实上破过产的农民，于扫地出门之后，其谋生之道普通有五种：'赚''乞''偷''抢''诈'，金锁不过是开始选了个'乞'，然后转到'赚'。'有骨头'这话是多少有点社会地位的人才讲得起的，凡是靠磕头叫大爷吃饭的人都讲不起，但不能就说他们都不是劳动人民。他们对付压迫者的方法差不多只有四种：'求饶''躲避''忍受''拼命'，有时选用，有时连用，金锁也不例外。这些人的出路只有一条，就是参加革命：有的是在革命势力未到以前自动找去，有的是在革命势力到达以后，得到了土地，再加以组织教育，才能挺起腰来。在解放区的农村，这种人虽不占多数，可也不是个别的，只是容易被一般人（连贫农在内）忽略，因为在一般人的意识中没有给他们列下户口。""作农村工作的同志们，如果事先把农民都设想为解放军那样英雄好汉，碰上金锁这类人就无法理解，其实只要使他的生活有着落，又能在社会上出头露面，他并不是没有骨头的，解放军中像金锁这一类出身的人也不少，经过教育之后，还不是和其他英雄一样吗？"

赵树理这番直面现实，为作者，也为自己，更为现实生活中具体的活生生的"人"和人性所做的辩护，头脑冷静，客观公正，说理透彻，作为一个真正的人，他正气凛然，把那种认为这篇小说没有真实性、故意侮辱劳动人民的谰言置于荒唐可笑的境地。

也许赵树理尚不大明白，此时意识形态的主流正在发生着或已经发生了很大的变化，已经不是产生"福贵"的那个时代了，他的辩护不仅没用，反而更会引起某些人的反感和不满，从而受到更多的批评和指责。

在党内外强大的政治压力下，他不得不再作一次检讨。

1950 年 7 月 10 日出版的《文艺报》第 2 卷 8 期登载了赵树理的《对〈金锁〉问题的再检讨》。经过两个月，他来了个一百八十度的大转弯，他对上次的检讨和辩护作了"对'检讨'的检讨"，"对'辩护'的检讨"。他说："好多人指出这篇小说'是对劳动人民的侮辱'，我的辩护说'不是'。大家是对的，我是错误的。""说'有些写农村的人……把一切农民理想化了，所以才选一篇比较现实的作品来作个参照'也是错的。指导我这样辩护的思想是自己有个熟悉农村的包袱。"但他在被迫不得不认错的同时，也还有所保留。他在"对辩护的保留与保留中的检讨"中说："我所担心的一个问题是做农村工作的人怎样对待破产后流入下层社会那一层人的问题。这一层人在有些经过土改的村子还是被歧视的，例如遇了红白大事，村里人都还以跟他们坐在一块吃饭为羞。我写《福贵》那时候，就是专为解决这个问题。福贵的前期遭遇并不比金锁好，假如只从现象上挖苦起来，恐怕要比金锁还难看。""我对这一层人的分析还认为没有大错，不过要选举农民代表，当未做过适当工作之前我可也不选他们。"他不赞成对作者一棍子打死，他爱护作者，对作者仍抱有希望。他说："我仍认为作者具有写农村的特殊条件：生活熟悉，文字通俗流利，只要经过相当的政治学习，一定是能写出好的作品来的。"

不幸的是，数年后，孟淑池因为写作《金锁》被错划为右派分子，赵树理听说后深感内疚，总觉得是自己害了人家。令人啼笑皆非的是批判《金锁》的邓友梅也被错划为右派公子。历史就是如此之怪诞。

1951年6月，《说说唱唱》因在批判电影《武训传》中发了一篇短文《"武训"问题介绍》，赵树理又一次不得不在7月的杂志上再来一番《对发表〈"武训"问题介绍〉的检讨》，说武训是地主兼高利贷者，不能以"要饭"来说明他的身份；说他为了穷孩子办学也是错的；总之是"模糊了原则是非，没有划清革命与反革命的界限，因而失掉了正确的立场"。

被誉为"方向"、"标兵"和"旗帜"的赵树理，都"模糊了原则是非"，都划不清"革命与反革命的界限"，都"失掉了正确的立场"。何况他人乎？！事情真的有这么严重吗？有道是："不是我不明白，是这世界变化快。"

接二连三的批判，对赵树理压力不小，前所未有。他甚感迷茫，不知所措。迫于压力，他在1952年1月19日《光明日报》上发表了《我与〈说说唱唱〉》一文，再次作了检讨，还是那几件破事。他说："这二年来经过我手在刊物上弄出来的具体思想错误有三次：第一次是发表了歪曲农民形象的小说《金锁》……第二次是写《'武训'问题介绍》中说'有些人'捧场，'有些人'批评，故意把'阶级'观点字样避开。第三次是发表了用单纯经济观点宣传种棉的《种棉记》……产生这三次错误有一个相同的根源，就是不懂今日的文艺思想一定该由无产阶级领导。因为我们的文艺是要教育人民的；传播了错误的思想，就会把人民引到错误的道路上去。……而我自己是个共产党员，反抱着一种糊涂想法，不是去宣传无产阶级在国家生活中的领导作用，而是故意把阶级面貌模糊起来，甚而迁就了非无产阶级观点，以至造成不断的错误。"

　　人们有理由怀疑，这还是我们所了解、所认识、所熟悉的一路走来的那个赵树理吗？他是个"不懂今日的文艺思想一定该由无产阶级领导"的人吗？他是一个"不是去宣传无产阶级在国家生活中的领导作用，而是故意把阶级面貌模糊起来"的人吗？一次次的批判和检讨，已经把他真实的人性和形象扭曲成一个什么样子了！新中国成立这才几年，就把自己树立的"方向""标兵"和"旗帜"折磨得面目全非风光不再了！

　　还在 1951 年初，主持中宣部工作的胡乔木就把赵树理调进部里，成为一名不干事的"干事"，主要任务就是让他看书学习。此举或许也是一个帮助他摆脱困境的保护性措施吧。赵树理在《回忆历史 认识自己》一文中谈到自己"入部读书"时说："中宣部见我不是一个领导人才，便把我调到部里去。胡乔木同志批评我写的东西不大（没有接触重大题材）、不深，写不出振奋人心的作品来，要我读一些借鉴性的作品，并亲自为我选定了苏联及其他国家的作品五、六本，要我解除一切工作尽心来读。"这个批评不轻。说他写的作品"不大、不深"，说他"写不出振奋人心的作品"，这符合事实吗？这岂不是对他的创作的否定吗？什么叫个"大"，什么叫个"深"，怎么就"大"了"深"了，不清楚。如果他真的"写不出振奋人心的作品"，那么，还能称赞他是贯彻毛泽东文艺路线的"方向"、"标兵"和"旗帜"吗？关爱有加，寄予厚望。多读点外国作品当然有益，不是坏事。但是，风格即人，如果真的按照苏联及其他国家的作品来改造自己，那么，赵树理还会是赵树理吗？他的新颖独创的大众风格不就会遭到毁灭吗？他感谢领导的关心，但读这些东西，对自己的提高能有多大帮助就很难说了。他有"自己的创作路线和主张"，且行之有效，恐很难改变，亦无须改变。

15

回太行寻老根，《三里湾》意蕴深

1951年2月20日，赵树理离开北京，回到太原，月底前往晋东南。他此行的目的，是深入了解当地正在兴起的农业合作化的情况。随身还带了几本胡乔木让他看的书，准备有空闲时看看。

实在说来，赵树理的新颖独创的大众风格，在文艺界一直并未得到普遍认同。

延安文坛那些自命高雅之士是看不上赵树理的。丁玲曾在太行山区参加过一次农村的骡马大会，看了赵树理编的秧歌《娃娃病了怎么办》，随后她写了篇《记砖窑湾骡马大会》，文中虽然也说这个戏"很吸引人又感动人"，但又说"温习着这个问题'娃娃病了怎么办？'这就是产生'问题小说'的土壤，农村中的一些亟需解决的问题，经过赵树理的艺术加工，变成了老百姓希望看到的那样明快、简约、色彩鲜明、充满对比，一边是对，一边是错，再从赵树理个人的主观愿望来看，我们同样没有理由去责备他。他说过，大家都说我是这个家那个家，其实我并不是，假如一定要说成个家，那我只不过是个热心家。这句话确非客套。就其本质而言，赵树理不是个艺术家，而是个热心群众事业的老杨式干部。"话说得相当直露："就其本质而言，赵树理不是个艺术家。"丁玲的看法，代表了一些延安文化人对赵树理的态度，那是相当的轻蔑、鄙夷与不屑。

进京以后，丁玲等人担任"文协"（后改为中国作家协会）的领导工作，办公地址在东总布胡同。《工人日报》和工人出版社在西总布胡同，赵树理为工人出版社社长，王春为《工人日报》社长、工人出版社副社长兼总编辑，大众文艺研究会也在这里。在申报斯大林文学奖时，东西总布两个胡同意见相左，西总布胡同王春等提议报赵树理，东总布胡同丁玲申报的是她的《太阳照在桑干河上》和另外两部作品。后来在大众文艺研究会成立一周年纪念会上，丁玲时任中宣部文艺处处长到会讲话说：我们不能再给人民吃窝窝头了，要给他们面包吃，暗指西总布胡同是生产窝窝头的，现在大家要吃面包，你们那套不需要了，吃不开了。双方情绪日益对立，甚至发展到组织人马互相攻击。周扬不得不出面召集双方开会，说："今天参加会议的，都是共产党员吧。不能再这样搞门户之见了。以后你们东总布胡同不要批判赵树理，西总布胡同不要批判丁玲，谁要批判这两位同志，都得经我批准。"

赵树理的儿子赵二湖认为，东西总布胡同之争，"表面看是文学风格表现形式之争，实际上还是在争谁是文学的正统，没有说出的话语是，由谁来掌握革命文学的领导权。"

赵树理对权力和地位一向没有兴趣，他唯一的愿望就是改变文坛的文风：实现通俗化、大众化。说得大一点、高一点，再气壮山河一点，那就是："统治文风"。

赵树理记得，还是在太行的时候，他就是这个样子，而王春则还夹杂着一些为他争地位的情绪。赵树理不同意王春争领导，他觉得自己的缺点之一就是不会领导，但是完全同意争"文风的统治"。

文艺的天性就爱百花齐放，"文风的统治"，一般来说，也很难做到。赵树理在太行，起先没有几个人支持他，后来情况有所改变，但直到进京以后，就全局而言，也很难说有多大改观。

严文井在《赵树理在北京胡同里》写道："50年代初的老赵，在北京以至全国，早已是大名鼎鼎的人物了，想不到他在'大酱缸'却算不上个老几。他在'作协'没有官职，级别不高；他又不会利用他的艺术成就为自己制造声势，更不会昂着脑袋对人摆架子。他是个地地道道的'土特产'。不讲究包装的'土特产'可以令人受用，却不受人尊重。这就是当年'大酱缸'的一贯'行情'。'官儿们'一般都是30年代在上海或北京熏陶过的可以称为'洋'的有来历的人物，土头土脑的老赵只不过是一个'乡巴佬'，从没有见过大世面；任他作品在读者中如何吃香，本人在'大酱'还只能算一个'二等公民'，没有什么发言权。"

王春曾对赵树理说过："好猫坏猫全看捉老鼠捉得怎么样，你最好是抓紧时机多捉老鼠，少和人家那些高级人物去攀谈什么，以免清谈误国。""文联的作用只是'开会出席、通电列名'，此外不能再希望有什么成绩。""不论怎么组织，怎么整顿，结果都是一团糟，恐怕这种团体只能如此，不要再有什么幻想。"（《赵树理全集》第4卷第493页）赵树理对文联的看法与他大体相同，对"捉老鼠"之说，深以为然。

此时，赵树理来到长治"捉老鼠"了。当时，长治市委正根据当地的情况，在试办10个初级农业合作社。赵树理回来后，立即参加了地委拟定办社办法和宣传动员工作。随后，他来到平顺县川底村、武乡县监漳村和窑上沟村协助建社。这些村庄，他抗战时期就很熟悉。他在这些村子了解了不少情况。他发现，一些抗战时期和解放战争年代的先进人物，土改后富裕起来的人，对建社有抵触情绪。他和他们谈心，打通思想，做了不少思想工作。

5月中旬，赵树理在长治写出电影故事《表明态度》。内容是一个老干部纠正他亲家在新中国成立后产生的退坡思想，不能适应集体生产的新变化而产生的痛苦与烦恼。可以说，这是他后来创作《三里湾》的先声。

这次回到长治，只有短短两个月的时间，怎样建立农业合作社，还很难在他的头脑中形成一个完整的社会生活面貌。

1951年5月下旬他被召回北京。

8、9月间，党中央在华北局所在地召开农业合作化问题座谈会，赵树理被毛泽东点名参加会议，他在会上发了言，为农民讲真话，实话实说，说农民"并不急着交出土地走合作化道路"。潘小薄在《赵树理活动拾遗》中写道：

毛泽东对主持会议的陈伯达说："一定要请赵树理同志参加会议，别的人缺席一个两个不要紧，赵树理可千万不能少。他最深入基层，最了解农民，最能反映农民的愿望。"陈伯达遵照毛主席指示，及时通知了赵树理。

会议讨论期间，各方代表基本上唱的是一个调子，都说农业合作化好，唯独赵树理唱了反调。他不管上头的精神，也不管会场的气氛，更不管其他发言人的基本倾向，而是如实地、有根有据地、有一般典型地反映了各类农民的心理和愿望："石（实）打石（实）地"说，老百姓有了土地翻了身，真心感谢救星共产党。但并不愿意急着交出土地走合作化道路，却愿意一家一户、自自在在地好好干几年，然后再走集体化道路。陈伯达听了赵树理的发言，惊而复怒，批评赵树理的观点不仅是右倾保守，简直是对合作化的攻击。

会议结束后，陈伯达向毛主席作了全面汇报，其中特别指出了赵树理言论的不当。毛主席听后点点头说：赵树理的意见，反映了农民的真实思想，摸住了农民的心理状态，有广泛的代表性，有一定的参考意义，很值得参考。后来毛主席在起草中央文件时，采纳了赵树理的意见，说走合作化道路，必须注意调动两个积极性，一个是来自集体生产的积极性，一个是个人劳动的积极性。（《赵树理研究》1990 年第 3 期）

10 月 6 日，赵树理出席全国文联在北京召开的盛大招待会，招待来京参加国庆典礼的苏联、东欧及南亚诸国文艺家。

几天后应北京大学聘请主办"民间文艺课"，赵树理开头讲了两次。

根据文联常务会议开展文艺整风学习和调整全国文艺刊物的精神，从 1951 年 12 月 20 日起，《说说唱唱》改由北京市文联和北京市大众文艺创作研究会联合主办，并组成新的编辑委员会，主编为老舍，赵树理、李伯钊、王亚平任副主编。此时《说说唱唱》已出了 24 期。1952 年 1 月 20 日，赵树理写了《我与〈说说唱唱〉》一文，发表于《说说唱唱》1952 年 1 月号，1 月

29 日《光明日报》转载。他再次"趁着这次文艺界整顿思想的机会来检查自己",检查内容大抵如前所述,这里不再重复。

尽管赵树理几次三番对他在办《说说唱唱》期间的几个错误进行了检讨,但事情好像还没完。1952 年第 9 期的《文艺报》上发表了陈聪的《提高通俗文艺刊物质量——评北京文艺刊物调整后的〈说说唱唱〉》,对改组后的《说说唱唱》进行了一笔抹杀的严厉批评。文章说:"五期以来《说说唱唱》上所发表的作品,无论是思想内容上和艺术形式上,大多数是没有能达到应有的水平。""虽然它们也反映了一些政治运动的情况,但却不能令人满意。这使我们想起《我与〈说说唱唱〉》一文中所说到的一种情况:该刊从前每逢有了重要的政治任务,就临时请人补空,补不起来的时候,就选一些多少与该问题有点关系的来充数。从这几期的《说说唱唱》的配合'三反''五反'的作品来看,这种情况并没有得到很好的改变。""上面的多种情况,说明了《说说唱唱》编辑部对于人民生活中新鲜事物还缺乏好感,对于自己所负的重大任务的认识还不够明确,而在如何更好地满足群众的要求上,还是缺乏应有努力的。"声色俱厉,一派肃杀之气。

1952 年 4 月,赵树理重返长治,回到川底村。他下定决心深入农村生活,去"捉老鼠",没有什么事比这更紧要。

川底村的党支部书记郭玉恩是太行区著名的劳动模范,还在 1943 年就响应政府的号召办起了互助组。赵树理这次来了以后,同他一起根据农业社的实际情况,订了几条措施,参加了村里的生产、分配、并社、扩社、修渠等实际工作。因为抗战时期他在这里住过二、三年,不论是村干部还是群众,都把他当作自己人,可谓亲密无间。赵树理文化水平较高,就协助社里搞经济核算,谋划怎么合理分配,怎么建立一套会计制度。

赵树理很注意听取群众意见。听到有人说,"川底村是共产党领导,国民党当家"。经了解,原来是一个原国民党党员担任会计,掌握经济实权。于是,他就向党支部提议从贫苦农民中选拔一位会计。后经专业培训,新会计于次年接任了原先的会计。

赵树理一直协助社里做群众的思想工作，解决工作中遇到的难题。社里要修水渠，必须经过郭大娘的一块地，社里想把这块地买来或者换来，已经同她谈过多次，但郭大娘就是死活不同意。后来，赵树理到郭大娘家去，经过一番有情有理的规劝，总算说通了，社里的水渠终于修成了。

赵树理深知，农民分得土地后，普遍并不急于参加农业合作社，动员农民入社，最难做的思想工作是那些在土改中"翻得高"的翻身户。村里有位老农，土改前家里很穷，土改中分得头份胜利果实，后来还当上了村长，村里人称之为"翻得高"。村支部拿他没办法，赵树理亲自登门，和他谈了几次，想打通他的思想，但终究还是没有打通。他就是后来在《三里湾》中的"范登高"的原型。

1952年4月底，赵树理又奉命回到北京，参加一系列社会活动。5月2日出席文化部举行的招待缅甸文化代表团的酒会；5月3日，出席中国文联举办的欢迎参加世界四大文化名人（阿维森纳、达·芬奇、雨果、戈果里）纪念活动的各国文艺界贵宾的茶话会；5月4日，出席在中南海怀仁堂举行的世界四大文化名人纪念大会；5月23日，出席中国文联召开的纪念毛泽东《在延安文艺座谈会上的讲话》10周年座谈会；7月3日，主持北京市文联和天津《进步日报》联合举办的通俗读物问题座谈会；7月14日，出席全国文联常委会与北京市文艺界学习委员会联席会议。

纪念《讲话》10周年，赵树理作为"方向""标兵""旗帜"，一定得发声。他写了一篇《决心到群众中去》发表在5月20日《人民日报》上，24日《光明日报》《文汇报》《大众报》和《新华月报》6月号、《人民周报》第22期纷纷转载。

赵树理在文章中首先对自己近几年来深入生活不够作了检查。他说："我近三年来没有多写东西，常常引起关心我的同志们、朋友们口头的和书面的询问，问得我除了感谢之外无话可答。我之不写作，客观的理由找出一百个也有，可是都不算理由；真正的原因只有一个，就是脱离实际，脱离群众。"他回顾了自己走过的人生道路和创作道路，得出这样一个结论："从群众的实际生活中来，渐渐以至完全脱离群众的实际生活，如不彻底改变这一现状，自己的写作历史是会从此停止的。"因此，必须"立即排除一切客观的理由，长期地、无条件地、全身心地到群众中去吸取养料，写出作品来，用作品来纪念毛主席在延安文艺座谈会上发表讲话的十周年。"

1952年9月，赵树理又回到了川底村。在这里，他不是客人，而是主人。现在，他又一次回到家里来了。

在打谷场上，他跟社员们一起干活，放下杈子，拿起扫帚，样样活儿都是行家里手。没人记账了，他来记。没人打算盘了，他来打。歇息时，大家欢迎他唱一段上党戏，他就扯开嗓子喊上几句，逗得大家一片欢笑。

社里的事，就是他的事。不管大事小事，有多琐细，他都要操心。社里开什么会，不管大会小会，只要研究社里的工作，他都要参加。哪家有什么事，不管是公事私事，家务事，儿女情，人们都爱跟他说，他也都爱管，样样管，管得宽，人们都把他当作自己的贴心人。

这期间，他写了《郭玉恩小传》，记叙了郭玉恩在领导互助组合作化中所取得的成绩，并分析了其取得成功的原因，认为他有四个特长：一是他善于分析群众思想；二是他能耐心说服群众；三是他计划性强；四是他接受新事物快。

来川底村三个多月的生活和工作，使赵树理深深地感到，做农村工作，对农民不能说假话。农民是最老实的，也是最讲实际的。搞农业合作化，必须维护他们的合法权益，有利于生产力的发展，只要农业生产发展了，农民真正得到了好处，得到了实际利益，他们就会拥护，就会齐心协力拧成一股绳，为集体出力。这是大道理，没有比这个大道理更大的道理。

1952年年底，赵树理要离开川底村回北京了。临别前，正在这里拍纪录片的北影厂的同志给赵树理和村干部们拍了一张照片。赵树理十分珍惜这张照片，还写了《一张临别的照片》一文，称他们是"一群英雄"。他们从抗日战争年代一路走来，

"他们在为公众服务的时候，都能既不抱怨，也不居功，不言不语，若无其事"，现在已经成为从互助合作中锻炼出来的足以胜任的各种干部。"新生产组织，新的前途观念，推动着他们接受新的事物。""我能和这样一群英雄们共处三个多月，自然是使我满意的事。只可惜这张照片还没有把他们照全。"

1953 年 1 月，赵树理调入全国文协，任驻会委员，仍然担任《人民文学》杂志编委。

3 月开始长篇小说《三里湾》的创作，直到次年完成。期间，社会活动太多，写作只能利用零碎时间进行。

2 月 22 日至 4 月 6 日，参加以董必武为团长，茅盾、许广平、梅兰芳为副团长，由各界著名人士 28 人组成的慰问解放军代表团，在广东随团进行慰问活动和参观。

4 月下旬，参加全国文协组织的 40 多名作家、批评家和主管文艺领导人学习社会主义现实主义的活动，至 6 月 20 日结束，长达两个月之久。学习规定必读的马恩列斯和毛主席等关于文艺问题的著作 22 种，参加每周两次讨论会。

9 月 25 日，出席全国文协会员代表大会。全国文协从此改称中国作家协会。

11 月 28 日，出席中国文联第二届全国委员会主席团扩大会议。会议强调宣传党在过渡时期的总路线是文艺界的首要任务。

12 月上旬，由中国作协组织，赵树理和康濯、严辰等一起赴河北定县参加宣传总路线和粮食定购工作。他们在郝白土村住了两个多月，于春节前夕返京。这里是抗日根据地，党支书郝庆山是著名的抗日英雄，他们几位就住在他家。他们既看到了农民对总路线和粮食统购统销的热情拥护，同时也看到了农民对刚刚露头的浮夸风的抵制。郝庆山说，余粮要卖 5 万斤，卖过了还要挖潜，我答应 3 万斤，还说我保守。我想，你们能完成任务，我也能完成，就开会动员。结果，还是只完成了 1 万多斤。这件事，给一向注重实事求是的赵树理留下了深刻的印象。

回到北京后，在周扬家开会，与会的有丁玲、陈荒煤、康濯、苗培时、章容等，议题是帮助赵树理找找写不出好作品的原因。陈荒煤说他对旧的农民、落后的农民了解得深，写得很活，对新人物了解得不深，刻画得不那么深透。赵树理觉得有道理，发人思考。对其他人的意见，他是不怎么接受的。奇怪的是周扬也给赵树理开了一个外国名著书目，让他读。赵树理从来就不认为他在作品中加点"洋"味水平就提高了，就"深"了，就"振奋人心"了。他就是他，他就是独特的这一个。这头来自太行山的倔"驴"，就只会打造"驴打滚"文化，很难再造，不论谁来帮助，都难以见效。

1954 年 10 月，长篇小说《三里湾》完成。《人民文学》杂志从 1955 年 1 月开始连载。恰逢农业合作化运动高潮掀起，于是，洛阳纸贵，竞相改编，陆续搬上银幕和舞台。

这是赵树理在新中国成立以后第一部长篇小说，也是我国第一部反映农业合作化的长篇小说。小说以三户农家为核心，一家是一心一意走合作化道路的支部书记王金生，一家是在土改中"翻得高"的范登高，一心想着通过雇工经商而飞黄腾达，一家是中农马多寿，一心想着靠诚实劳动，成为新富农。作品围绕着秋收、扩社、开渠这样一个线索展开，通过农民的家庭生活、劳动生活、经济文化生活、婚姻恋爱生活以及党内生活等广阔的社会生活的描绘，反映合作化运动乃是时代的潮流，不可阻挡，社会主义新生力量必定战胜资本主义自发势力和小农经济习惯势力，必定改变农村的生产方式、人与人之间的关系，改变农民的精神面貌。

还是赵树理的"问题小说"的套路，很难确定谁是作品的主人公，所有的人物都是围绕着问题而设置的。还是他一贯的新颖独创的大众风格，热情、明朗、简洁、隽永、幽默，而且运用得更加纯熟老道。

傅雷发表在《文艺月报》1956 年 7 月号上《谈〈三里湾〉在情节处理上的特色》一文中盛赞道："以农业合作化为题材的创作近来出现不少，《三里湾》无疑是最受欢迎的作品之一。任何读者一上手就放不下，觉得非一口气读完不可。一部小说没有惊险的故事，没有紧张的场面，居然能这样的引人入胜，自然不能不归功于作者的艺术手腕。唯有具备了这种引人入胜的魔力，文艺作品才能完成它的政治使命，使读者不知不觉的，因而是很深刻的，接受书中的教育。农民的日常生活和家庭琐事写得那么生动，真切；他们的劳动热情写得那么朴素而富有诗意；不但先进人物的蓬勃的朝气和敦厚的性格特别可爱，便是落后分子的面貌也由于他们的喜剧性而加强了现实感。这都是同类作品中少有的成就。"（载《赵树理专集》，福建人民出版社，第436页）

周扬1956年2月27日所作《建设社会主义文学的任务——在中国作家协会第二次理事会议（扩大）上的报告》中肯定《三里湾》是反映农业合作化的"一个优秀成果"。"在这篇小说中，作者以他特有的关于农村的丰富知识，热情和幽默，真实地描写了农村中社会主义先进力量和落后力量之间的斗争，农民在生产关系、家庭关系和恋爱关系上的种种矛盾冲突，显示了农村新生活的风光。作者成功地创作了'糊涂涂''常有理'等几个老中农的典型形象，同时描写了农民中的新人物。我们在《李有才板话》中见过的那些小字号的人物已经随着时代大大地成长了，他们已经成为农村中实现社会主义改革和建设社会主义的战士。作者在专心钻研技术的王玉生这个诚实而聪明的人物身上，在体现了农村知识分子和农民相结合的两对青年男女在恋爱上——虽然人们也指出了这是'缺乏爱情'的恋爱描写——正寄托了他的热烈的理想，同时也真实地反映了农民在合作化以后对文化、技术和知识的渴望。"说到本书的缺点，他认为，我国农民"不但能够推翻几千年来的地主土地所有制，而且能够抛弃他们对已经取得的土地的个体所有制而坚决地走上集体主义道路。作者对于农民的力量的这一方面似乎看得比较少，至少没有能够把这个方面充分地真实地表现出来。就是在他所描写的农民中的先进人物的形象上也显然染上一些作者主观的理想的色彩，而并没有完全表现出人物的实在力量。因此，在他作品中所展开的农民内部或他们内心中的矛盾就都不是很严重，很尖锐，矛盾解决得都比较容易。作品中的许多情节都没有得到充分展开的机会，而故事就匆匆地结束了。这样，就影响了主题的鲜明性和尖锐性，影响了结构的完整和集中，使作品在思想上和艺术上没有能够取得更大的成就。"就在这个报告中，周扬把赵树理同茅盾、巴金、老舍和曹禺并列在一起，称他们为当代语言艺术的大师。

俞林在《评〈三里湾〉的人物形象处理》一文中也认为，"小说的优点在于广阔地提出了农村社会主义改造的复杂性和艰巨性，但是小说在展开这个斗争时，并没有达到应有的深度，而用不够真实的大团圆的结尾把斗争简单地做了解决。这不能不成为小说最大的弱点。"（《赵树理专集》，福建人民出版社，第431页）

再来看赵树理自己是怎么说的。他在 1955 年 10 月 4 日很快就写了《〈三里湾〉写作前后》一文发表在《文艺报》1955 年第 19 期。他在文中首先讲了他为什么要写《三里湾》。他说，他在山西长治参加了当地从互助组到合作社的试验，参加了他们拟定的办法和动员工作，认为"这次新的试验，果然给领导生产的县区级干部开辟了新道路，给附近农村增加了发展生产的新刺激力——虽然生产劳动力和土地所有制没有变动，但以统一经营的方式增加了土地、劳力、投资等的生产效率，以土地、劳力按比例分红的办法照顾了土地私有制，保证了增加产量和增加每个社员的收入——试验的结果良好，附近农民愿意接受，中央也批准推广。"这一点，从在他帮助下制定的《川底初级农业合作社章程》也可以得到证实，这个章程明确规定："社员将私有的土地、耕畜、农具等生产资料交社统一经营、使用，仍然保持所有权、并取得合理的报酬。社员的生产资料转归全社公有时，必须经过本人同意，并给予合理补偿。"这个章程如今立在川底村赵树理当年的住处，供游人参观。由此可见，赵树理决定写农业合作化是有条件的，有前提的，如果当时就明定消灭农民的个体劳动所有制，农民的合法权利和利益不能得到应有的保障，那么，农民愿不愿意接受，合作社能否搞得起来，合作化能否实现，都大可怀疑，赵树理会不会写这本小说亦未可知。后来，由初级社发展到高级社，又发展到人民公社，把农民的土地所有权收归集体所有，给中国带来规模最大、时间最长、破坏最烈的灾难性后果，那是赵树理不曾想到也不愿意看到的。

赵树理在这篇文章中还详细讲了为什么写了那样几个人和写法问题，最后讲到几个缺点：一、重事轻人。二、旧的多，新的少。对旧人旧事了解得深，对新人新事了解得浅，所以写旧人旧事容易生活化，而写新人新事有些免不了概念化——现在较前好一些，但还是努力不够。三、有多少写多少。写马多寿等人仍比金生、玉生等人突出。富农在农村中的坏作用，因为我自己见到的不具体就根本没有提。赵树理的"夫子自道"，也可以视为他为自己设的一道防线。

赵树理最了解农村和农民，他深深地懂得，个体劳动农民，为了发展生产，兴修水利，抗御自然灾害，为了将来采用农业机械和其他新技术，确有走互助合作的要求。同时，他也深深地懂得，从农村和农民当时的实际状况来看，他们并不急于搞合作化，更不想改变土地所有权，因此合作化不宜要求过急，不能变化过快。过急，过快，灾难无穷，农民难以接受，一向坚持实事求是的他也难以接受。这一切，都不能不忽隐忽现地体现在《三里湾》中。

《三里湾》中有这样一个情节，来源于郭玉恩的本本上记的16个字，赵树理把它移植到书中来了：

原来他们村里的农业生产合作社有个大缺点是人多、地少、地不好。金生和几个干部研究这缺点的原因时候记了这么五个字——"高、大、好、剥、拆"。上边四个字代表四种户——"高"是土改时候得利过高的户，"大"是好几股头的大家庭，"好"是土地质量特别好的户，"剥"是还有点轻微剥削的户。这些户，第一种是翻身户，第二、三、四种也有翻身户，也有老中农，不过他们有个共同的特点就是对农业生产合作社不热心——多数没有参加，少数参加了也不积极。地多、地好的户既然参加社的不多，那么按全村人口计算土地和产量的平均数，社里自然要显得人多、地少、地不好了。这些户虽说还不愿入社，可是大部分都参加在常年的互助组里，有些还是组长、副组长。他们为了怕担落后之名，有些人除自己不愿入社不算，还劝他们组里的组员们也不要入社。为着改变这种情况，村干部们有两个极不相同的意见，一种意见，主张尽量动员各互助组的进步社员入社，让给那四种户捧场的人少一点，才容易叫他们的心里有点活动；四种户中的"大"户，要因为入社问题闹分家，最好是打打气让他们分，不要让落后的拖住进步的不得进步。另一种意见，主张好好领导互助组，每一个组进步到一定的时候，要入社集体入，个别不愿入的退出去再组新组或者单干；要是把积极分子一齐集中到社里，社外的生产便没人领导；至于"大"户因入社有了分家的问题，最好是劝他们不分，不要让村里人说合作社把人家的家搅散了。这两种意见完全相反——前一种主张拆散组、拆散户，后一种主张什么也不要拆散。金生自己的想法，原来和第一种意见差不多，可是听了第二种意见，觉着也有道理，一时也判断不清究竟拆好还是不拆好，所以只记了个"拆"字，准备以后再研究。"高大好剥拆"五个字是这样凑成的，三两句话自然说不清楚，况且跟玉梅说这个也不合适，所以金生不愿说。（《赵树理全集》第4卷第174、175页）

作者在这里含而不露，虽然没有把话挑明，但言下之意，就是说合作化要搞，可是千万不可要求过急过快。

《三里湾》中的农民，都是活生生的人，个个都在维护着自己的的权利和利益，都在追求着自由、平等、公平、正义、人权、民主和幸福。请看这段描写老中农对合作化的真实心态吧：

王申也是个心灵手巧的人，和万宝全差不多，不过他家是老中农，十五亩地种了两辈子，也没有买过也没有卖过，直到现在还是那十五亩地。他一个人做惯了活，活儿做得又好，所以不愿和别人合伙，到活儿拥住了的时候，偶然雇个短工；人家做过的活儿，他总得再修理修理，一边修理着一边说"使不得，使不得"，因此人们给他送了个外号叫"使不得"。按做活儿说，在三里湾，"使不得"只赞成万宝全一个人，万宝全也很看重"使不得"，所以碰上个巧活儿，他们两人常好合作。

……

玉梅见他们打的是钻尖，问他们断什么，宝全老汉说："洗场礎！"（"场礎！"就是打粮食场上用的碌碡礎，"洗"是把大的石头去小的意思）玉梅问："为什么洗场礎？"王申老汉和她开玩笑说："因为不够大！""还能越洗越大？""你问你爹是不是！"玉梅又问宝全老汉："爹！是能越洗越大吗？"宝全老汉笑。宝全老汉说："是倒也是，可惜你伯伯没有给你说全！'不够大'是说场礎在场上转的圈子不够大。咱们成立了合作社，把小场子并成大场子了，可是场礎原是小场上用的，只能转小圈子；强要它转大圈子，套绳就要擦磨牲口的右后腿，所以得洗一洗！"玉梅又问："洗一洗怎么就能转大圈子？"宝全老汉说："傻闺女！把大头洗小了，转的圈子不就大了吗？"玉梅笑了笑说："知道了！只洗一头啊！"王申老汉又和她开玩笑说："谁教你们成立合作社哩？要不是成立合社，哪有这些事？"玉梅说："为了多打粮食呀。我说申伯伯！你怎么不参加我们的合作社？难道你不愿意多打粮食？"宝全老汉说："你伯伯的地每年都是数着垄种的。他还怕人家把他的垄沟种错了哩！"王申老汉向宝全老汉说："老弟！你说的对！咱老弟兄俩，再加上你玉生，怎么合作都行；要说别人呀，我实在不愿意跟他们搅在一块儿做活！"（《赵树理全集》第 4 卷第 170-172 页）

在赵树理的笔下，这些中农和种田能手还是想单干，对合作化既不热心，也不积极。不仅这些一心想着通过诚实劳动致富的中农，就是一些有点资历的老党员也不愿意走合作化道路。范登高说："在当初，党要我当干部我就当干部，要我和地主算账我就和地主算账。那时候算出地主的土地没有人敢要，党要我带头我就带头。后来大家说我分的地多了，党要我退我就退。土改过了，党要我努力生产我就努力生产。如今生产得多了一点了，大家又说我是资本主义思想。我受的教育不多，自己不知道该怎么

办，最好还是请党说话！党又要我怎么办呢？"他在支部会上众
人的批评下讲的这番牢骚话，可谓自肺腑之言，把他对合作化的
不满情绪表达得淋漓尽致。若从另外一个角度来看，这个一贯跟
党走的人，也还堂堂正正，像个"人"样，他的话也不能说毫无
道理。

　　《三里湾》反映了合作化运动的必然趋势，大势所趋，势
不可挡，同时也透露出合作化的条件实际上尚不成熟，行事确乎
有点仓促。初级社的成功建立，与当时采取的正确办法，特别是
保护土地和财产的私有权直接有关，也同民族传统文化中的均贫
富思想、大同思想、和合思想等等密切相连。作品生动地反映了
农村社会各色人等在这场大变革中的真实的心态、人性人情、社
会家庭，方方面面、角角落落的生活面貌，可谓包罗万象，一切
尽在其中，博弈、协商、造势、成事，内容复杂而又丰富，意蕴
极其深厚，其广度和深度都很难得。作品最后以"花好月圆"大
团圆的结局收场，也可以说是农村在特定时期社会生活的真实写
照。那时，我们党对什么是社会主义，怎样建设社会主义认识还
不是很清楚，还存在很大的盲目性，如果在《三里湾》中，把社
会主义与资本主义两条道路的斗争这一被认为是农村中的"最主
要的矛盾"更加充分、更加突出、更加严重、更加尖锐、更加激
烈、更加有力地展示出来，那将会是个什么情景？在后人看来，
结果又将如何？很难说清。如此看来，《三里湾》的"弱点"，
说不定还正是它的"强点"；它的缺点，或许还正是它的优点；
它的模糊之处，说不定还正是它的高明之处和深刻之处。赵树理
忠于现实，忠于生活，真实地全面地反映了初级农业合作社建立
时的农村社会生活面貌，这正是作者非凡的卓越的贡献，正是清
醒的现实主义的胜利。

16

《开渠》赞颂集体，发怒维护民权

1955 年 3 月，赵树理完成《三里湾》后不久，即来到河北省武安县伯延村深入生活，抓紧时间继续捉他的"老鼠"，在那里，他写出了泽州秧歌《开渠》。赵树理在这里的情况，在他之前已在这里体验生活的作家于雁军在《遥远的回忆》中说："我经常看到他，有时蹲在地头上和歇畔的老乡谈笑、吸烟，有时在饲养棚里忙来忙去，有时为群众调解家庭纠纷，甚至两个小孩打架，他也凑上去询问个来龙去脉，耐心地为他们评判是非。村支部有什么问题，农业社里发生了什么矛盾，为入社谁家夫妻吵架了，谁家悄悄把牲口拉到集上去卖了……他不仅知道事情的全过程，连人的姓名都记得清清楚楚，这使我很惊讶。他到村子里时间比较短，知道的事情比我多……"差不多过了一个月，他拿着剧本《开渠》找我，让我看看提提意见。我把剧中的唱词念给房东听，听得人们眉开眼笑，连声说："写得真好！就是那个样儿，你说，老赵他怎么啥也知道！"他再三追问我有何意见，我只说了一个字："长！"因为得演三个晚上。他也觉得确实有点长，需要再改一改。

1955 年 11 月 3 日，赵树理来到太原，次日，出席中共山西省委召开的农村工作会议。11 月 13 日，随长治参加会议的同志到达长治，19 日，就到潞安县琚寨乡深入生活去了。这是个模范乡，是个大社，有 300 户人家，现正准备转为高级社，在研究全面规划问题，他想仔细考察一下。他向中国作协领导报告说，他准备在这里住一两个月，然后再到别处。

赵树理在这里与下乡体验生活的剧作家张万一相逢。他们两位体验生活的方式方法很不相同。张万一在《怀念赵树理同志》一文中这样说："以往，我到乡下搜集材料，或者叫作体验生活，总是抓住村干部，不知满足，不知疲劳，拼命地访问，拼命地记录，抓住点自己认为有用的线索就拼命地向对方追问、挤材料。而这回跟老赵在一起，发现他跟我们不一样。他老是跟村干部研究具体工作，研究群众情况，以至参加家务活动。参加会议时，他几乎不带笔记本，坐在离灯亮较远的地方，和社员们对烟锅子抽烟，有时插两句简短的问话，引起大家一阵七言八语，他很少系统地讲话，或对会议发表什么系统的意见。"赵树理发现张万一挤在灯亮处，辛苦地、专心致志地记笔记，后来就对他说，记笔记我不反对，不过它有两个缺点，一是会影响大家随便说话，二是靠了笔记本，就不靠眼看、心记了。为了帮助回忆，追记一些也可以，省得记录，放弃了对人对事的观察思考。其实，很快就忘记了材料，即使当时记在本子上，用处也不大。真正的活材料，全凭从群众的日常工作、生活中去吸取，像沙里澄金。你挤在灯下记笔记，人家说话就得掂掂分量轻重，笔记本往往变成了我们和群众之间的一道屏风。张万一听了觉得很有道理，很受启发。此后，他就和赵树理一起参加秋收分配，参加交纳公粮，打算盘记账，扛口袋过秤。这样，老乡就不把他们当客人，从中便听到了真心话，看到了生动事。

　　一天晚上，他们到邻村去看戏，演的是《柳毅传书》。这是一部传统戏，剧团为了加强"思想性"，增加了许多新内容，如柳毅带领农民清算地主等。回来路上张万一等人问赵树理戏演得怎样，赵树理突然反问："柳毅入党了没有？"他说，如果没有，该讨论他入党的问题了，剧名也可以改成《柳毅入党》。他一本正经地说，柳毅同志历史清白成分好，立场鲜明觉悟高。他的话引起我们一阵大笑。他说《柳毅传书》这个戏是完整的，情节是优美的，一定要拆解开来，塞进去"阶级斗争"的内容，这就叫强奸民间故事。他还举了当时用社会发展史改造民间传说的事例，如牛郎织女啦、仙女下凡啦等等，搞得现实不像现实，神话不像神话，不伦不类，结果是形成内容上的反历史主义与形式上的杂凑。他批评现在戏改工作中有一种简单定罪的情况，带忠孝节义的当然判罪，还有的戏如《雁门关》是"曲线救国"，《访永宁》是"攀高结贵论"，反正是按今天的标准，概括出几个字的判决书的由头来，对传统简单地宣判。他说，对某个戏有争论是正常现象，用随意附会定罪的办法，就难免要粗暴了。

1956 年 2 月初，赵树理改完了泽州秧歌剧《开渠》。《三里湾》中曾经写到过修渠的事，《开渠》是他在题材选择和体裁运用上的一个新创造。剧中的主人公韩金生是一个普通农民，但他能劳动，有理想。他住在河边，良田不断被侵蚀，为了保住仅有的一点土地，他想开一条渠。他认为只要大家齐心干，就可以成功。但得到的是人们的嘲笑、讽刺，称他为"疯癫"。后来他的几亩地被洪水冲成沙滩，他只有租地主的荒山去开。这是发生在旧社会的事。在合作化运动中，村里党支部书记提出开渠，这时已把一座荒山变成了"花果园"的韩金生自愿下山入社，投身开渠，实现他的梦想。剧本生动地表现了劳动人民改天换地的崇高理想，只有组织起来，走合作化的道路才能实现。这一条，作者认准了，认准了，就要着力去表现。《开渠》是作者继《三里湾》之后，又一部讴歌农业合作化的优越性的作品，也可以说是他最后一部热情盛赞农业集体化的作品。

后来，随着初级农业合作社向高级社的转变，改变了当初在所有制问题上的承诺，农民的权利和利益不断受到侵蚀，生产力遭到严重破坏，许多问题开始暴露出来。赵树理家乡缺粮、缺钱、缺煤等一系列坏消息不断传来，和农民血肉相连、生死与共的赵树理，怒火从心中燃起，再也不去赞颂集体化的优越性了。

1956 年 8 月 23 日，他怒不可遏，提起笔来，给长治地委负责同志写了一封措辞严厉的长信，内容如下：

最近有人从沁水嘉峰乡来，谈起该地区农业社发生的问题，严重得十分惊人。兹举数例如下：

一、供应粮食不足：每人每月供应三十八斤粗粮，扣购细粮，不足维持一个人的生活——有儿童之户尚可，只有大人的户不敢吃饱或只敢吃稀的，到地里工作无气力。在产粮区可以享到三定之利，而产棉区则否，这问题过去提过，但得不到解决。不论说多少理由，真正饿了肚子是容易使人恼火的事。在转入高级社的时候，说了好多优越性，但事实上饿了肚子，思想是不易打通的。

二、缺草：缺草问题也是老问题，只是现在更严重了。嘉峰乡的草拨在离那里六十里的郑庄，连运费在内，合七分五厘钱一斤，而小米价才六分五厘。群众觉着社里的生产品，一部分叫牲口吃了．

三、缺钱：近几年来没有多少副业收入，群众手头没钱，常是凭借贷过日子，而社里又无钱可借，信贷社也不作普遍贷款。从前的中农户，本年用的是上年的收入，贫农才是先行借款，凭本年收获还债。固然从前借的是高利贷，但现在就是出高利，也贷不到手。

四、命令太死板：对棉花、花生不但要实物数字，而且播种面积也不得活动。养蚕的任务也太重，桑叶不够了，往往要跑几十里去买。牲畜老的不能用了也不让卖（社务委员通过卖了一个牲口，工作员撤换了一个负责牲口的人，虽经社务委员多方解释也不能挽回）。

五、买煤难：分散的小煤窑不让开了，只有指定的几个窑出煤。这样一来，距离远，买煤人集中排队，花的功夫就太多了。

六、基本建设要求太急：打井、修地（改变地形）分到若干年去做是可以的，做得太快了，别的活就做不了。

七、地荒了，麦霉了：由于运粮、运草、买煤、买桑叶、修地、打井等杂事误工太多，没有抓紧锄草、打麦两项工作，后来一遇到连阴天，非常被动，以至于地里的草比苗高，麦子垛在场上沤着。

以上一些问题，在领导工作者看惯了，虽然有时也表同情，但并不认为是一定得到限期解决的问题，结果"不可终日"的事可以终"年"，甚而可以"多年"。试想呢？劳动比前几年来紧张得多，生活比前几年困难得多，如何能使群众感到生产的兴趣呢？有一次因为发粮不及时，群众几乎要打乡长。……这一些小事都可以说明，群众对公家、对干部、对社的情绪。群众靠这种情绪来办社是很难办的。反映这些问题的人，一个是我的女儿，一个是我的外甥。他们在暑假期间回家住了半个月，无孔不入地接近了好多人，比我这文化人的官僚主义好得多。群众对我谈问题有些顾忌——怕我到上级乱说他们的名字——对他们则大胆得多，也琐碎得多，所以他们了解更为具体。

我相信我们的县级干部都是勤勤恳恳作工作的，但勤勤恳恳的结果，做得使群众吃苦，使群众和我们离心，是太不上算的事。大家都是给群众办事的，可惜不能使群众享到好事之福，反而是受到好事之累。我建议地专双方派个组到当地确实调查一下关键所在，及时解决问题，以挽回群众在转社时期的积极性。

我觉得有些干部的群众观念不实在——对上级要求的任务认为是非完成不可的，而对群众提出的正当问题则不认为是非解决不可的。又要群众完成任务，又不给群众解决必须解决的问题，是没有把群众当成"人"来看待的。也许我的估计不准确，给人家戴了大帽子，但"任务"却完成了，"问题"一个也没有解决，而且是反比以前增加了许多，严重了许多，都是事实。我希望迅速改变这种事实。

我希望在地委开会的时候，讨论我提出的情况。

赵树理之所以赞成农业合作化、集体化，并不是为了消灭私有制，而是为了促进生产力的发展，提高人民的物质文化生活水平，给农民带来实际利益和幸福，一句话：从物质上到精神上让农民真正活得像个"人"样。如果农业社"高级化了，进入社会主义社会了，反而使多数人缺粮、缺草、缺钱、缺煤、烂了粮、荒了地"，让群众活得更苦了，更不自在了，那么，搞这样的合作化、集体化还有什么意义呢？讲的那些优越性又在哪里呢？这怎么能让大家热爱农业合作社、热爱社会主义呢？农民的生存、温饱和发展比天高，这些严重存在的情况和问题必须解决，否则，就是"没有把群众当成'人'来看待"，就是对农民的"人"的尊严和权益的严重侵犯和践踏。这是赵树理在合作化运动的"高潮"中旗帜鲜明地反对"左"的错误的开端，表现出了他的敏锐的政治眼光和迎风搏浪的非凡的勇气和胆略。

那年，党中央提出了"百花齐放、百家争鸣"的方针，思想文化战线出现一派生机。此时的赵树理，更是精神异常振奋。

1956 年 6 月 22 日，赵树理在中国作家协会创作委员会小说组"百花齐放、百家争鸣"座谈会上发言，向一些清规戒律提出挑战。他说："我感到创作上常有些套子束缚着作家，如有人对我的《传家宝》提意见，说我没有给李成娘指出一条出路。也有人批评我在《三里湾》里没有写地主的捣乱，好像凡是写农村的作品，都非写地主捣乱不可。我最近写了一个小秧歌剧，剧中没有说白，一直唱到底。这个戏第一次演出后，就召开了一个座谈会，会上就有人说这个戏不合乎戏剧规律。我觉得在戏剧上也可突破一些旧的规律。过去我们写东西，要求各种人物都要有——党员、团员、群众等——结果一个也没写好。我认为不必照顾那么多，只写一个人物也可以，能写好就行。"

1956 年 9 月 25 日，赵树理作为中国共产党第八次全国代表大会代表在大会上作题为《供应群众更多、更好的文艺作品》的发言。他说："一个文盲，在理解高深的事物方面固然有很大的限制，但文盲不一定是'理'盲、'事'盲，因而也不一定是'艺'盲。一个人长到几十岁，很少是白吃饭的。每个人对事物接触的范围有广狭，理解的程度有深浅，但各有其多方面的生活，也各有其集中精力的方面，而文学艺术在他们的生活中，往往或多或少已经成为构成部分，有的甚至精通了某种民间艺术。我们恃之取之不尽用之不竭的自然形态的文学艺术源泉，正在这里。可惜我们有些人在为自己吸取养料的时候才注意这个，而在直接为群众服务的时候又把这个丢在一边，害得我们的事业未能和广大的群众更紧密地发生联系。""任何一个作家，只要对社会主义事业某一部分感兴趣，愿意写，不论用什么体裁、什么风格写出来都是有益的——总合乎某一部分人读——但广大群众缺乏合适的文化艺术食粮，似乎也是我们的责任。有些人把普及和提高的界限分得太清楚，但又都只愿当提高工作者，我以为是不太妙的现象。广大群众没有更多、更好的文学艺术食粮，作家应该负相当大的责任——我们在这方面的负责任的供应太少了。""我以为在百花齐放的时候，各人应该要求自己要放之花为多人所爱，因而也希望大家多多注意研究广大群众在文学艺术方面现有的基础，以便把自己之花培植得更为他们所爱。"

赵树理在这里既讲了民间艺术之重要，但又并无门户之见，他强调的是百花齐放，强调的是体裁、风格的多样化，各人努力使自己要放之花为更多人所爱，在普及的基础上提高，实现普及和提高的统一。可以看出，他坚持的还是他在创作上的"自己的路线和主张"，同时，又与时俱进，思想更加解放，精神更加自由，眼界更加开阔。

在这前后，赵树理热情勃发，围绕创作问题，发表了多篇文章和谈话。

1955 年 7、8 月份中、英、日《人民中国》杂志上发表了赵树理应编辑部约请写的文章《我在创作中的一点体会》。这是一篇向国外读者介绍自己的文章，简括地讲到了自己的家庭，讲到了自己的经历，讲到了作家的责任，也讲到了自己作品的缺点及其原因。他说："在阶级社会里的知识分子，越是政治地位低，就越容易和劳动人民接触，恰好只有劳动人民才是人类的绝大多数，所以越是没有得到特权的人，对人类的接触面、了解面就越广，对劳动人民的同情之处就越多，吸收的由劳动人民创造的艺术成品及半成品也越多，因而其作品也就为多数人所喜爱。"他又说："我所熟悉的海，是痛苦不堪的海，而后来的海渐渐甜起来。吃惯了苦的人会说苦，至于才尝到的甜味，领略得还不深，而且这种甜味在时刻不停地增加着，才要说它如何甜的时候，它就比自己说的更甜了——用作家们常用的语言来说，就是时时觉着自己的作品落在现实之后。""凡是读过我的作品的朋友们，是会感觉到我所写的新人物没有我所写的旧人物生动、具体，其原因就在于对原来的苦海熟悉而对经常起着变化的甜海还没有来得及像那样熟悉，所以写起来就不能头头是道，还有待于自己的努力，这种努力也包括政治修养和艺术修养，不过长期深入劳动人民之海是其中一个有决定性的项目。"他在这里阐述的中心思想还是深入生活之重要,即了解和研究各种各样的"人"的重要,处处不离他的创作"路线和主张"。

1955 年《文艺学习》第 11 期发表了赵树理《谈课余和业余的文艺创作问题——答青年文艺爱好者的来信》一文。作者对中学生文艺爱好者说:爱好文艺是好事,但如果把它当成自己的"业务",放弃了学校里的功课,那是不对的。爱好文艺的时间一定要放在课余。不要想在中学生时代当作家。作家有个最不可缺少的条件,那就是要懂得社会。中学生生活的圈子只是学校和家庭,所接触的社会面太狭窄。只是这一条件不具备,就不要打未出学校就当作家的主意。因为可写的太少,基本知识也太少。不要以为将来当作家可以不学文艺以外的知识。知识是一切人都需要的,因此对任何知识都不应忽视。不要乱投稿。他对业余创作者,主要讲了业余创作一定要保证"业余"性,还讲了要参加政治学习,端正自己的思想,提高文化水平,以及文艺学习等问题。

1956 年 5 月《长江文艺》上发表赵树理《和青年作者谈创作——在全国青年创作者会议上的发言》。在谈到文艺的作用问题时他说,有些地方的文化部门要求他们所领导的剧团按时配合具体工作,"一路'赶'来,越赶越远,越赶越不像戏,越不像戏群众越不爱看,既耽误了宣传,又破坏了艺术,两不上算。""艺术都是宣传,但宣传不一定都是艺术,希望在宣传工作岗位上的写作者自己分清这一点;并且也不要要求别的写作者这样做。"在谈到实际工作和写作的统一问题时,他说:"在实际工作中争取主动,就是在日常工作中找出推动工作的关键来,划分开工作阶段,在每阶段中首先做出成功的事例来推动一般。在写作方面虽然有它的特殊性,但在认识工作关键,认识先进事物这一点上和实际工作是统一的。""不应只打搜集材料的主意,而要多管事,管全面的事。从这点上看,实际工作对写作是大有帮助的。"在谈到材料与创作的关系时,他说:"材料在自己的记忆里,有整块的,有化了的。整块的就是真人真事;化了的就是某人或某一类人物的一连串的特殊（不是一般）印象。整块的材料在我说来用处不太大（特别是真'事'），因为它不是为某一个主题而产生的，而某一个主题也不可因为造就它而缩小其普遍性。化了的材料虽然在脑子里或笔记本里查不出来源，但是积累得多了是'得心应手''左右逢源'的，主题要求它干什么它就能服从命令。我们碰到一个生环境，或者出了个什么事故，便可以想想让自己的父亲在场应有什么表现，哥哥在场应有什么表现，爱人在场应有什么表现，而真要是让他们来了，他们表现会大体上和我们想象的差不多。我们凭什么替他们规定出'表现'来呢？这完全是凭材料，可是那些材料的来源分散得很，一一追查是查不出来的，但又都是见过若干遍而且又掌握了构成那些材料的思想规律的，我所指的化了的材料就是这一类。只要掌握了这一类的材料，便可以调遣你的人物到任何环境中去。"在谈到如何读理论文章时，他说："任何理论（即'学'）都有它的研究对象，也都应该是从具体的对象研究到抽象的规律，不应该是不与对象对照而只把若干抽象的规律割裂成一条一条来理解。文艺理论研究的对象是文艺作品，应该是和作品对照起来读。"要把全文的精神联系起来看，不要单纯强调其中的某些字句。在谈到群众文艺供应问题时，他说，第一，供应粮食应该是供应好粮食，不应该只供应糠。第二，群众最需要的粮，才正应该是走在时代前面、能指导现实的好作品；供应这种市场才是克服作品落后于现实的好办法。第三，正因为我们国土大，需要广，而且各地的需要不太一致，又要及时，所以才要求扩大我们的生产队伍。

1956年6月在《曲艺工作通讯》第10期发表《谈曲艺创作》。文章讲深入生活的重要，说："要写出好作品，必须深入生活。不论写人、写事，深入生活是个根本条件。我们平常对一个熟悉的人，常好说是把他'看透了'，写作者应当把围绕的人都看透了。"文章讲溶化的材料最宝贵，说："写作如果不能够认识一个高潮来了之后的意义，便不能认识到下一步如何走。提高政治水平和自己对社会主义的热情也是分不开的，要把全厂的事作为自己的事，对全国社会主义建设有一个概括的认识，并对周围的每一个人和事都有明确的认识。必须在对社会主义事业的热情鼓舞下和周围的人共事，才能了解他们（即使共住在一个院中的人，职业不同，互相关系不大，就不容易了解他）。只要共事，对方对事业有帮助就高兴，阻挠就不高兴，这样方能爱憎分明，才容易把人'看透'，把事看'透'。凭什么把人和事'看透'呢，凭得是日常生活中无数的具体材料，但这些材料已经被自己的脑子所溶化，也记不得哪一点是哪里来的。溶化了的材料，最为宝贵。"文章讲对艺术作用的认识问题，说："艺术品不是政治讲话或工作手册之类的东西，它是用'形象'的东西来感染人的，不要只把它限在临时任务的圈子里。""对艺术的作用不要理解得太狭隘了，不是看一场戏就能变成英雄，各种英雄形象影响人的性格是逐渐影响的，也正和天天吃饭一样，——哪个人也不是一顿饭吃胖了的。不要单纯为了一个个临时政治宣传来确定写作计划。""理论文章可以写得艺术一点，但不要把艺术作用局限于说理。""文字创作赶不上表演艺术的原因很多，对'材料'的认识不全面和对艺术作用的认识太狭隘，恐怕是相当重要的原因。表现在作品方面就是照事实叙述一番的多，真正创造出生动的形象少。"

赵树理在这里反复强调的是，"要写出好作品，必须深入生活，不论写人写事，深入生活是个根本条件"；在深入生活中把人看"透"，把事看"透"，分门别类，形成无数具体的材料，这些"融化了的材料，最为宝贵"。这样当作家进入创作过程时，就会让形象讲话，就可以避免概念化。所有这些，都可以说是赵树理多年来创作经验的总结，是很宝贵的。

与此相关，他特别强调要向传统曲艺学习。他说："曲艺是一种民族形式的艺术，是广大群众所喜爱的。我们过去对曲艺注意不够，作家写曲艺的很少，今后我们要注意曲艺，学习曲艺。"五四时代有人反对传统戏，认为不是艺术。中国的传统优秀作品和西洋优秀作品都是优秀作品，各有长处。有的把曲艺"提高"成西洋的东西，"提高"成"歌剧"，这是不正确的。我们要很好地向传统曲艺学习。这个问题，他后面还要着重讲到。

17

据理怒斥浮夸风，铁骨铮铮为民生

1958 年，"大跃进""总路线""人民公社"相继提出，统称为"三面红旗"，全国上下出现一派热火朝天的建设景象。

那时，苏联"卫星"上天，把美国甩在了后面，提出"全面展开共产主义建设"的口号，15 年超过美国。中国也不甘落后，发誓要在"一穷二白"的土地上画出"最新最美"的图画，也提出"超英赶美"的口号，还要和苏联比比，看看谁先进入"共产主义"。

赵树理在 1957 年冬天就回到了尉迟村，主要是想了解一下村里当年减产的原因，想办法把生产搞上去。他回到村里，放下行李，就直奔水库工地，投身到火热的劳动之中去了。

乡亲们在吃粮、饲草、用煤等等方面遇到的困难，常挂在他的心上。那次回去，他花了很大气力和大家一起分析研究减产的原因和解决的办法。原因主要是土地经营管理存在问题。这里地多人少，平均使用劳力，力量分散。仅为解决饲草不够的问题，就占用了全社全年劳动总数的七分之一，因此，尽管复种面积扩大了，但单位面积产量还是降低了。经过调查研究，他向社里提出了集中与粗放相结合的经营方式与大面积种植苜蓿的建议，并和社干部共同商量，制定了《1958 年生产大跃进的计划》："西山坡顶修一个水库，沁河边上修建一个抽水站，西坡那片地石子多，种粮不行改成果园，再把村南村东 300 亩河滩垫平，这样，全村 600 亩地全部实行水浇，可望旱涝保收。"

这个计划得到全体社员的赞成和拥护。赵树理派他回乡务农的女儿赵广建去外地买来苹果树苗和海棠果苗。随后，他又从北京汇来千元，买锅驼机和水泵。

　　回乡几个月，他经常去水库工地劳动，有时挖土，有时帮助修理机器，在工程紧张时，甚至一夜要去好几次。人们记得，他没有一天不到农业社，不论是研究生产，还是讨论整风问题，抑或是谈社员的思想状况，有时甚至一直工作到深夜，他都从不缺席。

　　1958年1月底，他返回北京出席全国人大一届五次会议。

　　2月18日，他在《人民日报》发表快板《"春"在农村的变化》，热情歌唱道："今年过春天，事事大飞跃——生产要提高，思想要改造。""思想也要整，生产也要搞。整风与生产，两下结合好。村村修水塘，社社开渠道。开山崩石头，到处响大炮。上工没男女，做活没老少。把个好春天，过得很热闹。"

　　这年1月和3月，毛泽东在南宁和成都召开有部分中央和地方领导人参加的工作会议，号召破除迷信，解放思想，一时"敢想、敢说、敢干"成为时代的最强音，"大跃进"的热潮在全国各行各业掀起来了！

　　3月8日，中国作家协会发出响亮的号召："作家们！跃进！跃进！争取今年在全国范围内掀起一个创作高潮，三五年内实现社会主义文学的大丰收！"

　　这一天，在北京的100多位小说家、剧作家和诗人举行盛大座谈会，热情似火，竞相表达创作的决心。中国作协党组书记邵荃麟还代表未能出席会议的老作家宣布他们的创作计划：茅盾要写一个长篇，三个中篇；巴金也是一个长篇、三个中篇，再翻译几部外国作品；曹禺则是要写出五个独幕剧。然后，他又说："赵树理同志今天到会了，他有意写《续李有才板话》，以反映当前的'大跃进'。"

　　也许是为会议的热烈气氛所感染吧，一向最讲实际的赵树理的头脑也不免有几分发热，他说："我准备写《续李有才板话》的秘密已被荃麟同志揭破。计划写三部，第一部一个月左右即可完成。"不过，他仍然不失清醒，随即表示："希望大家督促，但也不要挤得太狠；我要求大的不被挤破，小的东西也能挤出来。"

　　后来，由于形势的发展变化，他的《续李有才板话》成为一响空炮。新情况看不清，拿不准，没法写，倒是很快推出了一部反映抗日时期山区人民生死斗争的长篇评书《灵泉洞》（上部），获得了一片叫好声。

　　1958 年 3 月，赵树理在《曲艺》第 4 期发表《我们要在思想上跃进》，把评书提高到了文学正宗的地位，认为评书就是"正经地道的小说"。文章说："有些人将曲艺叫'说唱文艺'，本不妥当，评书是正经地道的小说。我还掌握不了评书，但我一开始写小说就是要它成为能说的，这个主意我至今不变，如果我能在艺术上有所进步，能进步到评书的程度就不错。写出来不能够说，是我做得不够。好的唱词应该是诗，写出来还不是诗，是唱词写得不到家。诗歌、戏剧、小说和曲艺都是一家，作家的作品和曲艺是一回事。从前有人在写小说之余写曲艺，今天就应该把曲艺包括在创作计划之内。""大跃进是要出作品的，改造我们的文风也不容易。我们要为工农兵服务，就得解决为谁而写的问题，写工农而不让工农看懂，只给知识分子看，是不对头的。搞创作的人要改变文风。大家要说唱我的作品，希望大家给我改，我很欢迎。"

　　长篇评书《灵泉洞》（上部）原载 1958 年《曲艺》第 8 至 11 期。《曲艺》在开始连载时"编者按"说："《灵泉洞》是一部长篇评书。分上下两部，上部写抗日战争时期一个山区农民在日寇和蒋匪军的双重压力下的生死挣扎；下部写新中国成立后从民主革命走上社会主义革命的种种变化。全书以一个山洞为联系线索。大约 20 万到 30 万字。上部已完成，下部可能还要迟一个时期才能写出。"

　　这部小说以灵泉洞为背景，揭露了 1940 年前后国民党及其军队的罪恶行径以及地主、汉奸的阴险毒辣，表现了人民群众为捍卫自身的权利和利益英勇顽强的斗争精神，是一曲同蒋介石、阎锡山军队又团结又斗争，发展抗日民族统一战线，夺取抗战胜利的英雄的凯歌。小说的主人公田金虎，是个非常憨直，从不考虑任何个人得失的青年，是在激烈复杂的斗争中磨炼出来的英雄。在开展减租、退租斗争中站在最前边，最后搞起了武装，当了洞长兼民兵队长，成为一个自觉的革命战士。作品处处从"洞"着眼，写人与写洞糅为一体，有形、有声、有色，为整个作品开拓了新境界，运用了十多种评书的笔法，在艺术上有新突破，取得了新成就。苗培时在《夜读〈灵泉洞〉》中写道："好在哪里？一曰故事好：紧张、曲折、有趣、引人入胜。二曰人物好：有血有肉，个个不同，虎虎有生气。三曰结构好：朴朴素素，老老实实，有头有尾，绝不虚夸。"评书演员陈萌荣在《〈灵泉洞〉的评书笔法》中也说："看完《灵泉洞》，坐定一想，灵泉洞村一带的地理环境如同摆在眼前一样，有条有理，十分清楚。作品的语言也十分精炼，话顶话，话拣话，针针见血，话不空登。我们评书演员拿到手就可演说。"

一生一切为了人的赵树理，对曲艺，对评书，确实有点偏爱。他之所以偏爱，就是因为这种艺术形式为广大群众所喜爱，作家要为广大群众服务，就需要向这种艺术学习，这样才能服务得好。《灵泉洞》的问世，是他向评书学习，进一步改变文风的一次光辉的实践。

在这前后，他就曲艺问题写下了多篇文章，就把曲艺提高到"正统"地位来发展、实现在普及基础上的提高，发表了许多发人深思的宝贵意见。仅举数例。

他在《普及工作旧话重提》中说，五四以来，我国文艺两个传统，一个是"五四"胜利后进步知识分子的新文艺传统，一个是未被新文艺承认的民间传统，即人民大众在自然状态下的听书、看戏、唱小曲、唱秧歌等。他认为，先向群众学习，深入体会群众的文学艺术兴趣，然后从这个基础上运用自己的艺术本领，为群众造出既合口味又有进步意义的艺术品，这种艺术品是高级的，同时也可以普及。一些人不承认群众的传统能产生艺术，而要用新文艺的传统来代替它，用一个传统来消灭另一个传统，因而把普及工作忽略了。

他在《向工农兵学习》中说："向工农兵普及，从工农兵提高。""所谓文艺的提高，只能是从工农兵群众自己的基础上提高（不是提到别的高度），而是沿着工农兵自己前进的方向去提高。""只有从工农兵出发，我们对于普及和提高才能有正确的了解，才能找到普及和提高的正确关系。"

他在《从曲艺中吸取养料》中说："我认为曲艺的韵文是接受了中国诗的传统的，评话是接受了中国小说的传统的。我觉得把它作为中国文学的正宗也可以。从这一点出发，我认为曲艺应该产生高级的东西，而且事实上已经产生过高级的东西。曲艺是高级的，同时又是普及的。……中国几部重要小说，如《红楼梦》、《水浒》等，基本上都是评话体，流传了好几百年。王少堂的评话和高元钧的山东快书，可以说是发展了的《水浒》，已经同原来的本子有所不同，他们把它生活化了，说得更加生动了。""我们应该比古人强，应该刻画出比古人更突出的英雄形象。但有些地方实在比不上他们。拿戏曲来说，古人把古人的生活歌舞化了，而今人还没有把今人的生活歌舞化，或者说化得不足。现在有些人把现实生活搬上舞台去，看后总感到有些生硬，是现实生活原样的再现。……评书也是这样：古人把话艺术化了。从政治上说，它也有政治，虽然没有成套的大道理，但它的目的是达到了。"他反复强调，不能丢掉自己的传统，学人家长处可以，但学了以后最好是把它化为自己的，化不了也不过使它成为另一种形式，不能因此把咱自己的传统丢掉。"有些人误以为中国传统只是在普及方面有用，想要提高就得加上点洋味，我以为那是从外来艺术环境中养成的一种门户之见。""我觉得我们的东西满可以像评话那样，写在纸上和口头上说是统一的。这并不低级，拿到外国去绝不丢人。评话硬是我们传统的小说，如果把它作为正统来发展，也一点不吃亏。""文艺为谁服务的问题，在理论上早已解决，在实践中并未解决，至少还没有全部解决。"他在谈到理论也需要加以新的补充时说，比如按照外国的公式，悲剧一定要死人，这个规律对中国是否适用呢？"有人说中国人不懂悲剧，我说中国人也许是不懂悲剧，可是外国人也不懂团圆。假如团圆是中国的规律的话，为什么外国人不来懂懂团圆？我们应该懂得悲剧，他们也应该懂得团圆。"

他在《彻底面向群众》中说："我以为彻底面向群众，对于提高不但不会妨害，反而会对提高造成非常方便的条件。"

此外，他还写了许多论文和评论，如《谈曲艺工作》、《曲艺工作者动员起来》、《曲艺沿着工农兵方向继续前进》、《〈买猴儿〉讽刺了谁？》、《我爱相声〈水兵破迷信〉》等。有人统计，他在创作小说的同时，创作的大量曲艺作品约占他全部作品的20%，这在我国著名作家中是少有的。

1958年5月，中共八大二次会议使"大跃进"运动由酝酿阶段开始转向全面开展阶段。会议通过了建设社会主义的总路线，肯定了"大跃进"运动，认为中国正经历着"一天等于二十年"的伟大时期。从5月底中央政治局扩大会议决定1958年钢产量提高到800万吨至850万吨，直到6月19日，毛泽东说把钢产量翻一番，并于6月21日在军委扩大会议上宣布，中国3年超过英国，10年超过美国，有充分把握。（《国史通鉴》，当代中国出版社，第二卷第145页）

1958年8月17日至30日，中央政治局扩大会议在北戴河召开，通过了《中共中央政治局扩大会议号召全党全民为生产1070万吨钢而奋斗》、《中共中央关于在农村建立人民公社问题的决议》。这次会议，是我国经济发展的一个重要转折点。会后，一个"以钢为纲"的"大跃进"和人民公社化运动的高潮，在全国范围内迅速掀起。由于指导思想上不顾客观实际与可能，急于求成，违反了经济发展的客观规律，因此，实现国民经济大跃进、摆脱贫困落后面貌、加快进入共产主义的愿望成为不切实际的空想，并导致以"共产风"、瞎指挥风、浮夸风、强迫命令风和干部特殊化风为主要标志的"左"倾错误在全国范围内严重地泛滥开来。（同上）

7月23日《人民日报》发表社论《今年夏季大丰收说明了什么？》说："只要我们需要，要生产多少就可以生产多少粮食出来。"

8月8日，该报又发表社论：《土洋并举是加速发展钢铁工业的捷径》说："每年产量的增长率不是百分之几、百分之十几或者百分之几十，而是百分之百甚至更高的比例发展呢？答曰：可能性是存在着的，问题是我们想不想、要不要高速度？我们想要就有；不想要就没有。"

8月27日，该报又刊登了中共中央办公厅赴山东省寿张县调查后写的一封信，标题赫然夺目：《人有多大胆地有多大产》。

1958年7月，《灵泉洞》（上部）刚刚收尾，赵树理立即重返晋东南，来到高平县，那里有块百亩左右的丰产田，农业部要来这里召开北方十省谷子、高粱、玉米现场促进会，省里也要在这里举行十县秋田加工管理汇报会。庄稼长势确实喜人，他不禁赞道："谷子好，谷子好，应对谷子多关照，谁对谷子看不起，快把偏心早去掉。也深翻，也保苗，追肥浇水样样到，你和玉茭一样待，看看它能打多少。"

8月18日，赵树理刚刚回到北京，即参加了中国作协在颐和园召开的"深入生活作家座谈会"。他在会上说："我下去了两个月，可惜没有争取到主动，因而没有起到应有的作用。大跃进浪潮中，我计划先写一个回忆中的小说，可是这与生活锻炼有矛盾，写了几天就觉得应该放下它先到生产中去。不妙的是我曾在一次谈写作的会上透露过我的计划，报刊上刊登出去，弄得我更动不得，只得坐下来写。坐下来写，不论在什么地方都一样，需要埋头，因此下去与没有下去就差别不大了。在写作中，只是稍稍找了点空隙，观光过一次谷子、高粱的现场会议和两三个社，看了看人家的育林、治水和谷子、玉米的田间管理。我以为我今年的计划是鼓了点干劲，没有争取到主动，因而连中游也没有争取到，以后要力求摆脱这种局面。即使仅仅到过几个地方，而且不曾下马，也看到些使自己兴奋的事。在'大跃进'的热潮中，即使你关起门来，那股热劲也会冲到你眼前。例如我看到一个玉米种得很好的社，好像进了竹子园，有些玉米密到每亩万珠。人们看到他们自己的庄稼长得这样壮，他们的劲头也像这庄稼一样饱满，没牙的老头老太太们，两腮上也常笑成两个大窝窝。"他确实是走马观花，看到的也确实是一派喜气洋洋。不过从这些真实的描述当中，似乎亦隐含着几分疑惑，如玉米密植到每亩万珠是否失当，只是眼下尚不明朗。

接着，赵树理参加了两次出国访问。

一次是 10 月 1 日，参加以茅盾为团长，周扬、巴金为副团长的中国作家代表团，赴苏联乌兹别克首都塔什干，参加亚非作家会议。10 月 14 日至 18 日又与参加亚非作家会议的代表团其他成员一起赴莫斯科参观访问，并参加与苏联作家的座谈会。

一次是 11 月 14 日应朝鲜作家同盟的邀请，独自一人出访朝鲜。他在朝鲜的 20 多天中，访问了平壤、元山、咸兴、开城，参观了四个农业社，拜谒了朝鲜人民军和中国人民志愿军殉难烈士公墓，参观了历史古迹和板门店，领略了金刚山和三日浦的美丽风光。也许是确有所感，也许是盛情难却，他打破一向游而不作的惯例，接连写了三篇文笔优美、感情真挚的访问记，发表在朝鲜的报刊上。

早在出访以前，赵树理就有回到老家做点实际工作，投身到"大跃进"火热的生活中去的打算。他在朝鲜看到国内报纸上报道各地大放"卫星"，兴奋不已，曾把朝鲜的"千里马"和中国的"大跃进"连在一起加以赞颂。

12 月中旬，赵树理访朝结束乘机归来，早就归心似箭的他，当即乘火车直奔太原，请求省委给他安排工作。此时，沁水县刚刚和阳城县合并为阳城县，他被任命为阳城县委书记处书记。

令他没有想到的是，事情并不像新闻媒体所宣传的那样，一接触到实际情况，就给他泼了一头冷水。一向一切为了人，以维护人的权利和利益为天职的他，立马就清醒了过来，奋起而抵抗了。

他先回家看望老母，小住数日。

有人向他反映干部搞浮夸，说一亩地能上百八十担粪。他说，"一亩地保证上二三十担粪就不错了，应该上多少报多少；打粮也是一样，应该是收多少报多少，不要吹牛皮放空炮。"

那时公社办食堂是个新事物，社员都吃食堂。他开始也觉得吃食堂有好处，"放开肚皮吃饭，鼓足干劲生产"，解决了大家缺粮的问题，解放了妇女劳动力。但很快他就发现，人们光愿意放开肚皮吃饭，却不想鼓足干劲生产。他算了一下，这里人均收入 60 元至 70 元，而伙食费就要花去 40 元。因此农民对争取多劳多得积极性不大，工分级差不大，评高点也拿不了几元钱，评低点还可以少受点累，反正不会叫自己饿肚子。他感到，采用吃大锅饭的方式实不可取，即使在将来恐怕也行不通。

他来到铁厂，看到一面大红旗上写着"钢铁元帅升帐" 6 个大字，下面堆着些从老百姓家里收来的铁锅、铁盆、铁茶壶、钉子、铁门环以及拴牲口的铁缰绳、井上的铁辘轳、抬棺材的铁绳等。赵树理笑着说："砸箩锅，糟蒸锅，铁盆茶壶不放过。小仓锅、杀猪锅，姓铁你就躲不过。"在厂里转了一圈，看到到处贴着批判右派右倾的文章，他对厂领导说："你们这叫'批判是专家，钢铁炼成渣，卫星飞不起，曲哩满地爬。"（烟火中有一种小起火叫"曲哩"，常因质量不好起不去，在地上冒一股烟就完了）他指着那一块块废物痛心疾首地说："炼这玩意干甚啊！真是作孽！"他在访朝时听说阳城放了"大战钢铁"的"卫星"曾写诗祝贺（现未找到），此时此刻，此情此景，他的内心是何等的痛苦啊！

1959 年 1 月，赵树理带着一大堆实际问题，心情沉重地回到了阳城。

他看得非常清楚，搞初级农社时，土地入社分红，牲畜、家具作价折旧入社使用，生产资料走向集体所有；高级社时，土地入社，耕畜、家具、羊群、树木等生产资料作价入社，一切生产资料成为劳动群众集体所有，按政策留给社员的自留地、自留畜、自留羊、自留树，除自留地只有使用权外，其余一律由社员个人所有。人民公社化以后，社员自留树、自留畜、自留羊等也无代价一律收归集体所有。这场"一平二调"的"共产风"，严重伤害了农民生产的积极性。

他在县委会上说，人民公社的优越性并没有发挥出来。"大办钢铁"劳民伤财，得不偿失。群众情绪低落，不想多干却想多得，生产积极性受到严重挫伤。报喜不报忧，产量大大不符实情。长此以往，如何得了？必须立即实事求是地予以纠正，想方设法刹住浮夸风、共产风、平均主义。否则，秋后征购时，老百姓就该闹饥荒了。

他的话在县委无人响应。在当时那种政治气氛下，人们早已噤若寒蝉。赵树理的这些看法不就是典型的"右倾思想"吗？不就是否定大跃进的"摇头派"、"秋后算账派"吗？若是别人这么说，非群起而攻之不可。可人家赵树理是下来体验生活的大作家、党的八大代表、全国人大代表，是个通天人物，他想说就让他说吧，别理他。

可是，赵树理并不领情，这头倔"驴"偏偏有股子"别扭"劲，只要他认定对农民有害无益的事，他就要咬住不放。

阴历大年三十，阳城县召开三级干部会议，落实春耕生产任务，亦称春耕生产誓师大会。会上，赵树理和县领导在跃进指标上发生了激烈的冲突：

县委书记首先讲话："同志们，大跃进的1958年过去了，更大跃进1959年开始了，在这新的一年中，我们的奋斗口号是：粮食亩产超万斤，今年总产翻十番；棉花亩产两千斤，不让晋南把身翻，决心全省称棉王，全国争取夺状元。林业畜牧大发展，突出林业和养蚕，一年全县绿林化，蚕桑定要压日本。为了夺取这新的局面的更大胜利，县委决定召开这个会议，布置落实春耕生产的跃进计划。第一项是春耕生产准备，县委要求，正月初一也就是明天，全县农村立即投入生产，过一个大跃进的春节。每个劳力，每天至少刨玉茭桩子6亩。""轰"的一声，台下的人们被这高指标吓得乱嚷起来，坐在李书记旁边的赵树理忍耐不住，笑着打断了他的讲话："老李，你等等，让我插句话。你刚才讲的每人每天刨6亩玉茭桩子，我看这个要求不实际，你算算看，一亩玉茭少说4000株，6亩就是24000，刨一个桩少说得两镢头，一镢头至少3秒钟，刨一个桩子就得6秒钟，24000个柱子要144400秒钟，可一天24小时，满打清算才86400秒，一个人就是不吃饭、不睡觉、不拉屎等等，马不停蹄整干一天，他也刨不下6亩吧？况且眼下地还冻着。"赵树理横档里抡的这一斧子，把个县委书记砍糊涂了，自他上任以来，还从没有见过敢在公众场合反对他的人，好在他气派大，很快就镇定下来，说道："好吧，6亩不实际，会后再作研究。下面说第二项，积肥投肥，县委要求，每个生产队每亩地至少投肥150担，……""慢慢慢，老李，我再插一句，"赵树理又是半路一斧子："我看这个指标也太高，你想想看，一个生产队有多少人？多少牲畜？能积多少肥？队里有多少劳力？多少块地？把肥料运到地里要多少时间？到那时还误不误种。"李书记脸色骤变，怒气暗生，但最后还是按捺下去。"再说第三项，为了秋后能放更大卫星，县委决定，今年一律推广密植，要求一亩玉茭下籽120斤，一亩谷……""等等，"赵树理急得又是一斧："老李呀，这一亩120斤籽种在地里，往后庄稼还咋长呢？自古以来哪有这样种玉茭的？""大跃进嘛，"书记同志终于发火了："什么人间奇迹也能创造出来，人有多大胆，地有多大产，要敢想敢干。""敢想敢干我不反对，可是不能脱离实际，如果离开实事求是精神，那就成了瞎想瞎指挥。照这计划，肥料铺到地里有半尺厚，庄稼挤到一起成了栽绒毯子，依我看连一颗粒粮食也收不上。……"县委书记不禁勃然大怒，也顾不得赵树理通天不通天，拍着桌子喊道："我们什么时候落后过，可是今天到现在还定不下生产指标，眼看别的县都哗哗地定出了高指标的规划，我们这里有的人就是硬咬住说这也不实事求是，那也不切实际，定低了，我们怎么向上边交账？"但赵树理毫不让步，针锋相对地说："我们做工作，不单是为了向上边交账，而是要对人民负责。指标好定，想定多高都行，可是我们不能这样做呵。大家想想，我们做工作不靠群众靠谁？如果说把指标定得高高的，打不下那么多的粮食，不是苦了老百姓吗？羊毛出在羊身上，老百姓辛辛苦苦劳动一年，结果见不到实利，他们哪里还有积极性呢？况且，如果我们定得指标太高，兑现不了，群众不是要说我们尽会吹牛吗？这样会有损党的声誉！群众也不会再跟我们走。""吹牛？党报上的头条新闻，套红标题，能是撒谎吗？"书记的话已然带有了威吓的成分。"我就不信，什么亩产红薯多少万斤，照那数字，红薯竟比地里的土还多了。尽是瞎吹！"书记同志理屈词穷，恼羞成怒，拍着桌子大叫道："照你这么说，大跃进是错了，真是老右倾，绊脚石！""不管是老右倾还是绊脚石，你怎么说都行，只要组织上把我安排在这个岗位上，我就有权提出自己的意见，如果不顾实际情况瞎指挥，那你还是个共产党员吗？还对得起人民的委托吗？"（潘小蒲：《赵树理活动拾遗》）

我们不能不对赵树理肃然起敬。在当时"高指标""浮夸风""瞎指挥"甚嚣尘上笼罩全党全国的情况下，他坚持精神独立、思想自由，坚持一切从实际出发、实事求是，坚持民主与科学，坚决维护人民的权利和利益，一切为了人民的幸福，真乃一顶天立地的英雄汉也！然而，在当时情况下，赵树理却得不到人们的支持，因而他也就不可能仅凭个人之力"挽狂澜于既倒"，扑灭这股歪风。结果，大会最后还是通过了高指标的生产规划。赵树理气极了，指着县委领导的鼻子严厉斥责道："你们这样不顾群众死活的瞎闹，简直是国民党作风！"

浮夸风在文化界也毫不逊色。1958年11月14日，县委做出决定：全党全民动手创作，苦战一个月，立说40万，精选10000篇，著书100册。10天后，一中师生昼夜苦战，写出文章359774篇，第一个卫星提前上了天。赵树理来到阳城时，一个月的苦战已经结束，人们正在接受1959年的跃进任务。该县一个32人的剧团，就要完成诗歌60000首，大型剧本40个，中型剧本100个，小型剧本1500个，还要演出大小节目5300个场次。赵树理听了，不禁哈哈大笑："要是真能这样，作家就该失业了。"

县团委召开青年大会，动员大家放文艺"卫星"，特意请赵树理去讲话。不料赵树理劈头就说："我给你们泼冷水来啦！我一个专业作家，一年还写不好一本书。诗是语言的精华，你们一晚上怎么能写出几十首呢？别说放'卫星'，我看连个'起火'也放不成。你们年纪轻轻，可不能养成吹嘘夸口的毛病！"但他的话丝毫也影响不了团委书记布置任务下达指令的热情：各机关团员每人在 1959 年出作品 100 篇……

　　不久，赵树理在山西省委的理论刊物《前进》第 2 期上发表《谈文艺卫星》一文，不点名地谈到上述剧团和团委的情况，他说："我以为文艺卫星，不外以下三件：一是作品空前的多，造成文艺上的繁荣景象。二是有空前的好作品。三是培养出空前多而好的新作家来。"他还为县团委命令本县各级机关团员在 1959 年每人交作品 100 篇算了一笔细账："一百篇文章，每礼拜平均就要写两篇，专业写作者在去年'大跃进'中突破这个数字的即使有也是绝对少数，而一个负有工作任务或学习任务的青年，要赶这个数字，会赶成些什么样的卫星呢？要照这样数字交卷，集中到一个阅稿的地方，即使其中有卫星，想挑选一下也不是三五十个人一年半载可以挑选得出来的。我以为文化领导部门应该下令禁止这种假征硬派的作风，以保护 1959 年可能放出来的卫星。"

　　赵树理特别关注公社在管理制度方面存在的问题，经过反复研究，深思熟虑，提出了两条针对性很强的对策。

　　一条是，改革公社领导班子，让内行管生产，废除终身制。他提出："吸收所有大队长或村支部为公社社员代表（即管委会委员），选出其中优秀的作为常委（即公社正、副主任、各部长），规定这一部分常委不得少于全体常委人数三分之一，而且一定要有人做副主任。现有的公社干部（即原来的乡干），将一部分下放到队，以腾出位置接受由队调上来的人。确定每年改选，使队干部有当常委的机会，而且使已选出之常委不至于把现在的当选认为升官（认为如无错误，升得降不得），这样做，才能免除公社与队的隔阂，才能免除只看报表数字而不了解真实情况之弊。"

　　一条是要改革公社统得太紧、卡得太死的管理制度，给生产队以尽可能多的自主权。他提出："公社与队按劳动量计算分配的差别，将队中所有的生产、服务项目都算出每一个劳动日应做的定额，然后把全年劳动日以队为单位合计总数，把全年的产值按人民币计算分为公积和服务部分，集体分给各队。各队如何分配，可以自由一点……社发给队的产值，包括供给部分在内：自用粮食、蔬菜、肉类、油料等都从应得产值中扣除，把其余部分作为工资给社员。这样做，队和队员的积极性都可以发挥出来——即能意识到增了产使他们有些什么直接影响。"

赵树理相信自己的办法可行，向县委提出给他一个公社进行试验。可是，在县委眼里，他的这些主张简直就是荒谬绝伦、邪门歪道，绝不能答应。最后还是给了他一个管理区，让他回老家尉迟试验去吧。整个公社，则不能给。这样，头一条他就没法实行。县委总算打发他远离了县城，省得成天价因为他头疼。

赵树理回家路上常经过町店公社，该社有两条河岸边好地万亩，水利条件得天独厚。可公社书记却偏要把全社的人力物力拉上山去造田，搞什么"万亩梁"，因为土层太薄，种子连芽也发不出来。结果是"万亩梁"没有搞成，河岸的万亩良田也荒了。赵树理多次在县委会上讲町店公社是"搞了'万亩梁'，荒了'万亩良'，粮食没打上，群众饿得慌。"

由于赵树理强烈反对当时"左"的做法，县委开会时常常不通知他参加。陈天圣在《求实典范》中说，一次，县委在和平戏院东面的一个楼上开会，讨论合产问题，在会议第五天，赵树理找到会上，在快散会的时候，走上主席台，说："本来人家不买我的账，我这是自由发言，谈谈想法，交交心……"接着又说："开了五天会，县委钻在楼上合了三天产，这产是合住了，还是捏住了？我看不是合住了，是捏住了。有些人就是喜欢捏，100斤捏成1000斤，1000斤捏成10000斤，捏来捏去，干部提拔上去了，最后还是把社员捏翻了。最好县委对大家表个态，保证社员能凑合着吃饱肚子。敢不敢表这个态？我看是不敢的。眼看要饿死人，有些人还是忙着捏啦、吹啦。实在可悲！可耻！我讲完了。"最后"实在可悲、可耻"一句讲的声音特别高，脸色也很不好。会场上立马轰动起来，议论纷纷，主持会议的某书记尽管叫喊，也停不下来。最后还是有位书记出来打圆场，大家才安静下来。

2月22日，赵树理给中国作协党组书记邵荃麟写了一封长信，他一开头就说："我这次到乡间来，没有任何一次顺利，原因是摸不住工作规律。人民公社，按性质来说，优越性很多，但在初建时期，主要的优越性还没有发挥出来，而搭起公社架子之后，高级社所有的规章制度，借用得上的不多，新的都还在创制中"。"因为新的制度、新的办法不够健全，干部群众对它也不够熟悉，所以群众生产的积极性不像我们理想的那样高，不合乎更大更全面的跃进精神。"接着，他将这次到阳城县看到的情况和问题，主要是农村的浮夸风、共产风、干部作风，还有自己想在一个管理区搞个试点的意见，包括上面讲到的那两条，作了比较详细的汇报。他在信的最后说："及时把这些情况反映于文艺作品我以为还不是时候，因为公社的主要优越性还没有发挥出来，在工作中也没有发现先进的、成功的例子。作品无非是反映人和事，而这两方面现在都没有新的发现，所以我打算再参加一段工作再说。"

赵树理深深懂得，并多次讲过，创作材料的来源，非从生活中来不可，任何作家，不管是戏曲、小说、诗歌，离开生活不能写东西。浮夸风的情况他倒是掌握了不少。他说："对浮夸，我真恨死了，这是从1956年开始的，我能写上十来八万字，但目前还不能写，外国人要翻译。"（《赵树理全集》第6卷第41页）文艺确有社会批判功能，文艺家也有这样的社会责任。可是他又不能不考虑社会后果，他不能"剔摊子"。他对眼下农村工作和生活的其他情况，眼下还摸不大透，看不很清，再摸摸也不一定能摸得透，再看看也不一定能看得清。他写作《续李有才板话》、《灵泉洞》（下部）的计划，看来很可能要泡汤了。

为什么他对浮夸风那么恨？因为他的生命与农民血肉相连。对他来讲，这个世界上最重要的事情，就是维护农民的生存和发展，维护农民的权利、尊严和幸福，没有什么比这更让他牵肠挂肚的事情了。农民的生命，就是他的生命；农民的尊严，就是他的尊严；农民的权益，就是他的权益；农民的幸福，就是他的幸福。他将竭尽全力继续为他们"鼓与呼"。

中国历史文化中一向有"武死战、文死谏"的传统，为史家所称颂，为后人所景仰，铸造着历代知识分子的灵魂。他们忠于皇帝，忠于朝廷，但是，对于皇帝和朝廷做得不对的地方，他们也敢于谏言献策，进行批评，提出意见和建议。他们敢讲真话、讲实话，不怕丢官，不惜性命，更不在乎什么钱财。他们的理想和信念，就是要以诤谏尽到一个忠臣的责任。赵树理深受这种思想文化传统的浸染，可谓深入骨髓，几乎主导了他的一生，贯穿于他的创作生涯之中。所谓"问题小说"，也可以说是他谏言的一种形式和表达，那些极具政治思想内容的发言、讲话和文章，更是他多彩多姿、既充满激情而又非常理性的倾诉。

此刻，他正在为人民公社在管理方面存在的问题而苦恼，正在为应该采取怎么样的对策而继续进行着深入研究和反复思考。他将系统地提出自己的看法、意见和建议。如果有机会，这一回，他将直接向中央领导上书谏言献计了！

18

研公社引火烧身，为民利敢于犯上

1959 年 3 月上旬，赵树理接到通知，他当选第二届全国人大代表，让他立即返京，准备参加即将召开的会议。

3 月 13 日，赵树理途经太原时，省文联理论研究室特地召开座谈会，请他就当前文艺创作问题谈谈自己的看法和意见。这次谈话的记录以《当前创作中的几个问题》为题，发表于《火花》杂志 1959 年 6 月号。

赵树理在谈话中就如何表现新英雄人物、如何表现人民内部矛盾、普及与提高的关系、重视写作技巧等几个重要问题，发表了系统的意见。

《文艺报》在 1958 年第 19 期社论《掀起文艺创作高潮，建设社会主义的文学》曾这样说："现在提出建设共产主义文学艺术的任务，不是太早，而是适时的、必要的。……因此，反映群众中的集体主义的劳动精神面貌，创作具有共产主义思想品质的新英雄人物的任务，就要提到头等重要的地位上。"

他在谈到表现新英雄人物问题时说："要表现新英雄人物，先要认得新英雄人物。识别的界限是，要看他是否真正在那里忘我地建设社会主义，有没有为共产主义奋斗的远大目标。在日常生活中，我们常常碰到许许多多这样的英雄人物。他们有远大的理想，一声不响，勤勤恳恳地在那里建设社会主义，别人知道他，也是这样干，别人不知道他，也是这样干。""英雄的品质，存在于每个具体的人身上有多有少，作为文学作品中的英雄人物，就要选择典型的。这就是说，他们既要有社会主义觉悟和共产主义道德风格，又要有充足的干劲和实事求是的精神；既要事事站在群众前头，又要时时刻刻站在群众当中。他们是群众的表率，又是群众的一员。这样才是新英雄人物的特色。而认识新英雄人物的这些特色，就得跟群众经常生活在一起。""写英雄人物不只是个写法的问题，主要是自己同英雄结合和热爱的程度如何的问题。如果这个问题不解决，只是在写作方法上打圈子，就不好办了。"显然，在赵树理看来，那些站在云端，只会讲几句豪言壮语，喊几句空话大话套话，而不是和群众站在一起，实事求是，脚踏实地、勤勤恳恳、扎扎实实地在搞建设的人，是算不得英雄人物的。

他在谈到写人民内部矛盾问题时说："文艺作品不是百科全书，不能把什么问题都包括进去。要分清主次，抓主要的东西，省略次要的东西。写人民内部矛盾，也得去抓主要矛盾。只要抓住了主要矛盾，看准了解决主要矛盾的主要动力，怎么写都可以，不必篇篇都要写上个支部书记。""写人民内部矛盾和敌我矛盾，我觉得不在于规定哪一种矛盾一定要占多大比例、要有多大幅度，主要是个立场观点问题。立场观点对头了，在处理题材时哪些事情可提，哪些事情不可提，哪些事情该怎么提，哪些事情不该怎么提，这样写对人民有好处，那样写对人民有坏处，自然就有个分寸。"

他在谈到普及和提高的关系问题时说："我觉得能不能多用群众的语言来写东西，恐怕是普及工作中的一个比较关键性的问题。""不论提高的作品也好，普及的作品也好，我认为都要有思想性和艺术性。""群众喜欢旧剧，我们应该重视它，逐渐把它改造、提高，使它对群众更有营养成分，不应该只把群众不喜欢的或暂时不能接受的东西，硬往他们的手里塞。比如，群众现在喜欢吃面条、大米、馒头，我们暂且不要硬叫他们吃面包、黄油。想要他们开开口味，可以在食堂里排上些让他们选用。但我们不能说，面条、大米、馒头是低级食品，只有面包、黄油是高级食品，你们非吃这个不可，这个'维他命'最多。硬这样做，岂不是强人所难吗？"读到这里，不禁让人想起前几年丁玲说过的话：现在人们不想吃窝窝头，需要吃面包。不妨把赵树理的这番话看作是个回应。两种说法，哪个更辩证一点，不辩自明。

　　他在谈到关于写作技巧问题时说："决定作品的好坏，首先是内容问题，其次才是写作技巧问题。没有内容，只在技巧上打圈子，是写不出来好的作品的。"他强调要虚心学习群众创作，从中吸收养分。"创作毕竟是创作，不能人云亦云，亦步亦趋。我在创作上有些别扭劲儿，就是不愿意重复别人写过的东西。我本来计划写个什么东西，准备怎样写，如果有人这样写了，我就只好改变原来的计划。""要想写出一点好东西，非刻苦钻研、反复磨炼不可。"

　　他在这次谈话中，还特别讲到了他的"问题小说"。他说："为什么叫这个名字？就是因为我写的小说，都是我在下乡工作时在工作中所碰到的问题，感到那个问题不解决，会妨碍我们工作的进展，应该把它提出来。例如我写《李有才板话》时，那时我们的工作有些地方不深入，特别对于狡猾地主还发现不够，章工作员式的人多，老杨式的人少，应该提倡老杨式的做法，于是，我就写了这篇小说。这篇小说里有敌我矛盾，也有人民内部矛盾。又如写《三里湾》时，我是感到有一个问题需要解决，就是农业合作社应不应该扩大，对有资本主义思想的人，和对扩大农业社有抵触的人，应该怎样批评。因为当时有些地方正在收缩农业社，但我觉得社还是应该扩大，于是又写了这篇小说。这篇小说里对资本主义思想和右倾保守思想进行了批判，是作为人民内部矛盾写的。有人说其中没有敌我矛盾是漏洞，我不同意。再如《"锻炼锻炼"》这篇小说，也是因为有这么个问题，就是我想批评中农干部中的和事佬的思想问题。中农当了领导干部，不解决他们这种是非不明的思想问题，就会对有落后思想的人进行庇护，对新生力量进行压制。这种现象虽然不是太普遍的，但在过去游击区和后解放的地区却还不太少。这是一个人民内部矛盾问题，王聚海式的，小腿疼式的人，狠狠整他们一顿，犯不着，他们没有犯了什么法。可是他们思想、观点不明确，又无是无非，确实影响了工作进展。对于他们这一类型的人，我觉得最好的办法是把事实摆出来，让他们看看，使他们的思想提高一步。现在各地虽然都公社化了，但这类思想还是存在着的，我认为写写还有用处。"

赵树理既想不到他的《三里湾》因为没有写地主、富农的破坏会受到批评，更想不到他的《"锻炼锻炼"》写了"小腿疼"、"吃不饱"等人物会遭到"歪曲现实"的指责。就在他这次谈话后不久，在 4 月 11 日出版的《文艺报》上发表了武养批判《"锻炼锻炼"》的文章《一篇歪曲现实的小说》，罗列了三大罪状，严厉指责说：第一，"像'小腿疼'、'吃不饱'这样典型的、落后的、自私而又懒惰的农村妇女虽然会有，但不是占农村妇女的大多数，而是极其个别的。""读者看不到农村贫农和下中农阶层的劳动妇女的形象，所看到的只是一大群不分阶层的、落后的、自私到干小偷的懒婆娘。难道这就符合农村现实吗？难道这就是农村妇女的真实写照吗？"第二，社干部"应该是党的化身。然而在作者的笔下，他们却成了作风恶劣的蛮汉，至少是严重脱离群众的坏干部。""它给予读者的印象不是社干部与社员的关系，而是民警与劳改犯的关系。""人们不禁要问：这就是社干部的形象吗？这就是农村现实情况的写照吗？"第三，"从总的来说，在这篇作品里，作者所持的态度是错误的。……我总不明白到底解决了什么问题。与其说作者在歌颂这种类型的社干部，倒不如说是对整个社干部的歪曲和诬蔑。"

这是一种全盘否定、一棍子打死的"左"的批评，只是在当时尚未成为主流，许多论者还可以对《"锻炼锻炼"》做出比较客观和公正的评价。

以此为开端，《文艺报》及其他刊物展开了历时数月的"文艺作品如何写人民内部矛盾"的讨论。

在"大跃进"、"人民公社化"的热潮中，赵树理不去搞"假、大、空"那一套，没有应景去写那些歌颂"大跃进"、人民公社、放"卫星"的作品，而是写了批评歪风邪气、巩固集体经济的"问题小说"，《"锻炼锻炼"》实属难能可贵。人们对它发表各自不同的看法，甚至出现某种极端错误的意见，引起争论，亦可理解。

那么，赵树理是怎样看待这个问题的呢？

他在和农民剧作者冯金堂的谈话中说："先进与落后的斗争是永远也写不完的。对生活中的一些现象，我们要从发展的眼光来看，今天成问题的明天也许就不成问题了。这样看来，有些现象就不是什么大事。"对落后与先进的看法相当辩证。

他《在长春电影制片厂电影剧作讲习班的讲话》中讲到的我国农村的实际情况，就更加含意深沉，值得人们深长思之了。他说："就说对公家和集体的态度吧，在集体地里干好，在自留地也干好，这当然好；有的人在集体地里干得只要像个样子，能记上工分就行。比如锄草，有一棵草没锄掉，用土一盖就过去了，谁也没有见到，完全能把人哄过去，隔几步埋几棵草是看不出来的；但他在自留地里就绝不会这样干。"他进一步说："现在农民有些空虚思想，对自己的前途看不大清楚，我们做思想工作的也讲不清楚。40岁以上的农民，都当过个体农民，社会制度变了，变成什么了，以后会怎样，没有现成的架子。农民不是光要几个政治口号，他是希望具体化的。在个体生产时，他和富人比，说某人过去是个小中农，后来发了财，起了家；某人省吃俭用，每年买五六亩地，二十年来买了几顷地。这些他都很清楚。他想向他们学。……土改后他们思想上很明确：分了土地能发家。合作化就不太明确了，地入了社怎么办？又不准买卖，什么现代化等等，他不清楚。……所以，农民的前途观缺乏具体化；我们做思想工作的，讲抽象的也讲不清楚，更别说具体的了。过去，为了买地，可以几年十几年穿一件衣服，结一根腰带，干活还很卖劲；现在能用什么办法进行教育，使他们直接和生产的劲儿结合起来呢！总觉得缺少具体的东西。……总之，只要真正到生活中去，就能发现每个人都是具体的，千万不要在具体人身上加上概念。"联系到对《"锻炼锻炼"》的批评，他说："关于《"锻炼锻炼"》的争论，基本观点是两种，一种是实事求是，一种是用概念。从概念出发，他就会提出：'这像社会主义的新农村吗？'这样的问题。其实，这不是像不像的问题。你跑去看一看吧，你跟我到一个大队去住几个月吧，你就不会这样提问题了。如果凭空在想：既然合作化这么久了，农村还有这种情况？

这就没法说了。因为从概念出发和从事实出发，结论不常是一样的。1955年以前，农村一半还是单干户，合作化到今天，才5年多时间，怎么会没有'小腿疼'、'吃不饱'呢？所以，这种争论首先得有根据，没有根据就是胡说。"

事隔多年，今天重读《"锻炼锻炼"》，可以看出，作者的创作意图固然是在批评小生产者的私有观念，批评农民的自私和落后，批评中农干部不讲是非的和事佬态度，表扬青年干部敢于创新、敢于斗争的精神，也许更为重要的是，作者通过细节的真实，艺术形象的个性特征，使我们清楚地看到，如果我们不是违背了生产关系一定要适合生产力发展这一根本规律，实行不切实际的变革，从而严重挫伤了农民的积极性，那么，像"小腿疼"、"吃不饱"那样能干的农村妇女也许就不会那样想方设法消极怠工了。"吃不饱"自己在家里吃干饭而专给下地干活的丈夫吃稀饭，也隐晦曲折地反映了公社化后当时农村吃粮的困难，不免使人对人民公社的优越性心生疑窦。要从根本上解决"小腿疼"和"吃不饱"这类人的问题，用行政强制的办法不行，还得用经济的方式与手段，实行承包制和生产责任制，方可见效。"小腿疼"和"吃不饱"在误以为摘落花归自己后积极能干就喻示了这一光明前景。"小腿疼"和"吃不饱"这两个艺术形象的复杂性、丰富性和深刻性，也许就在这里。

如果说在《"锻炼锻炼"》中，作者通过艺术形象反映集体化对农民积极性的挫伤和生产力的破坏还比较隐晦曲折的话，那么，在作者随后接连写出的《高级农业合作社遗留给公社的几个主要问题》《致陈伯达》（二封）、《公社应该如何领导农业生产之我见》等重要文稿，反映了他在深入调查研究基础上进行的理论思考，就可以对他当时的思想有个更清晰的了解和认识了。

赵树理在这几篇文章中，表达了对以高指标、浮夸风、共产风和瞎指挥为主要标志的"左"的错误的痛恨和进行的坚决斗争，并且针对人民公社存在的问题，探索采取什么组织方式才能办好，提出了一系列富有建设性的建议。

他在1959年上半年就开始动手写《高级农业合作社遗留给

公社的几个主要问题》，但该文没有写完。文章说："我们农业合作化，毕竟才有短短几年的时间，有些规律还未被发现或未完全被掌握，致使某些工作还没有赶上需要，某些优越性还发挥得不透，农业生产上还存在着一些问题——例如即制定生产计划应该是以什么为主要依据？布置国家市场所需的产品的生产是否越多越好？推广先进技术和先进经验怎样才算适当？精耕细作与不轻易放弃耕地面积（即少种多收与多种少收）如何适当结合？单位亩产与单项收入的高低能否说明一个生产单位的生产好坏？基本建设（本年不能收回成本的投资均在内）大一点还是小一点好？突击运动多几次好还是少几次好？公社（原乡）级对管理区（原高级社）的生产过程管得粗一点好还是细一点好？……这些问题在公社化以前的高级社时期就常常引起乡、社两级干部的争论，一直继续到公社化以后并未得到统一的认识。"

　　所有这些问题，可以说都是当时农村中普遍存在的问题。作者认为，之所以存在这些问题，其"总根"是因为"对目前我国农业经济的两个特点有点认识不足或重视不够。这两个特点，第一个是劳力为主，第二个是自负盈亏。"文章说，农村从历史上就是各按生产条件来决定劳动力的用法的。高级社时期，社干部虽然也靠分红过日子，不敢不当心使用劳动力，但乡干部（社的直接上级）不负盈亏之责，对劳动力的使用，便不像社和社员考虑得多，因此"前面所提的遗留问题，大部分是由此产生的。"

　　最突出的问题，这个未完成稿只讲了两点。一是强调耕地面积的作用。（1）以单位亩产的高低判断生产成绩——实际成绩应该是以自然条件大致相同而每个劳动力所产的产量、产值为判断标准。（2）强调双作。其结果是由于劳动力跟不上，将每年一作和二年三作的精耕变成一年两作的粗放，总产降低。（3）强调寸土必争。有些人以为种地面积越大越好，使有些地处贫瘠山区耕地面积较大的地方，多余的远地薄地成了他们生产上的负担，而导致总产减少。因此，文章强调我们在农业生产上，不应该成为"面积主义者"，而应该成为"总产主义者"。只要总产量增加，才能证明劳动力使用得当。

二是代定产品比例和产量指标。文章对这种做法持否定态度，认为生产计划和奋斗目标的制定应该是先由生产单位来做，乡里除了对国家市场需要的产品分配在本乡的任务要动员各生产单位完成外，应该居于协助地位，即使自己另有高见，也只能提出来让负责生产的经济核算单位通过他们自己的思想自由采纳，不要给人家作些硬性规定。因为对于各个生产单位土地和劳力的比例、按其自然条件来决定经营重点和经营方法等情况，负责经营的生产单位内部成员，总比管着几十个单位的乡级了解得清楚。所以"在乡里工作的同志们应该尊重人家，先让人家自己计划；我们看了人家的计划之后，自己真有高见，只要能使人家感到真有增产的把握，是不愁人家不采纳的——应该相信人家对增产的要求不比我们差。"

作者认为"乡、社两级干部对上列问题容易产生不同看法的主要原因，在于有些乡干部对集体所有制的农业经济特点认识得不够深刻，为了想早日把农业经济完全纳入国家计划规范，有时候把国家领导全民所有制国营企业的精神用到领导农业生产的方面来。"作者看到了这种做法的不妥，告诫说："全民所有制和集体所有制虽然都是没有阶级剥削的公有制，但其内部结构性质不同，不能以相同的领导精神来领导。"（《赵树理全集》第5卷第334—337页）

下面就说到《致陈伯达》了。

赵树理平时并不爱写信，凡是熟悉他的人，都知道他是一个谨慎、拘束、不擅交际的人，他之所以要给陈伯达写信，一个原因是，在1959年4月全国二届人大会议期间，去年6月创办的中央政治理论刊物《红旗》杂志的主编陈伯达，曾突发奇想约请他为《红旗》杂志写小说。赵树理把这视之为"光荣的任务"，心里一直惦记着完成"任务"。更重要的原因是，他对山西家乡农村实地观察后感到极度的焦虑和不安，需要向中央领导倾诉。

赵树理写给陈伯达的信共两封，第一封信是这样的：

我很抱歉，为《红旗》写稿的事，至今尚无着落。但仍在努力搜索中。

现在我想向你谈一些关于农村工作中的事。

我自 1951 年，即以文艺写作者下乡体验生活的名义参与农业合作化的事，以后每年都有一段时间参与其事。在八九年中，前三年感到工作还顺利，以后便逐渐难于插手，到去年公社化以后，更感到彻底无能为力。

今年经过五级干部会议，主席讲话普遍传达到村，农民生产情绪虽然稳定了，干劲又鼓起来了。可是我们这些人，要到管理区或生产队里参与一定的领导和辅助工作，仍有进退失据之感。

从这一件事上，使我联想到领导农业上好多好像根本性质的问题。

现在先把我所想到的这些问题和解决这些问题的建议作为一个思想汇报写在下面请你看看，如略有是处，请将有用部分转给党政农业领导部门参考；有违共产主义思想及国家根本大计之处，请详加指正以改造我的思想。兹将我的意见分述如下：

一、农业合作化的成绩及问题

在成绩方面：

1. 停止了土改后农村阶级的重新分化。

2. 用新的组织教育了人。

3. 造成了规模较大的生产条件。

4. 农产品较易于纳入国家计划规范。

5. 在新条件下较易于交流经验和推广科技。

6. 形成了许多成文和不成文的农业制度。

7. 改造了一部分自然条件。

8. 宜于作试验性的发明创造。

9. 出现了一部分机械化或半机械化的地区。

正因为有了这些成绩，才使我们的农村面貌改观。

但这些成绩，除第一宗外，其余八宗，有的尚未充分发挥其作用，有的在具体工作中做得不够恰当而产生了一些副作用，以致在生产方面不够理想。

我以为这就是农业合作化中的问题。公社化后，继续解决这些问题，我以为应该作为公社当前的主要工作。

虽然千头万绪，总不外"个体与集体"、"集体与国家"的两类矛盾。解决个体与集体的矛盾时候，国家工作人员（区、乡干部）和社（即现在的管理区）干部的精神是一致的——无非改造和限制个人资本主义思想的发展，使生产因而提高——所以每当工作深入一步，生产上接着便有提高的表现。我们协助工作的人便能心情舒畅地和直接领导工作的国家工作人员及社干部做工作（如发现社干部有问题，也能和区、乡干部共同整社）。后来出现了集体与国家的矛盾的时候，我们有时候就不知道该站在哪一方面说。原因是错在集体方面的话好说，而错不在集体方面（虽然不一定错在整个国家方面）时候，我们便不知如何是好了。

我认为今天"国家与集体"矛盾的主要方面不在于物质利益的冲突（也有冲突之处），而在于"生产品及生产过程的决定权与所有权的冲突"。

在局部所有权尚未基本变动之前，集体所有制仍是他们集体内部生产、生活的最后负责者。在这时候，国家只要掌握国家及市场所需要的产品，而不必也不可能连集体内部自给的部分及生产、生活的全面安排完全掌握起来。农业合作化以来，国家工作人员（区、乡干部）对农村逐渐深入是好事，但管得过多过死也是工作中的毛病——会使直接生产者感到处处有人掣肘，无法充分发挥其集体生产力。例如为每个社员具体规定每种作物的详细亩数（谷子、玉米、高粱、豆子、小麦、花生、芝麻……无所不定）。规定下种斤数、定苗尺寸，规定积肥、翻地等具体时间，规定每种作物的产量等等，都会使直接生产者为难——因为情况千差万别。怎样作生产的全面布置才能得到最多的产量，区乡干部大多数不如社干部知道得多，但社干部为了要照区、乡的规定办事，只好放弃较有把握争取最高产量的计划。真正的产量是物质。计划得不恰当了，它是不服从规定的。什么也规定，好像是都纳入国家规范了，就是产量偏不就范。

我不妨举几个例子来说明一般情况：

例一：1955年，某社因完不成小麦播种亩数，曾拔去未成熟的棉花来赶种，来年麦产每亩100斤，回茬小谷产110斤，共210斤。假如不这样赶，使棉花熟后来年种单季谷子可产300斤，或种单季玉米可产400斤。但因为完成上级的规定亩数，便把300斤或400斤产量的地缩减为210斤。

例二：某地为了开水渠，在1956年冬天提出雪下三尺不收兵的口号，在最后一段工作中土面上冻结8寸厚的盖子，光揭盖子耗去的工就等于挖土方的一半，最后因为揭得还没有冻得快又才停下来。假如使群众在这一段时间中改作积肥、备燃料等项工作，只要迟一个半月，……此种例子不必多举。

我每碰上这些事，大体采取两种办法，一是说服区、乡领导者根据实际情况要求实际效率，另一个办法是默许社干部阳奉阴违。

其次，农业合作化虽然经过七八年之久，个体（以家为单位）和集体（以现在的管理区为单位）矛盾仍然不太小。我们自然作了些思想教育工作，但年岁较大农民受我们党的教育才几年或十几年，而受小生产者个体主义教育（姑且这么说）则有几十年，所以这些人在集体生产中，光凭已有的政治觉悟来指导他们的行动是很难符合生产要求的。集体生活的互相鼓励、互相监督，这是推动他们只能前进不许倒退的主要力量，什么时候落了空子，什么地方落了空子，他们都会回头看一下：留块自留地本来是为了给他们吃菜和养猪造成一点方便，可是限制不当他便会把几百担肥料上在他的几分地里；在不妨害集体生产条件下编织个小器具赶个另花钱也是利己利人的事，可是不加限制，他会每夜编到鸡叫，第二天在地里锄着苗打瞌睡……

可是每当"所有者与决定者"的矛盾出现以后，社干的主要精力便放在对付这种矛盾上，而把克服农民那种小私有者的残余思想工作放在次要地位，甚至还会和一部分有那种思想的人结合起来共同对付上级领导。

其他问题也还不少，如队包产与管理区统一经营的矛盾，按劳分配的办法规定得过细了，反助长农民斤斤计较，发明创造中的纯"展览"思想等都是，不过先得把"所有者与决定者"的矛盾解决到一定程度，管理干部和先进农民才能把注意力大部转移到解决其他问题上。

二、分社在现阶段应该如何领导管理区（《赵树理全集》第5卷第339—343页）

赵树理写到这里就停止了，只列下个标题，没有再写下去。他也许是觉得信中提出的问题，如"国家与集体"的矛盾，主要是"生产品及生产过程的决定权与所有权的冲突"等问题太尖锐了，领导恐难接受。在这个题目下面，赵树理自己注下了这样一段话："这封信所以没有继续写下去的原因，是感到先提一大堆问题然后提建议，或者会使领导上看了前半截觉着我也是故意找难题的人——这种人在农村多得很——而不看后半截，或者即使看了也以为先得纠正我而忽略了我的建议，故改为以后的文章。"

这不是一件一般的普通的信件和文章，而是一篇关系国计民生的"谏言"，他不能不郑重行事。他反复考虑，一再斟酌，将文章改了又改，并又写了一封信给陈伯达，将文章送上。

19

"农民中的圣人，知识分子中的傻瓜"

现在，先来看看赵树理写给陈伯达的第二封信：

为《红旗》写文章，当然是光荣的任务。可惜自去年冬季以来，发现公社对农业生产的领导有些抓不着要处，而且这等事又都是自上而下形成一套体系的工作安排，也不能以公社或县来加以改变。

在这种情况下，我到了基层生产单位的管理区，对有些事情就进退失据。例如每天听到电话上要追肥、锄苗的亩数（一日或三日进度），管理区干部怕担落后之名就报一个像样而并不确实的数字。我要代表党向作汇报的党员提出实事求是的要求，很可能马上就使他受到批评。真是他的错，也就应该受批评，如按当天的具体情况，他要安排劳力做其他的事，不能在追肥、锄苗上安排更多的劳力，所以不能算他的错。要把这客观情况具体说明是否可以呢？那也要受批评，因为打电话的那个具体干部此时的任务是专统计这两项数字准备向县委生产办公室汇报的，所以他只能管这个，说其他理由是县委生产办公室不要的。正因为这样，我在管理区就失去了作用——我要是根据当地情况帮着管理区干部安排生产管理上的事，往往有许多不是公社布置的，也有许多是与公社布置有抵触的。我到公社去说，公社说上级要那些东西，公社无权变更。我就在这种情况下游来游去，起不到什么积极作用，有时候或者还得帮一帮管理区整理点对实际生产无补的材料。

在这种情况下，我不但写不成小说，也找不到点对国计民生有补的事，因此我才把写小说的主意打消，来把我在农业方面

（现阶段的）一些体会写成了意见书式的文章寄给你。

在写这文章时候，因为要避免批评领导的口气，曾换过四五次写法，最后这一次虽然把这种口气去掉了，可是要说的话也有好多说不进去了。即使如此，这文章仍与现行的领导方法是抵触的，我估计不便发表，请你看看给我提出些指正——说不定是我思想上有了毛病。不过即使是那样，我也应该说出来。请你指正。

余请面教！

敬礼！

赵树理 1959 年 8 月 20 日

再来看看赵树理送上的《公社应该如何领导农业生产之我见》一文，长达万余言，现在能看到的只是收入《赵树理全集》第 5 卷的部分文字。文章在"小序"中说："一切事物内在的规律只能从事物的发展中来寻找，办公社自然也不能例外。我于农业合作化和公社化两个阶段的改革运动中都曾在农村住过一个时期，对其内部情况也都接触到一些，也探索过其中的一些小道理。现在就把我摸索到的小道理写在下边以供办公社的同志们参考。"文章主要阐述了以下四个问题：一、重新认识政治挂帅的重要性；二、劳动在现阶段农业生产中的决定作用；三、农业上集体所有制特点的利用；四、任务交换、分配不公、生活（消费）等问题。在谈到第二个问题时他说："我们的农业生产，在机电化尚未占到一定比例以前，劳动力的多寡、出勤率与劳动生产率的高低，对每年农产品的总产量多寡这是主要的决定因素。能把每个人的劳动出勤率与劳动生产率在一定时间内都发挥到最高限度，就是大跃进。"在谈到第三个问题时，他重申在农业生产方面，应该由生产单位自行规定的事多一点，不要管得过死的观点。他说："在制定实现这种指标的年度生产计划时候，连同指标数字均由各管理区自行规定，公社可以派人参加做顾问性的协助，也可以不派人参加而根据其计划草案做顾问性的建议。但最后决定权要留在管理区的全体社员大会上。""集体所有制的多劳多得，就是个无限度的争取指标，其中没有人是想把可能争取的收获量降低的。"公社"不要以政权那个身份在人家做计划的时候提出种植作物种类、亩数、亩产、总产等类似规定性的建议，也不要以政权那个身份代替人家全体社员大会对人家的计划草案作最后的审查批准，要是那样做了，会使各管理区感到掣肘而放弃其主动性，减弱其积极性。"在谈到第四个问题时他说，向国家出售产品，实质上是个交换关系。不论生产还是生活，都要依据并利用那些规律，造成有利的条件。"本此，领导生产不是群众的司务长，而应该是群众生活方面的参谋长。""所说'抓生活'，就是以搞好生产作为物质基础，通过思想教育和时间安排，使群众有钱花、有粮吃、有工夫伺候自己，可以精神饱满，心情舒畅地参加生产。"（《赵树理全集》第 5 卷 343—344页、346 页、349 页、350 页）

只要我们仔细读一下赵树理的这篇带有学术意味和艺术色彩的理论文章，就不能不佩服他从农村、农业的实际出发进行理论思考的深度，他在深入调查研究基础上得到的这一系列远见卓识是多么可贵。毛泽东曾这样称赞赵树理："他最深入基层，最了解农民，最能反映农民的愿望。"可谓知人之深。他对公社存在问题的透辟分析，提出的精准建议，不仅具有重要的现实指导意义，而且更具有深刻的理论意义。

在我国作家中，对农民、农村、农业的了解，没有谁比赵树理更深。在"文化大革命"中批判会上，翻出了他当年在会上说过的一些话："在初级社时期一切都顺手，公社化以后就不顺手了"；"互助组、初级社，我和党的路线、农村工作认识是一致的。从高级社以后，我就钻不进去了，农民不安心，生产秩序乱，写东西好题材没有，坏东西不能写"；"统购统销，高估产，统购过头，农产品价格低，影响农民生产积极性。农民心中有数，种自留地积极，知道种多少，收多少，吃多少；种集体地心中无数，种得多，收得多，统购多，吃得少，他怎么有心劲种好地呢？"；"吃粮靠集体，花钱靠个人，和农产品价格低有关系"……

赵树理的这番话，都是真话实话。完全出于真心实意，讲的全是真情实况。

赵二湖也说："我父亲在初级社的时候，就有想法，他认为搞早了。他对互助组是积极赞成的，因为那时候，为支援解放战争，壮劳力大批的参军，以妇女为主力了，不组织起互助组，地里就没法耕种了。那时确实需要互助组。那么打完仗以后，农民都回来了，各种各的地，而且刚分了土地，这是农民用命换回来的胜利果实，现在又收回去，农民接受不了。合作化有它表面的合理性，比如我父亲写过一个泽州秧歌剧《开渠》，农民土地一块一块，没法过去，你怎么搞水利化？……完全可以迟几年，你比方现在搞水利化就成熟了。"（陈为人：《插错"搭子"的一张牌》第118、119页）

赵树理在合作化初期的这些真实的想法和看法，实际上也就是当时绝大多数农民的想法和看法。后来高级社以至公社化以后出现的一系列突出问题，证明了大家的这些想法和看法的正确性。赵树理敏锐地看到了高级社以至公社化以后在经营管理制度方面存在的严重问题，并提出合理解决的办法，这无疑是他的一个重大发现和创造，采取的一个重要举动。他当然知道自己这样做的风险，很有可能会给自己带来麻烦。他在写这篇文章的过程中，思虑再三，反复斟酌，"因为要避免批评领导的口气，曾换过四五次写法"，且行文十分注意掌握分寸。他分明感到，"即使如此，这文章仍与现行的领导方法是抵触的"。但是，他毫不退缩，他坚信自己的意见是正确的，是为了把公社搞好，对人民有好处，最后还是不避风险，以一片赤诚之心，把文章发了出去。

1959年7、8月间，中共中央政治局扩大会议和八届八中全会在庐山召开。彭德怀因为写了万言书反"左"，被打成"反党集团"，随即在全党全国掀起了"反右倾机会主义"的斗争。

8月下旬的一天，就在赵树理发出上面的《致陈伯达》、《公社应该如何领导农业生产之我见》的第三天，他接到了中国作协要他回京的通知。路过太原时，他听了八届八中全会精神的传达，发现自己的想法竟同彭德怀相一致。可是，彭德怀的意见并不错呀！

赵树理回到北京，8 月 29 日出席中国文联主席团（扩大）会议，座谈八届八中全会公报和决议，会上有人提出赵树理给陈伯达的那篇《公社应该如何领导农业生产之我见》和彭德怀"一唱一和"，是"攻击三面红旗"。

现在尚不清楚陈伯达看了赵树理的信和文章后是何态度，有何说道。只知道人民公社的"发明权"属于他。1959 年 7 月 23 日，毛泽东在庐山会议上说大办钢铁是他建议的，"发明权"属柯庆施；又说人民公社，他也没有发明之权，北戴河决议是他建议写的，"人民公社好"也是他讲的。但"发明权"是谁的呢？毛泽东没有披露。是后来陈伯达在接受《陈伯达传》的作者叶永烈采访时说，这个"'歪点子'的发明权"是他的。他在《红旗》杂志 1958 年第 3 期（7 月 1 日出版）发表《全新的社会，全新的人》一文，说这"实际上是农业和工业相结合的人民公社"，比毛泽东考察河南七里营，赞"人民公社好"早了一个多月。陈伯达是"人民公社"的"发明"人，想来赵树理不会知道。不管他知不知道，反正他给陈伯达送上的信稿不是歌颂"人民公社好"，而是专挑人民公社的毛病，大讲人民公社的坏话，同他陈伯达大唱反调，这岂不是在"太岁头上动土"吗？信稿当即被转到中国作协，《红旗》杂志的编辑还特意在"来稿处理单"上面写下这样的判词："我觉得这篇文章中的一些观点很怪，有的甚至很荒谬。"这不仅仅只是某个编辑的个人行为，可以说是陈伯达和编辑部的共同认知和意见，将来稿转给中国作协，其意图明显就是责成他们对赵树理的错误进行批判。

赵树理是个老实人，对党忠诚，主动找作协党组书记邵荃麟说：他不敢看彭德怀给主席的信，怕引起共鸣，说他也有过"农业生产领导方法的错误是上面来的"和"浮夸作风是小资产阶级狂热性"的想法。他还主动交出了尚未发出的给陈伯达的第二封信。这样，所有这些材料，再加上他早先写给邵荃麟的信，等等，统统成了他被批判的依据。

10月11日，作协党组组织，开始了对赵树理长达一个多月的大会批判和小会帮助。

陈徒手在《一九五九年冬天的赵树理》一文中写道：

赵树理走入"批判怪圈"，也有自己的独特方式。听了庐山会议传达后，别人不轻易表态，他却向党组书记邵荃麟说，他不敢看彭德怀给主席的信，怕引起共鸣。邵荃麟问他为什么？他说他也有过"农业生产领导方法的错误是上面来的"和"浮夸作风是小资产阶级狂热性"的想法。后来党组责成他去看，并和他开了一次谈心会，对他进行了初次的批评。这样，赵以他自己的不顾风险的率直，不由自主地踏上被批判之路，这是他事先万万没有想到的。

他弄不明白怎么回事，在挨批之前，曾找山西省委领导陶鲁加、副总理谭震林谈过有关公社的问题，依然无所适从。整风会一开始，赵表现了令人惊诧的顽强性，他相信自己的眼睛，坚持原有的观点。11月24日，作协给中宣部的报告中记载了这一场面：

此次整风会上，许多同志对他作了严正而诚恳的批评。但到11月18日的会上，他仍然认为他的意见是"基本上正确的"，并且公然说："关于粮食总产量问题，我们打外交仗时可以说粮食问题解决了，但外仗打完了，对内就应该摸清，我们的粮食究竟有多少？"又说："六中全会决议，我认为中央对成绩估计乐观了一些。这不怨中央，是大家哄了中央。"又说，办公共食堂"只是为了表现一下共产主义风格，在食堂吃不如回各家吃的省"等荒谬的话。邵荃麟同志严厉批评了他这种无原则态度，责成他检讨。到会同志都很气愤。

邵荃麟是一个温和、书生气十足的领导人，在这次会上却少见的发怒。他自己在11月22日大会上说："我不太容易激动，那天我激动了，是要求老赵要有一个态度。"他说话的措辞已相当严厉："老赵今天不像个作家，会开了很多次，许多同志满腔热情帮助老赵，为了发言，看了书。许多发言都心平气和，讲道理。直到前天，老赵还说他'基本上是正确的'，也就是说，大家基本上是错误的。我想，我们的发言能否说服他呢？但另一方面，作为一个党员，应该帮助他，知无不言，言无不尽，还是应该发言，不管他听进听不进去。"

翻开当时的会议记录，可以闻见浓烈的火药味，已难以见到邵荃麟所说的"心平气和"：

"赵树理采取与党对立的态度，有些发言是污蔑党的，说中央受了哄骗，这难道不是说中央无能，与右倾机会主义的话有什么区别……"

"我们要问树理同志，你究竟悲观什么？难道广大群众沿着社会主义前进，还不应该乐观，倒应该悲观吗？树理同志，我们要向你大喝一声，你是个党员，可是你的思想已经和那些想走资本主义道路的人，沿着一个方向前进。"

"你还执迷不悟，进行辩解，这难道不是一种抗拒党的挽救的态度吗？难道你把毒放在肚子里，就不怕把自己毒坏吗？我觉得赵树理同志也太低估了同志们的辨别能力，太不相信同志们有帮助他消毒的力量了……"

"……赵树理的态度很不好，到了使人不能容忍的地步了。他对党和党中央公然采取讥讽、嘲笑和污蔑的态度，实在太恶毒了。仿佛应批判的不是他，而是党和党中央……"

"真理只有一个，是党对了还是你对了？中央错了还是你错了？这是赵树理必须表示和回答的一个尖锐性的问题，必须服从真理……"

……

就这样，上纲上线，轮番冲击，狂轰滥炸，使会议的斗争气氛直线上升。11月18日，赵树理在会议开始时首先表达歉意："大家为了帮助我，准备时间比我长，看了不少书，很对不起大家。"在经过几个小时的猛烈炮轰后，他最后嗫嚅地说了几句："这篇文章（指给陈伯达的信）我写了两个月，像农民一样固执了两个月。住上房子，现在马上把它拆掉，不容易。"这是真心话、实在话，可是在批判者看来，就是固执己见，不肯检讨认错。邵荃麟再次责问："老赵和同志们的认识相反，遥遥相对，究竟谁是谁非……这是一个原则问题，否则，不会开这样大会批评你。你狭隘的农民世界观会影响千百读者，所以不能不帮助你。"

赵树理迷惘地、似懂非懂地听着那些个发言。他有时也记几个字，常常什么都不记，有时只是不停地摇头。他对事实部分很坦然，所提建议似乎亦并无害处。他在会上，一边听着批判，一边嘴里叨着他的烟锅，有人注意到，他手上不断地划火柴，一盒火柴划完了烟还没有点着。看来，他心里很不平静。

在强大的政治压力下，他知道自己已处于极其危险的境地，弄不好就不是人民内部矛盾而成为敌我矛盾了。他被迫不得不做违心的检查，对自己进行"政治宣判"。

11月23日，他写了《致邵荃麟并中国作协党组》，全文如下：

荃麟同志并转党组：

在党组整风会议会场上的发言中，对中央决议、粮产、食堂三事说了无原则的话，经你和好多同志们提出批评，使我认识到问题的严重性。全党服从中央是每个党员起码的常识，把中央明了的事随便加以猜测，且引为辩解的理由，是党所不能允许的。别人是那样说了我也会起来反对，但为了维护自己的右倾立场（固执己见的农民立场）竟会说出那样的话来，实在不像多年党龄的党员。为了严肃党纪，我愿接受党的严厉处分。

赵树理

十一月二十三日

赵树理受命开始写检查，长达数千言。他当时情绪非常波动，曾对友人说："我是农民中的圣人，知识分子中的傻瓜。"

他连夜赶写检讨时又冒出一句："我54岁了，怎么还写这种文章？"

话不多，很精要。头一句，是他的自评。后一句，是他在自嘲。这是他发自肺腑的人生感慨，是他真实感情的自然流露。

赵树理确实可以称得上是位"农民中的圣人"。

第一，他既不迷信权威，也不迷信本本，奉行"独立之精神，自由之思想"，深信只有实践才是检验真理的唯一标准，农业生产是否真正能够得到发展，农民是否能够获得真实的利益，是判断党的农村政策是否正确的唯一标准，符合这个标准的，就是正确的，就应坚持；否则，就是错误的，就得改正。要把"人"当人看，他们的权利和利益，他们的自由、尊严和幸福，神圣不可侵犯，这就是他的根本价值观。作为农民、农村、农业问题的思想者、探索者、实践者，他是作家中无人可及的农民的权益最积极、最忠诚、最勇敢的代言人。他相信用他那一整套管理办法，保证农副业收入年年增加，每个农户都能达到富裕中农水平。当然，他的愿望不仅不可能实现，得到的只能是无情的斗争和批判。

第二，赵树理不仅是干农活的行家里手，而且是一位名副其实的农业生产组织形式方面的专家。中国农业究竟以一种什么样的形式组织起来最合理、最能发挥效率，而贫富差距又不致太大，对我国农民、农村、农业问题有着长期深入考察和研究的他，最有发言权。他不仅是三农问题的思想者、探索者和实践者，而且也是立足三农并由三农出发，对整个国家的经济前途和命运的思想者和探索者。他是农民中的一员，又远远地超越了农民，他的独立人格、自由思想，他的大智大勇，他的远见卓识，使他成为了农民中的现代"圣人"。

第三，他的小说大都是为了解决"问题"而写的，他考虑的是要在实际生活中起积极作用。他不是为了解决文学问题而去关注三农，而是为了解决三农问题而借助于文学，文学创作不过是他阐述自己的理想信念和政治抱负的一个工具。他的创作的政治作用，不只是在宣传党的意识形态，更重要的是在倡导自由、平等、人权、公平、正义、民主、法治等现代价值观念，表达自己对问题的独到见地。在他那里，从事三农的各项实际工作和写作是融为一体的。他是个超越农民的农民，但从来又是农民中的一分子，他始终是同他们一起工作、劳动和生活，是一个"共事"者，而不是一个外来的客人或旁观者。作为三农变革的思想者、探索者、实践者，他把工作看得比写作更重要，他认为即使写不出作品，也不是什么赔本的事，能在实际工作中贡献自己的力量，促进经济发展和社会进步，所产生的社会价值也并不比作品小。他曾多次表示愿意下去当农民，不当作家。

至于说到他是"知识分子中的傻瓜"，那事情就多了去了。他是个利他主义者，完全没有利己主义的打算。印书专找贱的出版社，只要农民买书便宜点，自己稿费少得点没关系。他的稿费大部交给了公家，自己留着没用。他生活俭朴，远离山珍海味，保持旧有生活习惯，消费水平很低。胡絜青曾多次代表老舍去过赵树理在北京的三处住所，她说："对赵树理的房子的内部装饰可以一言以蔽之——四壁皆空。"单位曾为他代购过一个有 18 间房子的舒适的四合院。他回来一看觉得离单位太远，时间比空间宝贵，硬是用它换了离单位较近的五六间房，还花了修理费 1600 元。王中青看后说，这房值不上那房的一半，你至少吃了五六千元的亏。赵却说："钱这东西，是'人民币'，来自人民，还给人民，我是从来不计较其多少的，说其吃亏不吃亏。"后来搬离北京，他又把自己买的房子无偿交给作协。他生前没有给子女留下什么钱财，以致妻子女儿生活窘迫。这一切，在世俗的眼光看来，不纯粹就是"傻瓜"一个吗？

特别是这次给陈伯达的那个"信"和"我见"，赵树理明知"与现行的领导方法是抵触的"，不仅不可能发表，而且还很有可能给自己带来危险，可他偏偏就要自动往火坑里跳。在世俗的眼光来看，这岂不更是只有"傻瓜"才干的事情吗？"武死战，文死谏"，随他去。江山易改，禀性难移，这头"倔驴"就是这样，没得办法。此刻，他正在被迫写那个不得不写的检查，他不认为自己有什么错，但还是得从根子上深挖犯错误的原因，一遍又一遍地否定自己。他陷入了极度的苦闷、烦恼和愤懑之中。古人云："五十而知天命。""天命"为何物？难道人们只能有个良好的愿望，不能企求有个良好的结果吗？"我54岁了，怎么还写这种文章？"难道我不应该写这种文章吗？难道应该写这种无聊的检查，明明没错硬要去认错吗？这样的生活何日是个头啊？

历史很是有趣，有时还颇富戏剧性。谁也没有料到，就在赵树理苦思冥想写检讨的时候，突然之间，"反右倾"运动戛然而止了。

原来，由于庐山会议后整彭德怀、黄克诚"反党集团"，军队里将要整倒一大批人，军心不稳；由于本来应该纠正"左"倾错误，却来了大反"右倾"错误，农村经济情况越来越糟，饥荒发生，出现了饿死人的情况。中央认识到："反右倾"，不能再搞下去了，并决定："右倾机会主义分子"一律不戴帽子，一风吹。

1960年2月21日，作协党总支在整风总结中下纲下线，但仍留了一句，说赵树理"对人民公社存在的问题及其发展前途的看法上是有原则性错误的"。不过，没有给任何处分，也没有做结论。

1960年3月，赵树理交出了他的检查，在较前缓和的气氛下向着常态回归了几步。他说："我向各级所反映的问题，及自己建议的解决办法，姑且无论其合适与否，其精神都是想把问题解决了而把公社办好的。""我自信我还是个敢想的人，虽然学得的马列主义不多，遇事难免有想错的地方，但是想对了的地方也还不少，不要妄自菲薄，应该随着敲紧的锣活跃起来。"

他还是他，实际上并未认错，仍在坚持自己的意见。

随他怎么说，怎么看，此时政治风向已变，已经没有人会为这个问题再去与他纠缠了。

然而，这次对他的打击毕竟是前所未有的，甚至可以说是近乎毁灭性的。遭此打击，他身心疲惫不堪，创作也不能不受到影响。他的好友孙犁痛心地感到："他的创作迟缓了，拘束了，严密了，慎重了。"

确实如此。以此为分水岭，他独特的艺术风格明显地出现了某些变化。

当然，赵树理绝不会被打趴下，从此一蹶不振。这头久经考验、百折不挠的"打滚驴"，抖掉身上的尘土，将重新抖起精神继续向人民大众献上他精心构筑的艺术之花。

历史的巨浪，随时随地都在考验着每一个人，看他到底是金子还是沙子，筛选出真金，锤炼出时代的巨人。

"人民艺术家"赵树理，就是一块经过大浪淘沙的真金，就是一位独具一格的文坛巨人。

20

颂扬实干受称赞，"铁笔""圣手"遭噩运

俗话说："男子汉大丈夫，宁死不屈"；俗话又说："大丈夫能屈能伸"。俗话说："明知山有虎，偏向虎山行""；俗话又说："好汉不吃眼前亏"。似乎各有各的理，价值观不同，就看你做出什么选择了。

形势使然，那些选择"高指标""浮夸风""瞎指挥"的人，又有一帮"好汉"跟着闹腾，他们并不认为自己的做法是错误的。这样，他们越是认真，越是卖劲，坏的事就越大。也并非没有人能看出问题，但他们无处可说，社会也没有为他们表达意见和愿望提供畅通的渠道。许多人会明哲保身，选择不说，不管。有些人敢说，也想出点纠正的办法，但在很多情况下，也不给你机会让你去试着纠正，不整他还算是好的。

1959年、1960年的赵树理，就处在这样的境地。他作为县级领导干部，唯一的办法就是向各级领导写信，反映情况，提出建议。他在《回忆历史 认识自己》一文中在谈到他在那几年不断向各级导写信的情况时说：

一个共产党员在工作中看出问题不说，是自由主义，到处乱说更是自由主义，所以只好找领导。在那时候向领导方面反映工作中的问题是不太容易被重视的，因为浮夸余风尚存，往往足以掩盖真相。再者，无论哪级领导同志都是忙人，我不能时时事事都去打搅他们，要反映的问题都是当时当地工作中成为主要阻力的问题，但由于前一种原因（受浮夸风的影响），我对问题性质的理解往往和领导上已掌握的情况有差距，因此领导上往往不先考虑问题本身，而先来打通我的思想——往往说："同志！你所

谈的情况也不是没有的，不过是暂时的，局部的，是个别的或很少一部分落后群众的思想表现，是某些同志工作上的疏忽……"，领导上越说这些我越着急——我觉得能否打通我的思想才是个个别问题，最遗憾的是我所要反映的那个重要问题又被搁浅了。

老实说，在那二年，我估计我这个党员的具体作用就在于能向各级领导反映一些情况，提出几个问题，在比较熟悉的问题上也尽可能提一点解决问题的具体建议。我觉得只要能及时反映真实情况，协助领导及时解决必须解决的问题，也算是对党的一点贡献。我为什么这样估计自己的作用呢？第一，我觉得当时接近基层的干部缺乏调查研究的精神和向党说老实话的精神，好多重要问题很不容易上达。第二，我常把自己戏称之为"通天彻地"的干部——其实这种说法还不全面，应该说是"通天彻地而又无固定岗位"的干部，这种干部在那时候宜于充当向上反映情况的角色——易于了解下情，又可以无保留地向上反映。

赵树理向来是个为农民讲真话、讲实话的人，不搞"假、大、空"那一套。他对从1956年起就已开始的"高指标""浮夸风"，恨得要死，但是，他现在不能直接去进行揭露和批评，只能采取微妙的方法，通过正面宣传的方式旁敲侧击，来表达对"浮夸风""共产风""瞎指挥"等"左"的祸害的抗争。

1960年4月，他刚刚交出检查，跳出被批判的漩涡，就将新中国成立以来在报刊杂志上发表的杂感、散文、评论和书信编了本集子，起名《三复集》，交作家出版社出版。他在"后记"中写道：本书重复得最多的是青年知识分子（中学生为多）对"脑力劳动者与体力劳动者的差别问题"的看法，和基于那种看法所产生的学习创作的动机。再一个重复较多的内容则是写作过程中一些片断经验。文学形式、语言民族化、群众化，在这本小册子里也是个重复多次的内容。不重复的只有前面那几篇小杂感。"要我自己给它加个评语，我以为用'老生常谈'这个成语十分合适——自己既是'老生'，文章又是'常谈'，其稍可自慰者是我所主张做的事与我做的还大致统一，而且往往是做过才说的。"做老实人，说老实话，办老实事，表里如一，言行一致，不是只说不做，更不是说一套做一套，既是他的真性情的表达，也可以说是对讲假话、空话、大话，不干实事之风的鞭挞，对那些对他的蛮横批判的一个微妙的回答。

1960 年 7、8 月间，第三次全国文学艺术界代表大会在北京召开。赵树理仍被选为大会主席团成员，继续被选为全国文联委员、中国作协理事、中国曲协主席。

高举"反修正主义"旗帜是这次大会的显著特点。会上"批判"、"斗争"是用得多的词语，战斗气氛浓烈。赵树理调门不高，发言的题目是：《谈"久"——下乡的一点体会》。他说：

按我的体会，到一个地方，应该是住上个一定久的时间，其好处是：

一、久则亲。到一个村子里，要是只看几片丰产田、几处山林、几个猪场……自然也有一定的收获，这些印象虽然也能引起自己的爱，但是这种爱也像抚摸了幼儿园娃娃的脸一样，比较单纯。假如我们参加过这个村子里的土改、互助合作、建社、扩社、高级化、公社化、水利建设、工具改革等改变生产力或生产关系的重要工作（或只参加过一部分），每当做完一个段落要离开的时候，都会感到还有若干未干完的事放不下手，还有若干安排得不合适的人没有调整得各得其所；每隔几天总还要写封信问问我们离开之后的变化。对于那地方的人，一想起来就是具体事实中活动着的有代表性的人们，其中每个人在我脑子里都已经形成爱憎分明的印象；对其中的重要人物，想忘也忘不了。

二、久则全。农村是个广大而具体的社会面，所包涵和所联系的方面甚广，不待到个相当长的时候，是不容易把它的重要方面接触到的。……一个人常好向他最熟悉的人说："我把你摸透了！"我们要熟悉一个农村，是要把其中有代表性的人物从共事中摸透了的，是要把其中有决定性事从工作中摸得了如指掌。要完成这个认识过程，一定得有个相当长的时候，而且按认识和实践的辩证关系来理解，是愈久愈全面的，愈久愈能随着它的发展趋势来变革它的。

三、久则通。……老人对于种麦可以说有融会贯通的全面知识，知道一个条件变了其他条件也应该随着有所改变。他可能是从多次的成功经验和失败的教训中掌握了麦苗在哪些条件下分蘖才有效的规律的。目前农业生产的组织领导经营计划、安排、管理等诸多方面的事，其间的互相关联（互相影响、互相促成、互为因果）比起种麦子的一件事来要复杂得多，待得时间长了才不至于把某些不易理解的方面理解得简单化了。对现实能作融会贯通的理解，在作品中就容易避免简单化。

四、久则约。每到一个农村，开始往往觉得情况简单，过几天逐渐发现不太简单，再后甚而会感到千头万绪，但是更久了反而又会觉得不过就是那么几个重要头绪。

这是赵树理长期深入农村生活切身体验，含义很深。了解他的人，一定能从中读出他的心声，他是在用高超的艺术手段含蓄地告诉人们，重要的是，不要把生活的假象当作生活的真实，切忌虚夸和狂热，不要背离实事求是的精神。这不就是在委婉地否定那些对他的不切实际的指责和批判吗？

茅盾特意在会上对赵树理创作的独特的艺术风格作了新的评价。他说："赵树理的个人风格早已为大家所熟知。如果把他的作品的片断混在别人的作品之中，细心的读者可以辨别出来。凭什么去辨别呢？凭他的独特的文学语言。独特何在？在于明朗隽永而时有幽默感。把赵树理的风格看作只是幽默，未为确论。幽默只是形成赵树理风格的一种手法，而不是他的艺术构思的骨架，就他的整个风格来说，应当认为明朗隽永是主导的。同样地，如果把赵树理作品的幽默因素仅仅归之于散在篇中的解颐妙语，亦未为确论，赵作的幽默还在于概括人物性格而给他一个形象鲜明的绰号。"

茅盾的论断非常精当，尚未盖棺亦可论定。此时的赵树理已达到了他创作生涯的顶峰，也许是环境和气氛使然，也许与年龄有关，以《套不住的手》为标志，他的这种独特的艺术风格略有变化，更增添了一种朴实、沉郁、严整、严密的色调。

《套不住的手》发表于 1960 年《人民文学》第 11 期。小说的主人公陈秉正是个老技术，在整个山区被评为特等模范，"教人做活，不但要求规格，而且首先要教架式"；"当 1956 年高级化的那一会，有些素不参加农业生产的妇女和青年学生被动员参加了农业生产，做的活很不合规格，主任陈满红（陈秉正的儿子）提议组织一个教练组"，陈秉正被聘为教师。1958 年公社化后，76 岁的他仍不肯进敬老院，仍旧当教练组长。作者简单交代了一下他的来龙去脉，怎样教技术，讲架式，接着该是以教练组为故事的中心展开描写了吧？谁知作者却笔锋一转，描写起陈秉正的一双手来了。这双手"跟铁耙一样什么棘针蒺藜都刺不破它"，这双手与众不同，"手掌好像四方的，指头粗而短，而且每一根指头都展不直，里外都是茧皮，圆圆的指头肚儿都像半个蚕茧上安了个指甲，整个看来，真像用树枝做成的山耙子。"接着作者又笔锋一转，讲起了两次戴手套、两次丢手套的插曲。1959 年冬，陈秉正的儿孙们为了保护老人的手，给他买了双毛线手套，老人试了试，就交给媳妇保管，直到有一天，儿子劝老人去逛街，看看物资交流会，老人才把手套戴上。逛了半条街，为了买桑杈，把手套脱下，一把一把地挑选，可是买了 5 把桑杈回家，半路上才发现手套丢了一只，又回到街上，幸而售货员给他收好，就还了他。这一次，他戴着手套只有半天。隔了好久，老人被选为本年的劳动模范，到县里出席劳模大会，这自然又该是他戴手套的时候。会议一共开了三天半，最后的半天，老人看见新修的招待所院里两截剩余木料碍着路就动手去搬；他脱下手套，和一些青年人搬走木料，又大扫除一下，事后又发现手套没有了，想来是混在几十筐垃圾里了。找了一回找不到，老人说："不要找它了吧！手套给我没有多大用处。"但是招待所的工作人员后来还是找了出来，洗净烘干，还了他。第二天回家，他把手套还给儿媳妇道："这副手套还给你们吧！我这双手是戴不住手套的。"

小说一经发表，立即获得一致好评。

老舍看后"满心欢喜，情不自禁"地写下《读〈套不住的手〉》。他说："先谈文字：这篇的文字极为朴素严整，不像赵树理同志以往的文章那么有风趣。可是，从字里行间，我还能看到他的微笑，那是最亲切可爱的微笑。""他的文字是多么从容而又严整！他好像一点力气也没费，事实上可是字斟句酌，没有轻易放过一个字去。"谈到内容，老舍说，用这双手套把一些零散的事连缀起来，有起有落，颇为巧妙。他称赞道："这是一篇手的赞歌，树理同志赞颂了最值得赞颂的！""我看得出，树理同志知道多少多少关于老人陈秉正的事。假若他高兴，他可以写一本《老农陈秉正传》。可是他只由手套写到老人的手。有了这双手，我们也就看见陈老人的最可爱的性格与品质。这也就够了，既不需要手套，也无须写一本传记。""多么了不起的手！岂但那双毛线手套套不住，一切困难也都套不住啊！"

茅盾也写了《评〈套不住的手〉》，认为小说取材别开生面，几乎没有一般小说所谓的故事，全篇结构建立在两次戴手套而又两次丢手套这样近乎插曲的基础上，布局虽然不拘规格，但行文从容自如，整篇娓娓而谈，涉笔成趣，引人入胜，具有鲜明的个人风格。

这篇小说为何普遍深受称赞？这篇小说似乎没有明显的"问题小说"的印记，但是"文章合为时而著，诗歌合为事而作"，早已渗透到了作家的血液中，他是永远不会忘记的。作者在这里热情歌颂了一位老农在社会主义建设中最可爱的品质，通过这一双最宝贵的手，道出了劳动的可爱和崇高。作家以巧妙的手段，通过对陈秉正这样一位讲真话、做真人、干实事的英雄人物的肯定和赞颂，衬托出那些只讲假话、空话、大话，而不干实事的坏作风的可恶。"套不住的手"颇具象征意义，任何艰难险阻都将套他不住，极具鼓舞教育作用。"心有灵犀一点通"，这篇作品在当时就像注入污泥浊水中的一股清泉，引起热烈社会反响，受到广泛好评，绝不是偶然的。

1960年冬，赵树理又回到了晋东南。

这时，阳城与沁水两县又分开了，他的县委副书记职务也就此免去。他又成了一个"通天彻地而无固定岗位"的人。

眼前昔日的"小土群"已是一片废墟，公共食堂也已散伙，再也办不下去了。粮食非常紧缺，听说一斤小米能卖到 10 块钱，一只手镯也只能换来 20 斤萝卜。去年过年，每家还能发到二两红糖、四两海带、几张窗户纸；一户配给半斤煤油、两盒火柴，有的农民就为了多领这半斤煤油闹分家。现在，过年连火柴也买不上。一个县城，十味药，十有八成买不到。上党地区产当归，现在当归也买不到。1958 年以后，东西愈来愈少，少得不像话。现在分了钱，只能买包花椒面。自从粮食统购统销以后，过年对子就越贴越窄，以后三个门只贴一副对子，连窗纸也糊不上，只好补补，只顾眼前了。农民说，他们是劳改队，日子越过越困难。人把日子过成这样，就没有情绪生产。赵树理从乡亲们口中听到这些反映，犹如万箭穿心。

1961 年 1 月，他去沁水县城，与县工会主席潘永福相见。他们俩同乡不同村，两人从小就相识，曾一起下河摸鱼捉鳖。潘永福贫农出身，年轻时经常打短工。他聪明过人，体力过人，村里有什么拿不下来的活儿往往离不开他。抗战开始后，他担任过村长、区助理员、区长、县农林科长、县农场场长、县工会主席，在党内曾任县委委员、县农村工作部副部长。在这 20 年中，他的工作、生活作风，始终是在他打短工时代那实干精神的基础上发展着。他是个传奇式的人物，沁河两岸流传着许多关于他的动人故事。他是当地有名的船工，技艺高超，徒弟很多，令人景仰。有一次他曾饿着肚子跳入激流，不顾个人安危，将一只坐满乡亲的临危的船只救起。又有一次，他曾在严寒中破冰下水，任凭冰水切割肌肤，为八路军军工厂搭桥。等等。他身为区长，仍和大家一起挑粪种地。他不讲究俗礼，当他调任县农林科长时，为避免大家送行，一大早就背着行李离开了。

赵树理对这些事情，早有所闻。这次趁着回乡的机会，又多次对他访谈，了解了更多的事情，决心为他立传。

于是，他写出《实干家潘永福》，刊《人民文学》1961 年第 4 期。

作品写了他三件大事，突出讲了这位实干家的经营之才。一是，开辟农场。30 亩山地土质不好，种粮亩产也就百把斤。他因地制宜，科学分析，种上苜蓿，地边种上核桃树苗，当时草价高，除了自用，很大部分可以卖钱，树苗也能卖钱，花的工本都很少，劳力还可用在别处。两年后，经济收入超过了原来的 10 多倍。二是修建蒲峪水库。经过实地考察，他决定迁移原定的坝址，使水库的容量由 80 万方增加到 300 万方，还大大节省了人力和物力的投入。1000 多人的小梁山工地，生产和生活组织安排得井井有条，做饭的，种菜的，积肥的，运输的，放牧的，割草的，打铁的，造车的，割荆的，编筐的，理发的，钉鞋的，缝纫的，卖药的，等等，应有尽有，人尽其才，各展其能。他们生产的蔬菜除供全体员工食用外，剩下来的，每个下放干部还能一年交给县里 1500 斤。家里没有劳力的民工，有请假回去种自留地的，有特技的民工，因为工作离不开，不能回去种地，安不下心来，还允许他们在工地附近开垦小块土地，利用工地水肥来种植，产品归他们自己所有。三是铁厂不要远离矿厂。就是将炼铁厂靠近铁矿石产地，不要舍近求远，因而大大降低生产成本。赵树理最后说："以上三个例子，看来好像也平常，不过是个实利主义，其实经营生产最基本的目的就是为了'实'利，最要不得的作风是只摆花样让人看而不顾'实'利。潘永福同志所着手经营过的与生产有关的事，没有一个关节不是从'实'利出发的，而且凡与'实'利略有抵触，绝不会被他纵容过去。这是从他的实干精神发展来的，而且在他领导别人干的时候，自己始终也不放弃实干。"

实干家潘永福，就是赵树理心目中的英雄人物。赵树理在这里说的"实利主义"，就是后来人们常说的经济效益。赵树理推崇和赞美的潘永福的实干之德和经营之才，有着强烈的现实针对性，完全可以说正是对共产风、浮夸风、瞎指挥等错误思想和行为的尖锐批评和有力的鞭挞。这也正是这篇作品受到社会广泛欢迎和好评的根本原因所在。

1962 年 1 月，7000 人参加的扩大的中央工作会议在北京召开，初步总结了"大跃进"的经验教训。3月，文化部、剧协在广州召开话剧、歌剧、儿童剧创作座谈会，周恩来、陈毅做报告，为知识分子"脱帽"（即"资产阶级知识分子"）"加冕"（即"劳动人民知识分子"）。会议讨论的中心是促进创作。4月，中央批转中宣部《关于当前文学艺术工作若干问题的意见》（简称《文艺八条》），中心思想是正确认识和处理文艺与政治的关系，纠正对文艺为政治服务的狭隘的理解，克服"左"的错误，认真贯彻"百花齐放，百家争鸣"的方针。

8月2日至16日，中国作家协会在大连召开农村小说创作座谈会。出席会议的有8个省市16位作家、评论家。

赵树理在会上发言两次，插话数次。在谈到农村形势时，他说，"五风"的引起有种种原因，恐怕还是工业资金积累过多了一些。因为农副产品征得多，实际没有那么多，只有一个办法，那就是瞒产。在过去往往是浮夸，谁浮夸得多谁负担重。现在接受了教训，又走到另一面去了，搞小瞒产，怕你摸底，不过这比浮夸好。他说："农民并不是需要什么就能得到什么，倒是城市需要什么就得有什么，农民就得拿出来，不管自己剩下不剩下。"

赵树理在谈到文艺反映共产主义思想时说："《小二黑结婚》没有提到一个党员，苏联写作品总是外面来一个人，然后有共产主义思想，好像是外面灌的。我是不想套的。农村自己不产生共产主义思想，这是肯定的。农村的人物如果落实点，给他加上共产主义思想，总觉得不合适。什么'光荣是党给我的'这种话，我是不写的。这明明是假话，就冲淡了。""一个队真正有一个人去搞社会主义，就很了不起了。所以，我的作品有时反映不充分，脚步慢一些。自己没有看透，就想慢一点写。"

他诚恳地说："现在迟迟不写，我想知道大家的想法。生活就是生活。干部每天去农村解决各种各样的事就是生活。个人与集体的关系写得很多，也不是因为这是主要的，而是因为好写一些。……现在情况好转了，但究竟靠得住靠不住，这是他们考虑的。1960年时的情况是天聋地哑，走50里就要带粮票。我想到农村一个是粮食，一个是日用品，过几年大概还是可以写的；但现在写，为什么可以不写这些呢？怎么避得开？我常常一想就碰墙。"

他认为："封建势力消灭了，封建文化阵地并不是怎么容易夺到手。"他主张把一些作品改编为评剧，这个关还没有打破；主张传统剧目先放后改，不要先改后放，否则很多好的东西搞丢了。我们作家至少能够供应给群众一些编戏的故事也好。到群众中去，说不是我们的事，确实难说。我一个人孤军作战实在不行，我的年龄也不行。过去还能叫喊一下，今年56岁，再叫10年实在是不是还叫得出来，也不一定。（《赵树理全集》第6卷第81页、82页、83页、84页、85页）

他的话，全是真话，实话，听来不无几分欣喜，又不无几分悲怆。

在这次会上，邵荃麟代表中国作协党组宣布，1959年对赵树理的批判是完全错误的，予以彻底平反。他说："赵树理同志对农村情况很熟悉。他写的文章，对农村问题讲的一些意见，都是正确的。我们对他的批判是错误的、主观主义的，全部搞错了。"（韩玉峰等：《赵树理的生平与创作》第54页）

他还说："这个会上，对赵树理同志谈得很多，有人认为前两年对他评价低了，这次要给他翻案。为什么赞扬老赵，因为他写出了长期性、艰苦性。这个同志是不会刮'五风'的，在别人头脑发热时，他很苦闷，我们还批评了他。现在看来，他是看得更深刻一些。这是现实主义的胜利。""我们的社会独立思考往往被忽略，而老赵，认识力，理解力，独立思考，我们是赶不上的。1959年他就看得深刻。"（见会议记录）

周扬到会讲话，他称赞赵树理说："中国作家中真正熟悉农民、熟悉农村的，没有一个能超过赵树理。他对农村有自己的见解，敢于坚持，你贴大字报也不动摇。"

大连会议可以说是对赵树理的一次再认识，公认他对农村的现实和人物看得深透，是描写农村的"铁笔""圣手"。

但是，这次会议刚结束，政治形势就发生了变化，不久，赵树理又被打入了万丈深渊。

1962 年 9 月，中共八届十中全会提出"千万不要忘记阶级斗争"，阶级斗争要"年年讲、月月讲，天天讲"，把人们对"三面红旗"的一些不满情绪，把一些不同看法和意见视为"黑暗风"、"单干风"、"翻案风"，通通认为是"走资本主义道路"。

赵树理对这个重大变化似乎不大敏感，也许他另有想法，总觉得，最要紧的事情还是应当发展生产力，让人们尽快富足起来。他有一个根深蒂固的观念，三农问题，总不外"个体与集体"、"集体与国家"这两类矛盾，在他的眼中，"农村的矛盾仍以国家与集体的矛盾以及投机与'灭机'的两条道路斗争为主"，对于农村中"无产阶级与资产阶级两个阶级、社会主义与资本主义两条道路的斗争"，他似乎不很在意，也没去多想多说多写。

大连会议结束后，他声誉很高，心情舒畅，相当活跃，接连应邀在不同的地方和场合谈创作经验，计有《与青年谈文学》《在北京市业余作者短篇小说创作座谈会上的发言》《生活·主题·人物·语言》《做生活的主人》《不要急于写，不要写自己不熟悉的》《努力繁荣曲艺创作》《作家要在生活中做主人》《谈花鼓戏〈三里湾〉》等，达 8 次之多，仅在广西就讲过 4 次。

他的这些讲话都是即兴而为，轻松洒脱，内容大致相同，中心内容都是强调作家要"做生活的主人"，这样"才能扎扎实实地写生活，和写出真情实感"。他说："到农村去，用不着你专门去考虑人物性格的创作，你尽管做事就是。把事情干好，什么人物、事件、主题都来了。""在工作中认识很多人，我很喜欢和他们共事。共事多了就熟悉人了。工作时，不要专门注意如何写这个人，而是和他们认真地工作。共一回事，知一回心，日久天长，人物自然而然地在你的脑子里出现了，那时，你想离开他们也离不开了。"（《赵树理全集》第 6 卷第 131 页）他还说："作家工作的对象是人的灵魂，社会上所有的人都与他有关。对作家来说，只有把他要写的生活变成自己的生活，他才能写出好的作品来，变不成自己的生活，那他写出的作品，就会像隔了一层皮，写不好。""只有当生活的主人，把生活变成自己的，那才能扎扎实实地写生活，和写出真情实感。"（同上第 151 页）他多次谈到，他对笔下的农民，熟悉的就像家里人一样，他们每个人的环境、思想和那思想支配的生活方式、前途打算，他都无所不晓，当一个人刚要开口说话，他大体上都能推测出他要说什么。他写"农民"，就是写自己的"家人"，"写自己"，全是真情实感，他的生命和创作完全融为了一体了。可以说，这是他成功的秘诀。

他还强调说，要对党和人民负责，对于尚未达到理想的事物，"只许打积极改进的主意，不许乱踢摊子！"他说："一个革命作家要以主人的责任和态度要求自己，要做生活的主人。我们的生活中有种种东西，进展与挫折，成就与缺点，令人愉快的和不愉快的，作家要表现生活，首先要看这对革命事业，对人民有利还是有害，下笔要讲究分寸。19 世纪批判的现实主义作家，与当时的社会是对立的，他们可以不顾一切地刻绘，但我们今天不同，我们的作家要对向上的、向幸福方向发展的社会负责，对党负责，对人民负责。'咱们的江山，咱们的社稷'，遇上了尚未达到理想的事物，只许打积极改进的主意，不许乱踢摊子！"（同上第 141 页）

总之，不是去找生活，自己就在生活中，关键是要做生活的主人。

赵树理与那些对农村中的社会主义与资本主义两条道路斗争的简单化的理解与认识不同，他说："《三里湾》写的是农村中社会主义和资本主义两条道路的斗争，但是这个斗争，并不是摆开阵势两边旗鼓相当地打起仗来，也不是说把农村的住户分成一半是走资本主义路线的，一半是走社会主义路线的，或者说多一点少一点。实际上，这个阵线不是这么个摆法，有时候在一个家里边，这个人走这条路线，那个人走那条路线；在一个人身上，也可能有社会主义思想，也有资本主义思想，他有时在这一段资本主义思想多一些，到另一段资本主义思想可能少一些。人都是从旧社会来的嘛！从旧社会带来旧思想的尾巴，有的长一点，有的短一点；有的占了他思想的控制地位，有的已经退到了不重要的地位，或者很小的地位。人就是这么纷繁复杂地组织起来的。这样来认识和处理人物，是符合客观的情况的。……小孩子在某种年龄总是容易把世界上的人分成两类，一类好人，一类坏人。我们处理现实人物，就不能这样简单化地好人好到底，坏人坏到底。人物性格不是绝对地一成不变的。"（同上第154—155页）

在这个时段内，他写了短篇小说《互作鉴定》《卖烟叶》，都是写知识青年参加农业生产的，甚或是有犯罪行为的，在题材上开辟了新天地。

他还把近几年来他写的7篇短篇小说和一篇传记集为《下乡集》出版。

特别值得一提的是，他开始了鸿篇巨制《石头底》或《户》的酝酿和构思。那将是"这石头不是那石头，女娲补天未曾收。"

赵树理没有料到，他安生的日子没过多久，突然之间，厄运又降临到了他的头上。这回是借"写中间人物"问题，在报刊上公开对他进行批判了。

1963年12月、1964年6月毛泽东两次作了重要批示，严厉批评文艺界"社会主义改造在许多部门中，至今收效甚微"，批评这些协会和他们掌握的刊物，"十五年来，基本上（不是一切人）不执行党的政策，做官当老爷，不去接近工农兵，不去反映社会主义的革命和建设，最近几年，竟然跌到了修正主义的边缘。"甚至将来的某一天"要变成匈牙利裴多菲俱乐部那样的团体"。

于是，"左"的思想甚嚣尘上。文化部和文联各协会立即紧跟，两度进行整风。两年前令人精神振奋的大连会议遭到否定，邵荃麟在会上的讲话被打成"写中间人物论"、"现实主义深化论"，赵树理也被认为是"写中间人物"的代表而横遭挞伐。有人批判他刚发表的《卖烟叶》说："赵树理在这篇作品中把农村写成一片乌烟瘴气，把青年塑造成投机倒把犯罪分子的典型，使人无法可信，这是赵树理对生活的丑化，对青年的歪曲。"

10月间，《文艺报》编辑部发表长篇文章狠批"写中间人物"，说："在他们的心目中，无产阶级的理想人物是并不存在的。他们宁愿把所谓的'中间人物'当作他们的理想人物，实际上是用落后人物的眼光来观察社会生活，用反面人物的心理来看待社会主义社会的矛盾斗争，用灰暗的色彩来描绘广大群众的精神面貌，用资产阶级、小资产阶级思想来消磨群众的斗志，如果他们的主张实现了，势必要取消我们文艺的革命灵魂，使得我们社会主义文艺逐步演变为资产阶级的反动文艺。这种文艺只能腐蚀、破坏、瓦解社会主义的经济基础，为社会主义向资本主义'和平演变'服务。问题的严重性就在这里。"同时发表的《关于"写中间人物"的材料》中，编辑部又写道："近几年来，赵树理同志的作品没有能够用饱满的热情描写出革命农民的面貌。邵荃麟同志不但没有正确指出赵树理同志创作上的这个缺点，反而把这种缺点当作提倡的创作方向加以鼓吹。"

赵树理及其作品，被视为"腐蚀、破坏、瓦解社会主义的经济基础，为社会主义向资本主义'和平演变'服务"，过去曾经提倡的"赵树理方向"被彻底颠覆了、否定了，而且是来自中国作协主办的《文艺报》。不仅他的新作《卖烟叶》遭到批判，就连他在以往作品中创造的众多生动的人物形象，如糊涂涂、常有理、铁算盘、惹不起、小腿疼、吃不饱等等，也全部被归入"不好不坏、亦好亦坏、中不溜儿芸芸众生"而一概加以否定了。

文化部和文联作协整风后，一大批人被罢了官。中国作家协会党组书记兼副主席邵荃麟被调到外国文学研究所，任研究员。赵树理也被中国作家协会扫地出门，逐出北京，调往山西省作家协会。1965年2月，他带着全家大小，离开已经工作和生活了16年的北京，定居于太原南华门16号。

对邵荃麟和赵树理来说，对"写中间人物"的批判，不过是暴风雨来临之前的一个前奏曲，更严重、更疯狂、更残酷的迫害还在后头。几年后，"文化大革命"爆发，邵荃麟和赵树理双双惨死于这场历史的浩劫之中。

面对批判"写中间人物"这场突如其来的变故和打击，赵树理气定神闲。他写下一首古诗《咏松》明志：

> 峻岭苍松古，朝朝映赤霞。
> 风凄偏见劲，日暖不眩华。
> 出众还依众，居哪便乐哪。
> 涛鸣浑似海，晓夜彻天涯。

此诗在日后题《赠卫恒同志》时，第二句改为"皎洁且挺拔"，第五、六句移到最后，"居哪便乐哪"改为"生哪便落哪"。

久经考验、百折不挠、百炼成钢的赵树理，何惧风霜雨雪！"风凄偏见劲，日暖不眩华"，他始终"出众还依众"，犹如泰山青松，高高挺立在山巅，顶天立地，岿然不动。展现在我们面前的是一位坚不可摧的钢铁巨人，是一位富贵不能淫、贫贱不能移、威武不能屈的崇高形象。

21

钟情上党戏，曲终《十里店》

关于"写中间人物"的问题，邵荃麟其实并没有什么错误。他在大连农村小说创作座谈会上是这么说的："强调先进人物、英雄人物是应该的，英雄人物是反映我们时代的精神的，但整个说来，反映中间状态人物比较少。两头小中间大，好的坏的人都比较少，广大的各阶层是中间的，描写他们是很重要的，矛盾往往集中在这些人身上。我觉得梁三老汉比梁生宝写得好，亭面糊这个人物给我印象很深。他们肯定是会进步的，但又是旧的东西（这种人物在性格上是有发展的）。毛主席说，要写各种各样的人物，分析一切人一切阶级，这样就更丰满了。""一个阶级一个典型，这是有害的理论。……赵树理《"锻炼锻炼"》小腿疼受到责难，作家对简单化、教条主义、机械论应顶风，打破这些理论。提高、拔高的问题，也是从一个阶级一个典型来的，'拔高'就是拔到他们订下的标准。""茅公提出'两头小、中间大'，英雄人物与落后人物是两头，中间状态的人物是大多数，文艺主要的教育对象是中间人物。写英雄人物是树立典范，但也应该写中间状态的人物。"

事情非常清楚，不论是邵荃麟，还是其他人，谁也没有反对写先进人物、英雄人物，只是说也应该写中间状态的人物。这有什么错吗？怎么能硬加歪曲说成是"写中间人物"就是以"中间人物"作为"理想人物"来和英雄人物"争地盘"，"用落后人物的眼光来观察社会生活，用反面人物的心理来看待社会主义的矛盾斗争，用灰暗的色彩来描画广大群众的精神面貌"，其目的和后果就是"腐蚀、破坏、瓦解社会主义经济基础"呢？

把赵树理作为"写中间人物"的代表加以否定、打击和批

判，是对赵树理的人格的莫大污辱，对他的创作实践的任意诋
毁。认为他没有创造先进人物、英雄人物，这是一个天大的误解
和误会。从他一路走来创作的人物画廊中，《打倒汉奸》中的黑
旦，《韩玉娘》中的韩玉娘，《邺宫图》中的农民起义首领李
宏，《小二黑结婚》中的小二黑、小芹，《李有才板话》中的李
有才、老杨同志、"小"字辈人物，《孟祥英翻身》中的孟祥
英，《李家庄的变迁》中的小常、张铁锁、冷元、白狗，《邪不
压正》中的元孩，《登记》中的艾艾等，《灵泉洞》中的田金虎
等，《三里湾》中的王金生、王玉生、玉梅、灵芝、张永清等，
《开渠》中的韩金山等，《"锻炼锻炼"》中的杨小四等，《套
不住的手》中的陈秉正等，《实干家潘永福》中的潘永福，《三
关排宴》中的佘太君等，直至《十里店》中的马红英、王家骏
等，及尚未完成的《焦裕禄》中的焦裕禄等，个个都是先进人
物、英雄人物；至于说到那些曾经是先进人物、英雄人物，后来
发生了某些变化或者身上存在某些缺点的人物，或者原先并不先
进，后来觉醒了，进入了先进行列的人物，那就更多了。你可以
说，在他的笔下，落后人物、中间人物比先进人物、英雄人物更
生动，给人的印象更深，但你不能说他眼里看不见先进人物、英
雄人物，没有写出先进人物、英雄人物，这显然与事实不符，不
能成立。

凡是有人群的地方，都有先进、中间、落后的存在，两头
小中间大是个普遍现象，古今中外概莫能外。作家在深入生活的
过程中，必然会接触到先进、中间、落后各色人等，各种各样的
人都可以写，不能要求作家只能写这个，不能写那个。一个忠于
现实的作家，不管先进、中间、落后，都会在他的创作中得到反
映。这是作家深入生活，进行调查研究的必然结果。

如今无理可讲。只准他讲，不许你讲，他说啥就是啥。不允
许他人发表不同意见，不允许别人同你讲理，没有鉴别，发展必
然僵滞，滑向错误和灾难的深渊，导致种种悲剧的发生，以至于
铸成冤假错案，就将成为不可避免的事情。

事实上，赵树理不仅没有反对写先进人物和英雄人物，而且

还是一个积极的提倡者和践行者。1959 年 3 月赵树理在山西省文联理论研究室那次题为《当前创作中的几个问题》的谈话中曾说："我是喜欢这样的英雄。例如平顺县的武侯梨，他在 1944年就当了劳动模范。14 年以来，他一直在他的家乡领导群众建设社会主义，不管别人知道不知道，不管别人参观不参观，都是一样干。他的家乡，原先是荒山秃岭，山上有几条条梯田，平时风很大，一下雨又是山洪暴发。他看这种现状不改变不像话，就一心一意领导群众改造山区，要把它园林化。经过 10 多年的努力，现在这里满山沟都是密密麻麻的果木树、松柏树，山洪也被控制住了。群众的收入，大大增加，平均每年每口人可以得到 150 块钱。这样的人，我觉得应该好好表扬。现在我国在农业上还不能一下子实现机械化、电气化，他们只凭着两只手，10 多年来竟能把山区园林化，改变了山区的旧面貌，若说宣扬社会主义的优越性，我认为写这样的人最有力量。"这就是赵树理心目中的英雄人物，他认为就应该"好好"地去写一写。

赵树理还说："表现英雄人物，我觉得要着重写他们的英雄品质。……他们既要有社会主义觉悟和共产主义道德风格，又要有充足的干劲和实事求是的精神；既要事事站在群众前头，又要时时刻刻站在群众当中。他们是群众的表率，又是群众的一员。这样才是新英雄人物的特色。"（《赵树理全集》第 5 卷第299—300 页）这就是赵树理对什么是英雄人物的看法和标准，以及怎样才能写好英雄人物的要求。就是要把英雄写成"人"，而不是"神"。他笔下的先进人物、英雄人物，你可以说他不够丰满，但个个都是生活中的真人。

这样，我们也就不难理解和明白，为什么赵树理这样一位热心于文艺为政治服务，热衷于创作"问题小说"，非常注意要在"政治上起作用"的作家，却没有陷入"高大全"、"假大空"的泥沼。究其根本原因，乃是得益于他从生活实际出发，讲真话，说实话。真话实话不能全说，但假话一定不能说。有时，他宁可不写，也不看风使舵去写那些粉饰太平的伪作。这就使其创作具有了独特的文学价值和人格魅力，他最值得人们敬佩之处，也许就在这里。

赵树理是个富有英雄情结的人。他从小到老，一直钟情于上党戏。上党戏具有一种雄壮高昂豪迈的英雄气概，令他神往。他不止一次地说过，"上党戏的好处是激烈、痛快，我爱那种痛快的气氛"。他不仅爱看戏，演戏，还爱写戏。虽是一副破锣嗓子，并不叫人喜欢，但即便在北京工作，有时也禁不住要喊上几声，痛快一番。

他在抗战时期写过的戏不必说了，这里只说说由上党梆子传统剧目《忠孝节》改编而成的《三关排宴》。

上党梆子中有许多关于杨家将的传统剧目，《三关排宴》是其中一个。其内容是佘太君奉命在三关代主践盟。在盟约之后，太君向肖后指出，驸马木易是她的儿子四郎延辉，并要索取回宋，肖后当场气得吐血，其女桃花公主也碰死三关。佘太君班师回朝，将四郎带上金殿，请宋王处治叛徒。宋王和文武百官都为四郎说情。太君激愤万分，痛斥儿子，杨四郎见求生不得，便撞死于金殿。该戏突出宣扬的是佘太君忠君爱国，大义灭亲，逼死自己最后一个儿子；杨四郎从母命返回宋朝，又在悔恨中绝命；桃花也因不能随夫南归而以身殉节。宋王深受感动，下令将四郎尸首移入"忠臣庙"，封桃花公主为"节烈夫人"，所以剧名叫《忠孝节》。

赵树理非常喜欢这个戏，认为它将儿女亲情和国家大事交融在一起，歌颂了赤胆忠心的豪杰，为了国家和民族利益，不惜斩断儿女私情，其"赞英雄、重气节"的崇高爱国情怀和高尚风格激荡人心。

1957年7月长治地区上党戏赴京汇报会演出，他就曾建议把《忠孝节》作为重点节目加工，未被采纳。后经赵树理多次提出，才勉强安排了《三关排宴》一场，作为内部演出。一经演出，立即获得全国剧协和戏曲专家一致好评。1958年，该剧成为赴省汇演剧目，剧名也由赵树理改为《三关排宴》。后又被定为向国庆10周年献礼的重点戏曲，经省里领导同志加工。

汇演结束后，长春电影制片厂决定把它拍成舞台艺术片。

1959 年 5 月，赵树理来到长治，听说长影导演主张杨四郎在杨家祠堂碰死，因同省领导的修改本撞死在金殿不同，感到难办。赵树理当即表示：让杨延辉撞死在三关。长影得知后，特请赵树理整理。赵树理写完《实干家潘永福》后即投入《三关排宴》的修改。省里听说后，即告剧组：老赵怎么改就怎么定。

赵树理重写了第一场和第四场，其中有几句唱词，竟推敲了四天。据参与改编者栗守田回忆："审慎地保留了原剧中的精华，剔除了糟粕，弥补了不足，使得剧本主题突出，形象鲜明，结构严谨，语言流畅。"（栗守田：《赵树理同志与〈三关排宴〉》）

《三关排宴》与原剧的显著不同是，砍掉了重头戏——宣扬封建道德、皇恩浩荡的尾巴；将太君责子从"金殿"移到"三关"；四郎自刎也并非出于孝心，而是走投无路自取灭亡；桃花公主愤而撞死，也是由于看清了四郎的本质所致。这些重大改变，一洗原剧的封建糟粕，成为一曲爱国主义和民族气节的赞歌。

在剧本修改过程中，赵树理和剧组同志一致主张佘太君要有"母子之情"，她虽然是民族英雄，可她又是母亲，这时已"七郎八虎一无留"，要说她一下子见到这个亲生的儿子，没有一点爱怜之心，那也有点不近人情。但是，儿子不争气，投降了敌人，而且在宴前的表现那样令人厌恶，将国格人格丢尽，她不能不予以严肃处理。人性的这种深刻的内心冲突，这就有戏了。

1961 年 7、8 月，赵树理修改完《三关排宴》，发表于《电影文学》9 月号。

1962 年 3 月，戏曲故事片由长影拍摄完毕。

1962 年 5 月 2 日，晋东南专区青年梆子剧团在国务院小礼堂为党和国家领导人演出《三关排宴》。周恩来于晚 9 点入场看了一场，朱德、李先念、陈毅、罗瑞卿、乌兰夫、包尔汉、李雪峰等，在赵树理的陪同下看完了全场。当年扮演佘太君的演员郝聘芝回忆说："……直到 4 月底才结束。同年'五一'国际劳动节，我们从长春返至北京，又是应赵老师的邀请，也由于陈毅、罗瑞卿同志的推荐，我们在中南海国务院小礼堂为中央领导同志演出。朱德、周恩来、李先念、陈毅、罗瑞卿、包尔汉、李雪峰等领导同志看后，高度赞扬赵树理和他的家乡戏。周总理、朱老总被佘太君大义灭亲的民族气节和杨家将保国安边的爱国精神深深感动，立即建议我们到民族文化宫公演，并说：'在此国家困难时期，弘扬民族自强精神，宣传祖国文化，很有意义，很有价值。'如此一来，我们上党戏这个地方剧种，不仅推到北京，而且走向全国。也使我在全国成名。"（郝聘芝：《师恩难忘》）

接着，赵树理就戏剧问题发表了好几篇文章和谈话。他在《戏剧报》1963年5月号发表《戏外话》，就不同剧种的组织大小、流布疏密、领域广狭、交流频疏、声调强弱、动作粗细、剧情繁简等传统习惯以及如何对待这些习惯，发表了自己的看法和意见。

1963年10月，山东省菏泽地区枣梆剧团、河北省永宁县西调剧团、郑州市越调剧团、晋城县上党梆子剧团在晋城县联合举行观摩演出。赵树理观看了部分剧目，并在演员职员座谈会上作了三次报告，题目是《戏剧为农村服务的几个问题》《运用传统形式写现代戏的几点体会》《若干问题的解答——写戏、改戏的标准》。

赵树理在这些文章和讲话中，系统而简要地阐述了他对戏剧创作的体会和经验。

他说："编戏，为谁编？改戏，为谁改？为农民群众。不是为上级，为汇演，也不是为和别人比。"（《赵树理全集》第6卷第181页）

他强调说，戏剧要通过人物来表现，人物写不活，教育意义就不大。"不论哪个戏，人物是一个关键。没主题思想当然是不行的，但人物还是主要的。不论新戏老戏，都要以写人物为主。"（同上第184页）

他对传统剧目进行了分析，他认为，有些架子很好，只要稍加整理即可；有些架子不好，但还有些可用之处；有的则百无一用，就只好不用。"选择遗产有两个标准：主题思想与人物。主题思想正确，有鲜明的人物（正面的，反面的），这就是好戏。如果主题思想好，人物概念化，就不好办。主题思想不好，人物却很突出，这不是我们所需要的，不能迁就，我们必须正确认识这些问题。"（同上第185页）

他还结合自己创作《万象楼》和改编戏剧的经验，谈了戏剧创作问题。他说："材料的来源，非从生活中来不可，任何作家（不管是戏剧、小说、诗）离开生活不能写东西。在生活中，细心观察人和事，在我看来，这是次要的。作为旁观者，作为观察员是这样，作为生活主人不是这样。每个人都有自己的政治热情，有自己的人生观，碰到和自己人生观统一的，就赞成；不同的，就反对；不是注意不注意的问题。"（同上第191页）他还就主题的确立、人物的塑造、故事的结构、戏剧的分场分幕、戏文的气势和繁简进行了阐述。

他在讲到戏剧的歌舞化问题时说："我们的戏是歌舞的。语言有抑扬顿挫，说白有音乐性，有节奏。古人把古人的生活歌舞化了，我们没有把我们的生活歌舞化，这方面有待大家努力。打仗、喝酒、骑马有舞，锄地、打枪、穿制服、骑自行车如何搞呢？……生活是基础，搬上舞台就必须舞蹈化。"（同上第201页）

在这段时间内，赵树理为戏曲问题如此密集发声，在他全部创作生涯中实属罕见。他讲了这么多，总之就是一句话："戏剧发展方向要时刻记住为农村负责，为革命负责。只有这样，才能找到正确方向。"（同上第202页）

此时的他，正在酝酿创作上党梆子《十里店》。

1963年5月初，赵树理来到陵川县黑山底大队深入生活。大队长是著名劳模董小苏。她是位回乡务农知青，带头实干，几年工夫把原先荒山秃坡的黑山底建设得林木繁茂，梯田遍布，群众收入大增。赵树理看后题诗赞曰："树在黑山腰，村人志气高。一心趋集体，千亩变丰饶。合作十年久，收成四倍超。从此常不懈，红旗永飘飘。"

此前，他曾在长治郊区参加过"四清"，反面素材已掌握了不少，但正面素材较少，董小苏正好可以帮助他解决这个难题。他同她谈了三、四天，这位豪爽健谈的巾帼英雄从个人经历谈到家庭纠纷，从山村建设谈到妇女的作用。所见所闻，给他不少启示。他后来说，"女同志的高洁纯朴，使我的心窍顿觉开朗，马红英一闪走进了《十里店》。"

5月下旬赵树理回到长治，于6月中旬至7月中旬写出了《十里店》初稿。

剧情是这样的：十里店是个自然条件优越的大队，由于旧社会的渣滓拉拢大队长，把持副业权，党支书又软弱无能，抵制不力，致使贪污盗窃、投机倒把横行，贫苦农民受欺凌。这时，支书儿子要娶亲，对象是一个先进大队支书的女儿，他俩商定新事新办，移风易俗，违背老人的意旨，新媳妇马红英提前过门，老俩口只好打消大操大办的算盘。过门后的马红英在一次检查卫生时，看到十里店贫富悬殊，坏人当道，好人受压，挺身而出，当场揭发，使队长支书受到一次阶级教育，于是幡然省悟，下决心"彻底清查一下，把这几年的乌烟瘴气消除"。

这个戏，实际上是部反腐败戏，尖锐地揭露了农村干部以权谋私、蜕化变质，党的领导软弱无力，导致严重两极分化，剧中人以无比愤恨的心情唱道："土改后本应该步步如愿，却不料这几年情况倒颠"；"不劳动修下了新房大院，劳动的住的是破瓦碎砖；不劳动每日里穿绸摆缎，劳动的常常是少吃无穿……"赵树理明白，剧中虽然歌颂了敢于斗争的青年一代，特别是马红英、王家骏等知识青年在农村发挥的积极作用，而且斗争的结果是代表社会主义方面的先进力量取得了胜利，但是，对于农村腐败势力的揭露，对干部思想作风的批评，针对性太强了，演出后很可能会招致某些人的指责。在创作过程中，他就颇有预感地说："我这戏在农村演，没问题；到县里、专区就有人提意见；到省里就通不过，更不能招待外国朋友。"（贾特人：《关于〈十里店〉的素材》）

地委书记赵军亲自到剧团看了彩排后，表示可以演出。

8月8日，晋东南专区上党梆子剧团在在长治古会公演了

《十里店》。演出受到群众热烈欢迎。

1964 年 9 月，晋东南亚专区上党梆子剧团带着《十里店》参加全省现代戏汇演。但只在内部演了一场，就被禁演了。

《十里店》被禁演后，赵树理又作了多次修改。1964 年秋冬之际，作了较大改动，将初稿中的第一、第二场去掉，另写了三场，全剧分为六场。

到此，事情就搁下来了。

1965 年 7 月中旬，赵树理应邀到长治专区上党梆子剧团，重新排练《十里店》。数天后，跟剧团一起回到太原。起因是华北局书记李雪峰来太原开会，听说以后说要看看这个戏。

赵树理在 1966 年写的"检讨书"《回忆历史 认识自己》在谈到《十里店》的曲折命运时这样说：

这个戏在 1964 年到太原演出受到许多批评后，自己虽有想不通的地方，可是总算搁下不提了。去年夏天，李雪峰同志到太原市开会，不知谁向他提起此事，他说可以到太原去作一次内部演出看看。这时候，我在晋城还只在面上跑，选了峪口那个点，还没有去接头。专梆子团通知我要到太原演剧的消息，要我来帮着再排一下，然后随他们到太原去。我是迷在这本戏里的，老以为别人的批评冤枉了自己，所以听了这个消息，便向县委请了假，来长治和剧团排了几天戏，一道上太原去了。在太原住了将近一个月才演出，演出之后，各方面又都提了好多意见（李雪峰同志的意见没有单独和我谈过，他说他向省委说过了，让省委结合各方面意见，一并告我）。我去找王大任同志，王大任同志把好多意见订成一本给了我，并谈了一下总的精神，说要改就需大改，改的时候可把那个本上的那些意见都考虑一下，能接受的就接受（因为有互相矛盾的，所以不一定都考虑进去）。我根据他的指示，住在太原改了一个月，改完之后，去给他送，没有见到他，找到宣传部江萍部长，江部长看了和我谈了他的意见，又送给卢梦部长看，卢看后又指出若干处要改的地方，叫改一下（主要是删）。那时候江萍同志已经往晋东南来，我向卢梦同志说，改后是再送他看，他说不用了。我改完了，便回到长治来找剧团重排（因为改动在一半以上，所以排的时候又磨去好多时间）。这次排出之后，地委和江萍同志看了都仍有意见。

众说纷纭，无所适从。就这样，为这事几乎耗掉了他半年时间。

此时，文艺界已是风雨飘摇，风声鹤唳，大批判的浪潮波及全国，除了之前已开展的对周谷城的"时代精神汇合论""忠王不忠"的李秀成、"写中间人物论"的批判继续进行之外，又掀起了对影片《北国江南》《早春二月》《林家铺子》《不夜城》等的批判，对陈翔鹤的历史小说《广陵陵散》《陶渊明写挽歌》的批判，并且很快扩展到哲学、经济学、历史学、教育学等各个领域。

10月下旬，长治专区组织的"四清"戏剧观摩汇演大会在长治召开，有10个剧团参加，汇报演出了大小近20个现代戏，这是建国17年来晋东南地区戏剧界规模最大、时间最长的一次盛会。赵树理身为晋城县委分管文教的副书记应邀出席。专区梆子剧团把新修改的《十里店》向大会作了内部观摩演出。

10月30日，赵树理在长治市专署礼堂发表讲话：《戏以"好"为贵，不以"生"为贵》，对当时戏剧创作中的存在的不良倾向提出了严肃的批评。他说："当前戏剧界有个倾向，就是看见别人写什么，他也去写什么，看见人家演什么，他就去排什么。这叫赶时髦，也叫一阵风。搞戏剧工作不能这样，要知道戏以'好'为贵，不是以'生'为贵。剧本很重要，编剧人员必须深入生活。有些剧作者把自己关在小房子里看着报纸编戏，这样编出来的剧本剧团不愿排，即使硬排出来，寿命也不长，只能是劳民伤财。只有在生活中选择主题，经过艺术加工，千锤百炼，这样拿出来的剧本谁也反不倒，谁也抢不走，和所有的剧本都不一样，这才叫创作。"他还针对在毛主席著作学习中存在的简单化、庸俗化、实用主义在戏剧创作中的表现尖锐指出："最近，我看到有些剧本里，你写是英雄人物学《毛选》，他写是模范人物学《毛选》，灯光一照，《毛选》一翻，念上几句后，思想通了，矛盾就解决了。这叫典型的公式化、概念化。我建议你们今后不要写学《毛选》，要写用《毛选》，你是这样用，他是那样用，在故事情节里、在人物行动中有《毛选》的精神就行，这比学《毛选》更能感染人、教育人。"

赵树理在这次"四清"戏剧观摩汇演大会期间，还有三次讲话，即11月5日在全体大会上的讲话，11月6日在讨论《十里店》大组会上的讲话，11月7日在编导人员座谈会上讲话。这一组讲话，是他在"文化大革命"之前关于文艺问题的最后一次讲话，这几个"回忆加新意"的讲话，可以说是他对自己的创作经验的最简括的介绍，也可以看作是他在创作生涯结束前对文艺工作者的临别赠言。谆谆之言，殷殷之情，拳拳之意，将这位一生说真话、讲实话、做真人的卓越的"人民艺术家"的一片赤诚、凛然正气、勇往直前、义无反顾、坚韧不拔的精神，在时下又不无几分悲怆的情怀，尽悉展现在了世人的面前。

11月5日，在全体大会上，他一上来就怀着无限深情地说："晋东南地区是我的故乡，是同志们的家乡，是太行山革命根据地的一部分，我和她有母子一样的感情。多年来，我有时走有时来，好比出门的儿女，隔一段不来家乡看看，心里头怪想念的慌。要说，革命者要以五湖四海为家，可我常想这个'脚盆'地方。离的时间过久了，就有些牵肠挂肚，坐卧不宁，眼不明，手不灵，老怕说的写的离开了农民的心气儿。"（《赵树理全集》第6卷第407页）一句"母子感情""牵肠挂肚"，说出了他同故乡同农民的血肉相连的紧密关系，一句"老怕说的写的离开了农民的心气儿"，道尽了他创作的根脉和成功的要诀——为农民说真话、说实话，说他们想说的心里话。

接着，他说，他从小爱戏，大会安排试演《十里店》，听听批评意见，是很幸运的。他回顾了他在抗战时期以来的一些情况后说，文艺工作者不直接生产粮食、机器，"所有一点贡献，就是写些作品，演些节目，只有写得好，演得好，才能为社会主义的政治、经济服务，才能得到人民群众的欢迎，才能推动生产力的发展，提高工作效率。"他希望："每个同志，都应做好本职工作，我们编导演员，都要做好专业工作。对剧本，对演技，要多改，要多练；要吃苦，要勤奋；艺无止境，精益求精。这就得净化思想。"他谆谆嘱咐大家："毛主席说文艺要为工农兵服务，这是至理名言。我看，工农兵天天都为我们服务哩！人家的服务很实在，供给我们吃穿住。劳动人民是靠山，是奶娘，是人群的大多数，是主人。我们写书、编剧、演戏，要想他们的爱和恨，喜乐和忧苦，传播他们的思想感情、高尚情操。让他们通过书画、舞台、银幕，看到自身思想和形体的再现。更分明地看清谁好谁坏，学谁恨谁，在潜移默化中受到感染，提高觉悟，陶冶心灵，增强信念和勇气，成为改造环境、改造社会的力量。"（同上第 408 页、409 页）

11 月 6 日，他在讨论《十里店》的大组会上说，大会上分组讨论《十里店》，提出了许多宝贵意见，不管中肯不中肯，管用不管用，我是感谢的。"我不固执己见，只要指责的好，我就采纳；指责的不实之处，我也想想。" "《十里店》真实不真实？能演不能演？应由农民群众来决定。他们是生活的主人，最有发言权。在思想倾向上对不对？我是根据革命需要看重现实的。现实变化了，政策也得改。各级领导干部们，是执行政治路线者，在这方面最有发言权。艺术技巧上成熟不成熟？在座的都是戏剧内行。古典的，现代的，甚至外国的，不同剧种的，看过许多戏，在这方面最有发言权。有同志说《十里店》是个坏戏，这也吓不倒我。我怕的是事实先生。全盘否定的态度，不利于文艺创作。"（同上第 411 页）

11 月 7 日，他在编导人员会上说："材料的来源最好通过亲身工作，才有真知。不经过实际工作得来的材料，不大可靠。有的同志为了政治需要，先定了写篇什么作品，再带着目的去收集材料，以自定稿本的小框框去套社会的大天地。找来找去，把近似的东西也强拉进去，这就失去了先天的自然美，也容易歪曲政治的本来意义。" "政治不是空的，空了就是假的。" "可怕的是给党提供材料的人，写通讯报道的人，写小说剧本的人，原本就没深入到社会实际中体验、观察、研究，得出你的见解；可要猜测党的心思为政治服务，那就糟了。……带着本本去搜集材料的方法，我不会用。我常是以工作员的身份去工作，不是为了搜集材料去工作的。""我的脾气急，性情直来直去，知道后就向上级党委反映，提供基层情况。后来人家发现了我这个秘密，回家后没人给我说实话了。这些事我也苦恼过。为了他们，他们还避忌我。后来我才知道，他们怕报复、受治。……由此联想到带着本本去搜集材料的同志，人家一见你记他的体己话，他就不敢说真的了，为了应付，只好围绕着你问的意思转圈圈，打折扣，照道爬。"（同上第 411 页、412 页、413 页）这些，都是他的创作经历和宝贵经验的极为简要的概括。他还谈到落后人物和先进人物有的问题，他说："我们深入生活，碰到落后人落后事，不必大惊小怪。碰到先进人先进事，不必一见倾心，一听信以为真，还须多方了解。其实，很先进与很落后的人，常是少数，居于中游者，倒是多数。这三种人中，最宝贵的是先进人，他在现实生活里起带头作用，推动事物前进。戏剧与小说，是劝人学好哩！写时要多费周折，塑造好先进人物。"（同上第 414 页）这可以看作是他对提倡写英雄人物、批判"写中间人物"的一个简要回答。

春节，他回到太原。想到地县两级对《十里店》提的意见，又作了一番修改。回到晋城，又改排了一次。

1966 年 4 月 16 日，山西省委负责人卫恒、王谦从邯郸开会回省途经长治，晋东南地委又请他们陪同前来考察工作的中宣部副部长张磐石观看新排的《十里店》。看后，传下话来："你们也不看看现在是什么形势，还演这样的戏。"

一出《十里店》，赵树理自编自导，自己设计唱腔，蹲在剧场边排边改，前后六易其稿，累死累活，众位领导忙里忙外看戏献策，费时耗神，让赵树理投入如此巨大的精力，耗尽心血，在他整个创作生涯中还从未见过。赵树理不禁长叹一声："《十里店》一剧，真害死我也！"

赵树理怎么也想不明白，他"自以为重新体会到政治脉搏，接触到了重大题材"，当"文革"席卷中华大地，"打倒""横扫"之声响彻云霄之时，他还感觉良好："我越听越觉得《十里店》没有错，因为它既'重点'整了'走资派'，又'横扫'了'一切牛鬼蛇神'。"直到《十里店》已被"造反派"打成了"大毒草"，他还梦想着再加修改搬上舞台呢！阶级斗争，一团乱麻，乱麻一团，缠死了赵树理。

由于该剧创造性地揭露了农村干部以权谋私，不法分子贪污盗窃，支部书记软弱无力，农村贫富悬殊的严重状况，因而受到山民百姓的热烈欢迎。这一点，也正是赵树理痴迷该剧的根由。他原本是反对"把任何问题的原因是都反映为阶级斗争"的，他曾说："老区的地主富农已经不起多大作用，农村困难的根源不在阶级斗争，而在于干部作风和真正落实党在农村的各项政策"。但在当时那种不符合事实的阶级斗争学说的影响下，使他在《十里店》的创作中，也自觉不自觉地落入了这样的政治陷阱：地富不甘灭亡，梦想变天，腐蚀拉拢党内干部同流合污，致使农村集体经济遭到破坏，两极分化，政权变色，红旗落地。作者既要写阶级斗争，又不想正面描写"四清"运动，就让飞来的女英雄马红英婚后借"查卫生"揭开阶级斗争的盖子，形成全剧的高潮。作者自己后来也坦率承认，"采取怪办法，是这个戏的致命伤"。

这个"致命伤"，乃是那个特定时代的产物，其中也包含批判"写中间人物"对他在思想上造成的伤害和误导。在一个不讲真理专讲歪理的年代，有时也会把明白人裹挟进来，干出一些自己原来并不想干的事情。历史就是这般混沌，这般捉弄人。清醒的现实主义大师赵树理有时尚且难以完全避免，其他人就更不用说了。

赵树理壮心不已，还在想着如何克服自己在创作上的弱点，努力奋斗写好先进人物、英雄人物，更上层楼。

1965 年 11 月，赵树理选定晋城峪口村，准备在那里长期蹲点。

这年春天，省里召开模范工作者会议，他在会上碰到了老熟人常三毛，并了解到晋城本年在农业生产上要争取成为亩产 400 斤县，这下和他的打算碰了头，他觉得到晋城有三个方便：第一是有常三毛这位老雇农出身的县级领导，而且过去也曾有一度认识，再通过与他共事，深入理解一下，可以作为将来写县级领导的主要资料；第二晋城是个面上先进的地区，将来借作背景写起来开阔；第三是语言、风俗和自己的家乡接近，便于深入群众。这样，他便来到了晋城，但令他没有想到，做梦也没有想到的是，他很快就发现，到峪口蹲点，与过去情况不同，遇到五个不利条件：（1）县委派人照顾；（2）村里为照顾书记，单独给我找了小房子，减少了接触群众的机会；（3）吃饭问题；（4）自己体力不行了，和青壮年不能在劳动中相见；（5）县委书记官衔对普遍接触群众不能算是有利条件。每天也到地里去，到俱乐部去，去谈话、讲课、娱乐，但都是自己说得多，能听到见到的生活面太少。

就在这个时候，11 月 10 日上海《文汇报》发表了江青精心策划、毛泽东三次审阅的姚文元的《评新编历史剧〈海瑞罢官〉》，18 天以后，首都各报陆续予以转载，史称"文化大革命"的序幕拉开了。赵树理没有想到，做梦也没有想到，在这场"史无前例"的政治狂澜中，他的一切善良的、美好的愿望，都将被打得粉碎，甚至性命不保。

22

"文革"狂飙扫神州，"方向"成了"黑标兵"

赵树理就是这么个脾性，他认准的事，不论遇到什么困难，他都不会放弃；他认定的理，不管环境如何险恶，他都会执拗地坚持。

1966年2月3日、5日，他在晋城县委常委会上发言，提出"根本问题"是发展经济。他说，要解决三大差别，"根本问题是发展农业，尽快保证粮食过关。消灭差别，不是把高的往下拉，而是发展低的。""20元以下收入的地方，对集体是个什么看法。按阶级说来，贫下中农是拥护我们的，但得有物质保证。我们说情况明，决心大，我们的情况明不明。"在发展经济这个"根本问题"上，不能"束手束脚"，不能"蛮干"，也不能"机械地干。一号召，照着干。"不能搞形式主义、花架子。他说："南村大队修了三条棱，已误5000工。就没算一算一个工肥，上到地里，就比这三条棱打粮多。这叫不叫政治事故？这是不是为人民服务，对人民负责？"（《赵树理全集》第6卷第423页、424页）

赵树理从"三农"问题出发提出发展经济是个"根本问题"，具有重大的理论意义。在当时姚文元批判海瑞的文章大行其道，"以阶级斗争为纲""两个阶级两条道路两条路线的斗争"高唱入云的情势下，赵树理的"根本问题"论，可谓不同凡响，弥足珍贵。这是他此生最后一次在党的会议上的发言，也是他关于农村工作留给后人的最后的极为重要的理论思考。后来，邓小平在改革开放新时期提出了一系列重要观点："贫穷不是社会主义"，社会主义的"根本任务"就是发展生产力，要把发展生产力摆在全部工作的首位，作为全部工作的中心，等等。赵树理的"根本问题"论,与邓小平在思想上和精神上是多么一致啊!他从农村的实际情况出发所达到的理论认识的高度,令人赞佩。

春节,他回太原家中住了几天。后在抗旱打井时又在峪口村住了个把月,不觉已到了 3 月下旬。自从去年 11 月姚文元《评新编历史剧〈海瑞罢官〉》发表以来,时局发展变化极快。4 月 10 日,根据毛泽东的意见,《林彪同志委托江青同志召开的部队文艺工作座谈会纪要》以中央文件形式批转全党,《纪要》抹杀新中国成立以来文艺工作的成绩,主观臆断文艺界在新中国成立以来基本上没有执行"毛主席的文艺路线","被一条与毛主席思想相对立的反党反社会主义的黑线专了我们的政"。捏造出一条所谓的"文艺黑线",从 30 年代一直贯彻到新中国成立以后,号召"坚决进行一场文化战线上的社会主义大革命,彻底搞掉这条黑线"。4 月 18 日,《解放军报》发表社论《高举毛泽东思想伟大红旗,积极参加社会主义"文化大革命"》,全面公布了《纪要》的观点和内容,同时,《文艺报》也发表了题为《"写中间人物"论反映了哪个阶级的政治要求》一文。赵树理越来越感到一场大的政治运动即将来临,他劝跟随自己的田法安离开晋城,并介绍他回沁水工作,以免将来开展运动时受到牵连。他建议田法安将来可以写一部"十二月政变"的作品,还可以为泽州秧歌配上丝弦,把它培植成为一个地方小剧种。

此时,他正在构思的一部 80 万字的长篇小说《户》,已日臻成熟。这部鸿篇巨制,还是在 1959 年批判他的时候就开始酝酿了。他认为,从古到今,家庭总是中国农村社会的细胞。历史发展的点点轨迹,阶级关系的种种变化,必定会在各家各户的日常生活中反映出来。拿目前情况来说,户仍是农村的生活单位。记工分、结算、分配都以户为单位。在养老没有社会化以前,这对社会主义生产还是有利的。由于户的存在,也有问题,公社、大队、小队都是社会主义所有制,户可不是,在生活上往往带有封建性。在一个户里,总是教育孩子要为自己家里好。有时也说为集体,也是因为多干可以多挣工分,拿这思想来教育孩子。所以爱队如家的教育是一套，在家里受的教育又是一套。孩子们要听两套教育。户要卖些农产品，要正确看待这一问题，为搞点交换，为搞副业，适当的买卖是正常的。（参见《赵树理全集》第6卷第64页、65页）

他想得很深很细，对全书已经作了精心设计。他说："一家一户的情况很不同，尤其是历史久、人口多的大家庭，几世同堂到现在的，更为复杂。有经济的牵涉，有思想的分歧，有关系的亲疏，有性格的差异，等等，明争暗斗算小账。所谓当家人，很不容易对付。当老爷爷的多有特权思想；当公婆的有个自我尊严；大媳妇养老拖小有思想包袱；二媳妇不会生育觉得吃亏；三媳妇是个城镇中学生，光会讲道理，不会做饭做衣服；弟兄们童年的感情渐渐淡薄，慢慢地产生了你争我夺的心思；小孩子吵嘴，带出了爹妈议论对方的话；再加院邻街坊有个坏婆娘从中挑拨离间，幸灾乐祸；守旧派老讲具体事打动不了人心，先进派光讲空话没人相信。这样的家庭斗争会持续不断。但是，一家形形色色的各样人物，在先进的社会主义制度下，在大小队的统一领导下，又都受着一定的感召和制约，天天开窗户有新鲜空气流动，夜夜闭门有肮脏空气膨胀，这又是比较相同的一个方面。总之，一家不知一家，和尚不知道家，各家有长有短。就是富裕中农家庭，也有辛勤俭朴的好人。就是贫下中农家庭，也会产生好逸恶劳的蛮横子弟。因为父兄们里里外外都为他干了活计，他闲着没事干，就邪门歪道地去学坏。还有一个老婆婆常骂街，一辈子从来不吃亏，凭着要厉害出了名，内务外交都得她管。她有个儿子没出息，不敢反抗，长到三十多岁也找不下对象。拖到他娘死后，才算有了女人。"（《赵树理全集》第6卷第414—415页）他在这部小说中将描写三户典型的农村家庭——贫农、中农、地主——以反映人民公社化以后的人事变迁。据说，书中人物达100多个，将有叱咤风云的英雄形象出现。

写作尚未动手，赵树理回县城碰到一个必须首先解决的问题——剧团没戏演。他让晋城剧团派人到焦作找来豫剧团剧本《焦裕禄》，排出一看，觉得不太好，把焦裕禄神秘化，写成个超人了。他对李近义说："焦裕禄也是个普普通通的人嘛！他虽在群众之上，却始终在群众之中。" 再就是在技术上与上党戏也有些出入。于是，痴迷于上党戏的他，手又痒痒起来。"人家都批评我净写落后人物，这回我要写一个以英雄人物为主人公的戏。"（李士德：《赵树理忆念录》第154页）

他决定放下其他事情，亲自动手改编《焦裕禄》。不仅在技术上改得适合上党戏演出，在内容上也要作大的改动。他重新翻阅了书报杂志上所有的关于焦裕禄的材料，又跑到河南兰考去考查了一番。这才开始动手，对全剧重新布局，把人物关系、思想行动写得合情合理，连火车、下雨也要戏曲化。

5月16日，中央政治局扩大会议通过了《中国共产党中央委员会通知》，要求："高举无产阶级文化革命的大旗，彻底揭露那批反党反社会主义的所谓'学术权威'的资产阶级反动立场，彻底批判学术界、教育界、新闻界、文艺界、出版界的资产阶级反动思想，夺取在这些文化领域中的领导权。"于是，不分青红皂白，只要被认为是"反党反社会主义反毛泽东思想"的混进党里、政府里、军队里和文化领域的各界里的所谓"资产阶级代表人物"，就通通成了"批倒批臭"、惨遭迫害、甚至摧残致死的对象了。

此时，赵树理的《焦裕禄》刚刚写完三场，他突然接到专区剧院打来电话，邀请他回长治修改准备参加省里汇演的剧目《两教师》。这是专区布置的紧急任务，赵树理不得不放下手中尚未完成的《焦裕禄》，前去应命。

这是一个以农业中学为题材的剧目，赵树理到后当即成立了由5人组成的创作组，并到陵川、晋城几个农业中学进行调查研究。

赵树理带着一件马褡子，里边装着茶壶、茶碗、火车牌香烟，还有他常爱服用的牛黄解毒丸。每走到一个地方，他都要打开马褡子，把茶壶、茶碗摆在地上，大声吆喝："开茶馆喽！"有时他们还像一个小乐队，赵树理用嘴伴奏领着唱几段戏曲。

6月1日夜晚，他们正在晋城县岭南南村喝着"赵记茶馆"

的清茶，广播喇叭里突然传来了中央人民广播电台广播的聂元梓等人的被称之为"全国第一张马列主义大字报"及评论员的凌厉之声。评论员的文章称北京大学党委是"假共产党""修正主义的党""反党集团"，号召全国人民起来，凡是反对毛主席，反对毛泽东思想，反对毛主席和党中央的指示，不论他们打着什么旗号，不管他们有多高的职位、多老的资格，都要"把他们打倒，把他们的黑帮、黑组织、黑纪律彻底摧毁。"大家听了，心顿时悬了起来，不知道国家将要发生什么大事。听完广播，谁都什么也没说，就默然散去了。

　　第二天即接到通知，创作组两位同志回原单位去了。赵树理和留下的两位同志回到了县委招待所。赵树理摊开稿纸，心烦意乱，写不下去，只开列了一些剧中人的名字，其中一个叫李黑飞。很快，又有一位同志走了。当最后一位同志来向他告辞时，他强作欢颜亲手递上清茶一杯，沉重而又不无幽默地说："'山雨欲来风满楼'，我的茶馆也给刮塌了。你先饮下这杯离别'酒'，等雨过天晴，再请你来品茶。"

　　赵树理大概还没有想到，这场席卷全中国、震撼全世界的"史无前例的无产阶级文化大革命"，就是他的末日。他将被这场"两个阶级、两条道路、两条路线斗争"的狂风恶浪所吞噬，他是再也等不到"雨过天晴"的那一天了

　　6月至7月间，晋城给赵树理贴了许多大字报。他想按老规矩找组织谈谈，但没有人和他谈。这时，戏也不改了，乡也不下了，一切都停摆了，学《毛选》，贴大字报成为唯一的工作。

　　赵树理看了风靡一时的《欧阳海之歌》，他深有感触，觉得他自己已经不了解这些"新人"了，"自己再没有从事写作的资格了"。是的，这个世界变得他已经不认识了，完全不是从前那个产生小二黑、李有才的时代了。不仅《续李有才板话》、《灵泉洞》（下部）完成不了，已构思好的《户》等也将胎死腹中了。

　　7月1日，《红旗》杂志社点名批判周扬，称他是"文艺黑线"的"祖师爷""总头目""大红伞"。世人皆知周扬可谓

赵树理的"伯乐",周扬遭难,赵树理在劫难逃,他的遭遇注定了。

7月17日,赵树理与晋城县委常委一起去长治参加地委召开的会议。在传达华北局工作会议精神和《毛泽东同志给林彪同志的一封信》之后,当即将斗争的矛头指向赵树理,集中火力批判他的"罪行"。

会后,没让他回晋城,留住地委东招待所交代问题。他戏称招待所为"交代所"。迎接他的将是铺天盖地的大字报,什么"资产阶级反动权威"、"周扬文艺黑线树立的黑标兵"、"反动作家",帽子满天飞,还有就是大大小小的批斗会。

7月20日,以晋东南地委书记王尚志、副书记全云为首的13名地委干部在地委大楼三楼楼道里给赵树理贴出了题为《借下乡体验生活之名行反党反社会主义之实——从赵树理在晋东南地区的所作所为看他的本质》的大字报,长达13000多字,对赵树理进行了全面的揭发批判。大字报说:"赵树理到底是个什么样的人物呢?现在,真相已经大白,原来他是一个披着'人民作家'的外衣,干着反党反社会主义勾当的资产阶级文艺家。解放十几年来,他为了忠实地执行文艺黑线"祖师爷"周扬的指示,借下乡体验生活之名,在山西晋东南地区的广大农村到处放毒……明目张胆地公开反党反社会主义反毛泽东思想。"

第二天,这些人又贴出题为《赵树理反党反社会主义反毛泽东思想言行面面观》的第二张大字报,长达30000余言。这次规模更大,还联络了地委常委、晋东南军区司令员、宣传部长、地委秘书长等共17人,声势更加浩大。

世事难料,令人惊恐。不久,王尚志受冲击投井自尽,赵树理闻讯,不禁老泪纵横,对招待所的服务员说:"王尚志同志虽然带头签名给我贴过大字报,但毕竟是党所派出的一个地方组织的代表,和我共过事的同志。""他们把我当'黑帮',我可是把他们当同志啊!"(陈为人著:《插错"搭子"的一张牌》第219页)随后,全云亦以"走资派"罪名被揪斗。他后来出任太原市委副书记,最终又被打成"'四人帮'伸向太原市的黑手"

挨批。互相残杀，一片混乱。

当赵树理看到第一张大字报时，曾随手在上面写下这样几句话："尘埃由来久，未能及时除，欢迎诸同志，策我去尘污。"对那场突如其来的运动，作为一个自律性很强的老党员，他表示欢迎，态度积极。

"表态，表态，表面之态。"赵树理看得清楚，这两张大字报把他打成"黑帮"是自上而下发动的，是有计划有组织地进行的。具有独立精神、自由思想，富有民主、科学、公平、正义、人权、法治和实事求是精神的他，是绝对不会逆来顺受的。他面对那种不顾事实、颠倒黑白、混淆是非、栽赃诬陷、蛮不讲理、侮辱人格、置人于死地的做法怒不可遏，不能不表示强烈愤慨和坚决反抗。请看当年晋东南地区这期《文化革命简报》的记载：

三万多字的大字报，王尚志、仝云都签了名，这是有计划搞的。不然晋城的材料、峪口的材料、我家乡的材料，他们怎么知道，要去调查搞我这个文人，谁还给我说话。

大字报上好多材料不是我的，多一条少一条不管他，包起来就行了。要辩论让他们去辩论吧，我不参加。

大字报说我多年不定期上下奔波进行反党反社会主义活动，这不符合事实。我向来认为我上下奔波还是一个优点。其他作家坐在上边不下来，还没有这个优点。过去有人说我是通天彻地的干部，我到上边找的都是各级领导，反映的是实际情况。我到下边又代表的是上边，做的是说服教育工作，要说我受黑帮指示，上下奔波反党反社会主义活动，不说我接受不了，其他人也接受不了。

我看了大字报后，怒气冲冲地和武清白同志说："党给下了结论，把我列入黑帮，下边是揭发（指二楼三万多字的大字报），上边是结论（指三楼大字报），说我有纲领、有基地、有上有下，只说登报了。我的材料是从北京来的，这是党决定了。叫王尚志、仝云来完成这个任务，叫他们很快完成这个任务算了。把我这黑帮处理了，他们也就胜利了。"武清白同志当即严厉地批评了我，并指出应该相信党。我说："材料又不是从群众中来的，反正是搞我，我也不知道是我不相信党，还是党不相信我，是我把党摆在对立面，还是党把我摆在对立面，我不提了，叫他们完成任务算了。"武清白同志严厉指出："你这是和党对抗，你说不是事实你也可以贴出大字报辩论嘛！"我说："党决定了我还辩论什么，我和谁辩论，我站在什么立场上，我要站在无产阶级立场上，他们站在什么立场上？我要是站在资产阶级立场上，我还觉得我不是呀！辩论就是斗争，你还没说上三句话，就顶回来了。"

大字报说我向党伸手。我感到从历史上我没有向党伸手要过什么。伸手派常常是要三个东西：权、名、利。我这个名气是从解放区出去的，进了北京虽然写了《三里湾》，后来名倒不如以前了。1953年从中宣部调到作协，我在中宣部给我定的是行政十级，到了作协马烽等都比我的级别高，要给我评级，我说享受已经不少了，不要。我从进北京、出北京、到太原，一直比他们的级低，我没有伸手要过提级，十几年来没有写出好作品，应该再取下些。

说我写的作品效果不好可以，说我是伸手派，我伸什么手？我要什么东西？我60多岁了，说我图名，我什么领导也没当过；说我图利，我落了1400块钱？我忠心耿耿为人民服务，结果落了个黑帮。

大字报说我这几年时而去北京向主子汇报，时而回到家乡活动。……去北京汇报，我是向党组织汇报的，近几年也去得很少。我汇报都有材料，我回去不向党组织汇报向谁汇报？我没有向周扬黑帮汇报，即使向他汇报，他是党组书记，我也没办法。

想要搞臭我，搞臭的办法多了，为什么偏要这样搞？比如我去洗澡，身上没有粪硬给我抹上些粪。

赵树理说话一向直来直去，看了这期《简报》，对他在"文革"初期的看法和想法，思想和态度，就大致一目了然了。

8月8日，省委宣传部召开座谈会批判赵树理，次日《山西日报》报道了这次会议，大标题是：《彻底批判资产阶级反动文学"权威"，打倒周扬黑帮树立的"标兵"赵树理》。

与会者揭发批判说，赵树理"长期以来坚持着一套系统的资产阶级纲领，处处同毛泽东思想唱反调，同党的路线、方针、政策相对抗。这套反动的政治纲领，突出地表现在反对党对农业实行社会主义改造，反对合作化，反对人民公社化。他顽固地坚持资本主义道路，诡称在互助组初级社时期，他和党的农村工作路线在认识上是"一致"的，但从高级社以后，他就钻不进去了，和党的农村方针、路线就不一致了。他恶毒地污蔑农民在集体生产中不安心，秩序混乱，连他写作的题材也找不到了，一切都感到不顺手了。他公开喊叫没有农业经验的人不能领导农业生产，亦即取消党对农业生产的领导。他反对社会主义农业的计划生产，念念不忘小农经济的生产方式。他反对国家的统购统销政策，胡说统购统销政策刺伤了农民的积极性，主张农产品应该自由买卖。他对社会主义新农村的生产秩序与生活方式处处感到不习惯，妄图使农民停留在小农经济的状态踏步不前，这实际上是主张在我国复辟资本主义。"

与会者批判说："赵树理早已由民主革命时期党的同路人，进一步坠落为反党反社会主义分子。赵树理多年来以'农民代言人'、'农民作家'自居，实际上他是一个钻进党内的地地道道的资产阶级代表人物，富裕中农的代言人，他是文艺界周扬黑帮在反动的'大连会议'上捧之为写农村题材的'铁笔''圣手'，树为写中间人物的'唯一标兵'。"

与会者一致认为："赵树理反党反社会主义的政治观点和文艺观点，毒性浓烈，流毒甚广，迷惑了不少群众，毒害了不少青年，为了捍卫党，捍卫社会主义，捍卫毛泽东思想，我们必须在这次'无产阶级文化大革命'中，把反革命修正主义分子、资产阶级反动文学'权威'——赵树理揪出来，彻底清算他的反动思想，批判他的反动作品，彻底肃清他的流毒和影响。"

再来看看，长治地区对他的揭发批判，《文化革命简报》第11期所记载的他反对人民公社和"三面红旗"的"黑话"：

　　赵树理一手反对党的领导，一手推行资产阶级自由化。揭批者列举了赵树理在一次会议上说："现在是生产者不当家，当家者不生产，农业生产几千年已形成的自然分工，如种棉花，新中国成立前就有商品区、自给区、供应区，现在种棉花都成了商品区，影响生产积极性。"又说："我们光管支部工作就行了，生产用不着我们管，农民种了几千年地，谁还不会种地。"1958年阳城、沁水并县时，他担任县委书记处书记，经常叫嚷："县委、公社、大队不要干涉农业生产，农民知道怎样种地。""没有农业生产经验的人领导农业生产只能是瞎指挥。""农民想吃啥就让他们种啥，何必限制的那样死。"他还污蔑他老家尉迟村"只有一个半社会主义"，骂党员"没灵魂"还要"招魂"，在三年困难时期，他还煽动群众："你们想种啥种啥，想种多少就种多少，上边是上边，下边可以不要照办。""多开点小块地肚子吃得饱，不然喝上两碗稀汤汤，尿上两泼就完了。"赵树理竭力鼓吹"开垦自由，种植自由，买卖自由"，对国家的派购政策极为不满，攻击当时派购鸡蛋的措施是"气得社员不喂鸡，气得鸡子不下蛋"。早在合作化时期，他就煽动群众单干，说什么"农民入社走集体化道路，好比旧社会结婚一样，是先结婚后恋家，由不愿到自愿"。还说"真正合不来可以离婚，退社"，赞扬农民种的自留地才是"样板田"、"标兵田"。1962年赵树理还亲自把尉迟大队划分为三个核算单位。问题非常清楚，赵树理是在为资本主义鸣锣开道，企图把社会主义的农村拉回资本主义。

　　打着人民作家的旗号，对三面红旗不歌颂，不赞扬，反而恶意攻击、造谣和污蔑。发言的同志揭发批判说："赵树理反对农业合作化和三面红旗是一贯的，他早就说过：互助组、初级社，我和党的路线、农村工作认识是一致的，从高级社以后，我就钻不进去了，出了高指标，收了过头粮，农民不安心，生产秩序乱。""初级社时期一切都顺手，高级社、公社化以后，什么都不顺手了。""'一平二调三共产'，什么都要归公，毛驴入了社，集体增加了负担，干部增加了麻烦。"1959 年沁水开会研究生产指标，大家提出了跃进计划，在"人有多大胆，地有多大产"；"海阔天空的想，势如破竹的干"；"拼命干，不吃饭，死了算"；"全党齐动手，全民总动员，威震太行山，干劲冲破天，乘卫星驾火箭，一夜绿化沁水县"等口号的鼓舞下，郑庄前进社提出："一亩玉茭亩产 6253 斤，十里黎明社谷子亩产 2016 斤，端氏卫星人民公社大烟沟棉花亩产 3000 斤。全县 40 万亩粮食作物，总产量二亿零五百万斤。"赵树理却恶意污蔑说："这是赌博，这是押宝，不要空想一气。"1961 年唐庄公社持续跃进，大搞发电站，赵树理却说："发电站是发愁站。"公社修建卧龙大坝，他又大肆攻击说是"劳民伤财，得不偿失"。去冬峪口大队响应省委号召，建设稳产高产田，赵树理又泼冷水说："不能盲目干，要经过算细账。"他到地委开会，群众就修了一沟大寨田，他回来批评说："修沟滩地，不上算，误工多，收益少，不如修修补补，先顾当年。"在他的压力下，大队只好把修大寨田的工程停下来。丰裕大队是晋城山区建设大寨田的样板，他去看时，光问人家误了多少工，不说人家有多大的干劲。他猖狂地污蔑先进单位，说："不参观还好些，一参观形式主义就出来了。有的地方为了对付上级检查，只干地头、路边的农活，地中间的草比庄稼长得还高，光让参观个表面又顶什么用。"

反对党的方针、政策，反对党领导的各个运动。揭批者们在发言中说，赵树理对党提出的"以钢为纲""以粮为纲""以阶级斗争为纲""政治统帅经济""政治统帅一切"十分不满，胡说什么"'大跃进'中的一切活动，都带有阶级斗争"，是"阶级斗争取代了一切，冲击了一切"。1959 年全国各行各业都在大干快上，大放"卫星"，赵树理的故乡尉迟大队瞒产数千斤，赵对干部说："邻近大队都有瞒产现象，如果尉迟大队不瞒产，多卖余粮，就要吃亏。"他还恶毒攻击统购统销政策，说"高估产，统购过头，农产品价格低，影响到农民积极性。"

对这样的批判，赵树理当然不服。不管你怎么批判他，折磨他，他始终只有一句话："我没有反对毛主席，我只是说了和写了几句实话。"打死他也不改口。"黑话"不"黑"，全是真话、实话。他赞成自留地、包产到户、自主经营、自负盈亏、自由经营、自由贸易，反对高估产、高征购，反对形式主义等等，有什么不对？对他的批判，完全是颠倒是非，混淆黑白，乱扣帽子，乱打棍子，以错误诋毁正确。这是历次政治运动的惯用伎俩。所批判的赵树理的那些个"罪行"，不仅不是他的罪过，而且相反，正是他难能可贵的闪光之点。在今天的人们看来也许难以理解，当时的人们怎么如此之荒唐、荒谬？其实，即使在当时，只要一心想着维护农民的权利和利益，一切从实际出发，真正按照实事求是的精神办事，也会赞同而不会否定赵树理的这些意见。可是，在那个年代，普遍情况是上面说什么，下面就跟着说什么，上面要打倒谁，下面就跟着打倒谁。赵树理所说的一切，都被视为大逆不道，非得把他"打翻在地，再踏上一只脚"，把他"批倒批臭"，叫他"永世不得翻身"不可。同流合污者或沉默者众，反对者少，即使有，他们的声音也很难发出。当权者就喜欢"一"，不喜欢"多"。只能有一个声音，不允许有不同的声音。

23

"我总算是想通了，明白过来了"

8月10日，晋城戏校红卫兵把赵树理揪到学校进行批斗。申双鱼、徐成巧在《铁笔圣手——赵树理》一书中写道：那些人，"蜂拥而来，喊着'打倒黑标兵赵树理'的口号，涌进赵树理的住室，用白纸糊了一个尖尖的高帽子，给赵树理戴上，又做了一个长方形大牌子，上面写着'黑帮分子赵树理'，'赵树理'三个字用红笔划了叉，表示判了死刑的意思。红卫兵把大牌给赵树理挂在脖子上，押着他走向会场……走在路上，红卫兵大喊：'打倒反革命分子赵树理！'赵树理不怕遭罪，忙说：'你们喊错一个字，我是干革命，不是反革命。'红卫兵又喊：'打倒反党分子赵树理！'赵树理又说：'你们又喊错了，我自己是共产党员，怎么还能反对自己的党呢？'有个红卫兵说：'你他妈的尽写'中间人物'，不是反革命是什么？'赵树理说：'镇压反革命条例上没有说写了'中间人物'就是反革命呀！作品里面既有正面人物，也有中间人物和反面人物，要全写正面人物，那怎么能写成作品呢？''你还想抵赖？你利用小说反对党的领导！''我在作品里是讽刺过一些乌七八糟的领导人，那些人办事专爱吹大话，不顾群众死活，弄虚作假，大搞浮夸，害国害民，这些人不能算党的正确领导呀……'红卫兵见他处处说的满有理，争辩不过他，于是就喊口号"，又要他"低头向人民认罪"。赵树理就用劲把头一低，那顶尖尖的高帽子滚到了台下，会场引起一阵哄笑。

在晋城师范的一次批斗会上，赵树理被押到会场，给他头上戴上纸糊的高帽子，胸前挂着大排子，上书"黑帮分子赵树理"。后面站着他的"黑爪牙"：宣传部长、文化局长、剧团团长、戏校校长、书记等一大帮。赵树理上台站定，一把摘下高帽、大牌子，撂在了台下。此举大出人们意料，一时会场被镇住了。主持批斗会的造反派头头见势不妙，赶紧带领大家高呼口号："打倒黑帮分子赵树理！"

造反派头头厉声责问："赵树理！造反派说你是黑帮，你胆敢反抗，这是反革命行为！罪该万死！我问你，你是不是黑帮？你的作品是不是大毒草？"

赵树理昂首挺胸慢条斯理地答道："你们说我是黑帮，我不敢当。我这个人长得黑，这是事实，可是心不黑，也没帮没派。至于我的作品，那尽是些'豆芽菜'，连'西红柿'都够不上。要说大毒草，我真不知道怎么种呢？！"

面对赵树理的幽默，"造反派"不知如何应对。那时还不兴武斗，于是就采用车轮战，分三班昼夜不停地和他"拼刺刀"。说是"拼刺刀"，但又不准他辩驳。赵树理说，你们这是"捅刺刀"，不是"拼刺刀"。小将们说："造反有理！管它是拼还是捅，反正你得承认是'黑帮'。我们的刺刀不见血是绝不罢休的！"

赵树理在"文革"初期的黑色幽默，故事不少。

有一次，赵树理奉命去一个剧团接受批斗，走进会议室，二话不说，就一屁股坐到地上声明道："用不着你们往倒打，想怎么批就怎么批，戴纸帽子顶破房子也行。"说得批斗者哈哈大笑，宣读了几句公式化的文章了事。

苟有富在《一生真伪复谁知——赵树理在"文革"岁月中》记载了这样几个细节：

那个头头模样的人，忙领着喊口号："打倒反革命黑帮分子赵树理！""打倒周扬文艺黑线的代理人赵树理！""打倒……"喊着喊着，突然发现赵树理还戴着他平时总戴着的那顶前进帽，马上喝令道："赵树理，把你那帽子摘了！"

赵树理佯装不解地问："帽子你们刚才给戴了一大堆，怎么又让摘了？"

"是说你头上的帽子。"

"可不是我头上的帽子嘛，这时候谁还愿意戴这么多顶'黑帮'分子的帽子。"

那个头头恼火地说："我说的是你头上那顶前进帽。"

批判赵树理的红卫兵喊了一句："我们一定要把赵树理批倒批臭，臭如狗屎，狗都不吃。"

赵树理听着忍不住"扑哧"笑出了声。

那红卫兵怒斥道："批你呢，笑什么？"

赵树理笑着纠正道："你们刚才喊得不对，狗是越臭它才越爱吃哩。"

批斗会后，就安排赵树理在戏校吃晚饭。平时，总有一伙学生围着赵树理，听他那总也讲不完的故事。可现在，赵树理只好独自一人端着饭碗，圪蹴在一边。

……有个女同学刚一放下碗，就说她有颗纽扣掉了，要找线钉扣子。问了好几个同学，都说没有线。这时赵树理突然在旁边接口说："我倒是有线，但你不能用，我是'黑线'。"一句话把沉闷的空气又逗得有了欢笑声。

王子硕在《逆境中的幽默》中说，1966年夏，《中共中央关于无产阶级文化大革命的决定》把干部分成四类，即好的，比较好的，犯过错误可以改造好的和死不改悔的"走资派"。于是，"造反派们据此向赵树理喝问：'赵树理，你是哪一类干部？'赵树理微微一笑，说：'说我是一类二类的干部，我不敢往里挤。说我是个三类干部，你们不答应。说我是个四类干部吧，我自己又不承认。实在不行的话，就算我个三类半吧。'这个三类半一出口，立刻就把陪他挨斗的'黑帮们'逗乐了，可是又不敢笑出声来，只好捂住嘴把腰弯得更低些。"（高捷编：《回忆赵树理》，山西人民出版社，1985年，第167页）

赵树理真不愧为幽默大师，面对残酷的现实，依旧那样轻松，乐观，随时不忘幽他一默。这需要智慧和勇气，他的大智大勇和乐观主义精神确实令人赞佩。人们在笑过之后，赞佩之余，内心又不能不觉得沉重，不能不感到深深的苦痛和悲哀。

在晋城批斗一段后回到长治，地委召开千人大会对他进行批判。内容广泛，增加了许多"反毛泽东思想"的"罪行"。赵树理反对只会背几句语录，"读书千万遍，思想不沾边"；反对"红海洋"，说过"搞这些干啥？形式主义，瞎误工！这能打出粮食来？不如到地里多干点活。"这都成了他的大罪。

不过，批判归批判，即便在批判者中，也有些人良心未泯，心里自有一杆秤。

一次赵树理被揪到晋城城区中心南大街广场批斗，风大天冷，等到第6个人发言时，批判稿念到一半，那人突然举起右手，边喊着口号，边跑过来拉住赵树理的大衣将他撞倒在地。当他站起来时，发现大衣口袋里装了个酒瓶，回来一看，还有个字条："敬爱的赵老师，你今天又受惊了。天气太冷，当心感冒，这一小瓶酒给您暖暖身子，请保重！晋城一小教。"

还有一事，曾有几个红卫兵秉承上级旨意三进尉迟去"肃清"赵树理的"流毒"。结果，三次批判会都开成了乡亲们为赵树理评功摆好的表彰会。

凡是在赵树理下乡到过的地方，搜集批判他的"材料"都受到了群众的抵制。川底有位73岁的老贫农愤怒地说："保国忠良没有好下场啊！"他的话喊出了广大农民的心声。

当然，更多的还是批判、打倒之声。有个和他平日交往不错、彼此非常熟悉的人，为了表示自己"革命"的坚决性和彻底性，以捞点什么好处，给他贴了一张题为《请看赵树理的野心》的大字报，无端对他进行攻击，令人十分震惊。赵树理在1962年3月参观大庆时，目睹石油工人顶风雪冒严寒，改天换地，大打石油翻身仗的情景，有感而发写下两首竹枝词加以赞美，其中一首《油田远眺》云："任他冰封与雪飘，江山再造看今朝。钻林不作银蛇舞，也与天公试比高。"大字报据此牵强附会，任意曲解，无限上纲，怒斥赵树理对无产阶级专政极端不满，有改朝换代、再造江山的野心，而且要和伟大领袖争高下。赵树理看了，凄然地摇摇头，对前来安慰他的几位同志说："我倒没什么，可是这样下去，不知多少人要蹲文字狱了。"他在大字报旁边写下了这样的话回应："革命四十载，真理从未违。纵虽小人物，错误也当批。"

身处难中的赵树理，心心念念想着的仍旧是农民，仍旧是家乡的父老乡亲，他最关心的事情，还是发展生产让百姓富足起来这个"根本问题"。有一次，他在"交代所"食堂偶然遇到老家尉迟一个小青年，当即高兴地请这个小同乡到屋里坐坐。赵树理问他县、公社干部有没有被批判，村里领导和生产情况如何。当他得知一切还比较平稳时，心绪才渐渐好起来。他勉励小同乡，将来不升大学也可以，就回村里把咱村搞好。咱们村不错，地板好，有水，只要干，老百姓会富足的。要是把水利搞好，就能多打粮，要是在山头、小沟里多栽些果木，老百姓就更乐陶了。他最关心的问题，还是莫大于发展生产，百姓富足。小同乡回忆说，他在这个"不堪入目"的小屋里，越说越兴奋，好像不是在"反省"，不是在蹲"牛棚"，而在宽阔明亮的礼堂给青年人讲前途、讲理想。

1966 年底以前，赵树理写过三次书面检查。这些检查，迫于强大的政治压力，难免有些违心之论，可以使我们体味到邪恶升堂，正义遭殃，假恶丑如何代替真着美，人性如何被扭曲。但是，赵树理并未屈服，他在长达 23000 多字的《回忆历史　认识自己》的第三次检查中，回顾了一生的思想和创作，反映了他的独立人格、善良品性、科学理念和实事求是精神，为后人留下了一份了解和研究他的一生的珍贵的史料。

此时的赵树理尽管觉得自己受了莫大的冤枉和委屈，但他还是努力从积极的方面去理解这场史无前例的政治运动，尽量跟上形势。他说："广大人民不了解内情，从某一段把我社会关系上把我和一些人摆也摆在一处，扫也扫在一处，但我把自己的来踪去迹向党说明之后，要求党在数年之内，经过详细调查，最后把我加一点区别，放到应该的地方。""我不要求过早地加以区别，此次'文化大革命'是触及每个人灵魂的事，文化界、文艺界的人们更应该是一无例外的。待到把我和我共过事的人都接触到，把问题都摆出来，我本人的情况也会随之而出，搜集起来，便是总结。我以为这过程可能与打扑克有点相像。在起牌的时候，搭子上插错牌也是常有的事，但是打过几圈来也就都倒正了。我愿意等到最后洗牌的时候，再被检点。"他对这场运动的认识，显然是太肤浅、太简单了。他不明白，这场运动若不被彻底否定，他将永无"再被检点"翻身得救之日。他这张牌"插错"了"搭子"吗？既可以说没有插错，也可以说是插错了。但他在"文革"中不可能"再被检点"则是肯定的。

1967年《红旗》杂志第一期发表了中央文革姚文元《评反革命两面派周扬》，点名批判了文艺界一大批元老和著名文艺家的名字，赵树理也被诬为"资产阶级权威"而受到批判。

1967年1月8日，《光明日报》发表《赵树理是反革命修正主义文艺路线的"标兵"》，说："赵树理是资产阶级的反动作家，然而在周扬一伙的吹嘘和标榜之下，赵树理的创作简直'代表了当代文艺的方向'，'代表了当代文艺的胜利'。显然，周扬等人的用心，是力图在文艺界树起这个贯彻反革命修正主义文艺路线的反动文学'标兵'，以达到为资产阶级复辟服务的罪恶目的。"他的"整个创作""始终顽强地表现着他的资产阶级反动的世界观"，他创作的不少"样板"，"都是丑化工农兵、攻击社会主义制度、反对毛泽东思想的大毒草。""只有把这些资本主义、修正主义的货色彻底砸烂，彻底清除，才能为无产阶级文艺的健康发展扫清道路。"

1月9日，《解放军报》以整整一个版面刊登了三篇批判赵树理的文章：《反革命修正主义的文学"标兵"——赵树理》、《赵树理是反革命复辟的吹鼓手》、《揭开周扬和赵树理之间的黑幕》，并加编者按语称："赵树理二十几年来创作的历史，就是他挥舞黑笔反党反人民的历史。在民主革命的时期，他代表地主阶级说话；进入社会主义革命阶段，他坚持资产阶级反动立场，进行反革命修正主义宣传。赵树理是利用小说进行反党活动，为反革命修正主义集团制造复辟舆论作准备的急先锋。"

这些文章随后即由全国多家报刊转载，对赵树理的批判迅速扩大到了全国。

　　要把一个人打入十八层地狱，置人于死地，完全可以利用自己手中掌握的强大的宣传舆论工具，一笔抹杀，否定历史，不顾事实，信口雌黄，瞪着眼睛说瞎话，越凶越狠越"革命"，越得利。

　　2月1日，江青声色俱厉地批判根据《三里湾》改编的电影故事片《花好月圆》，说："坏透了！"

　　于是，山西省对赵树理的批判升级了。赵树理被从长治揪到太原。

　　太原的红卫兵造反组织争着抢着批斗赵树理。他几乎每天都要挂着大牌子，被拖上卡车游街，被扭着胳膊，一次次仰头示众，低头认罪。

　　妻子和儿女们看到他被折磨得疲惫不堪，瘦得像根棍子似的，心都碎了。他却不以为意，很乐观，白天被斗完，晚上回家还给孩子们讲故事、变戏法，用饭碗敲打一阵子，唱一通上党戏，有时还会拿个鸡毛掸子当马鞭，嘴里敲着上党戏的锣鼓点，在地上跑圆场，逗得两个小外孙也拿着小棒跟在他屁股后面跑。老伴啼笑皆非，叹口气说："斗成这个样子，还把你高兴的，也不知哪来的那股精神头儿。"

　　女儿广建有时想不通，口出怨言，悲愤不已，他就劝慰说："小鬼，不要软弱，相信党，相信群众。现在确实困难，但这对我们每个人的革命意志都是个很好的考验和锻炼，只要对党和人民有好处，个人受到一点冲击和委屈不该有什么怨言。"

　　昔日被捧为实践毛泽东文艺路线的"方向""旗帜"和"标兵"，一夜之间，却变成了反党反社会主义反毛泽东思想的"反动作家""黑标兵"，正常的人，谁能想得通？在1958年"大跃进"中，赵树理就认为"农业生产领导方法的错误是上面来的"，"文革"这样搞法，当然也是上面来的，包括对他这样整，也是来自上面的指令。他对二儿子二湖说：江青、林彪是坏人；毛主席身边有坏人。别的更多的话他没说。联系到他在这前前后后的思想和言行，很难设想，面对空前的个人崇拜，面对党和政府不在发展经济这个"根本问题"上狠下功夫，而是让全党全国人民成天介热衷于搞阶级斗争，闹的昏天黑地，内乱不止，富有独立精神和自由思想的他不会没有别的想法，不会对党和领袖的错误没有任何怀疑。但是，即便有，他也不能说，为了自身和亲人的安全，他绝对不能说。君是明君，事情坏就坏在奸臣手上，即使他对党和领袖在"文革"中的错误有点怀疑和想法，也绝不会动摇他的理想和信念，绝不会动摇他对党和领袖的忠诚。他们永远是党和人民的忠臣，他们不仅自觉这样要求自己，还要积极启发和影响亲人以及他人。他们就是这样一代老共产党人，赵树理也不例外。

这年的春夏之交，进驻省文联的一支红卫兵叫赵树理交代是如何"秉承周扬的旨意"利用小说来"反党"的。他激动地说："我不反党，我赵树理永远不会反党！党培养教育我几十年，我热爱党，信任党，正因为这样，我常常在作品中指出党在工作中需要注意和改进的问题，这就是人家说的问题小说。我跟党革命几十年，工作中有缺点错误，一定改正，我相信党和人民是会给我做出公正的结论的。"他回顾了当年在毛主席《讲话》发表后的动人景象，《小二黑结婚》的创作经过，以及《十里店》的创作意图。他特别强调，"以后再写，我可不写小说了，要写戏剧！"因为他作过调查，看他的小说的主要是中学生和中小学教员，真正的农民并不多，这使他"大失所望"。他认为"戏比小说的作用大，一本小说只能几个人看，一出戏就有几万人看。如果写成剧本，剧团在农村公演，让老老少少都能看，这有多好！"

他一心想着的还是农民，"根本问题"是物质方面的，此外，还有精神方面的。他想的还是自己应该怎样做才能为农民服务得更好，更好地满足他们精神文化生活的需要，占领农村文化阵地。

进入 1968 年，赵树理的"罪行"又大为升级了。一是翻腾出 30 年代在蹲山西省"自新院"即"反省院"时的那点陈年旧事，于是诬他为"叛徒"了；二是拿出早已平反的 1959 年中国作协批判他的那点老账和大连会议那颗"重型炮弹"，向他发射了。材料一点都不新鲜，但来势凶猛，很厉害，这一回，看来是非把他整死不可了。

有一次，他被揪去批斗了整整一个下午，傍晚才满身汗淋淋地回到"牛棚"，一进门就对难友们说："唉，今日可受下苦了，今儿的导演不好，心太狠，给咱们来的是真的打翻在地再踩上一只脚，真打真踩，差点儿把我给踩扁了！"依然不失幽默。

接着，他遭到了更多的暴行，挨打受苦成了家常便饭。他自己也弄不清，不知是在哪一天哪一次批斗会上，把他的两根肋骨给打断了。他腹疼，日夜呻吟，但仍要一手摁住腹部，拖着双腿，一手提着笤帚、簸箕，边呻吟，边劳动，清扫厕所、院子、马路，依次扫完。实在腹疼难忍，连走路都吃力时，就在路边坐下喘口气，大声呻吟几声，仿佛这样就可以减轻点痛苦。他的小儿子三湖的同学回忆说："他消瘦得让人害怕。"两颊深陷，脸色蜡黄，骨瘦如柴，脊背佝偻，坐在路边痛苦地喘息和呻吟着。路人观之，不禁叹息。

更严重的残害还在后面。平素爱说爱笑的他，渐渐沉默不语了。肉体的摧残，精神的折磨，在极度痛苦的煎熬中，他再也幽默不起来了。

八九月间，"工人、毛泽东思想宣传队"进驻省文联，"清理阶级队伍"的战斗打响了，赵树理首当其冲。他经常在半夜三更被揪起来拖到卡车上，在全省各地去游斗，几乎"游"遍了山西的城镇乡村。

1970 年，中央文革小组组长陈伯达直接插手，对赵树理的迫害再次加码，趋向顶点。

游斗赵树理来到晋城。"造反派"别出心裁，摞起三张桌子，搭成高台，叫赵树理跪在上面低头认罪。"造反派"叫嚷道："你不是写过《三关排宴》吗？这回就叫你来个真正的'三关排宴'吧！"说罢，从他背后猛地一推桌子，赵树理从上面摔了下来，昏迷了过去。他醒过来，挣扎着想爬起来，但怎么也起不来，钻心的痛：髋骨折断了，肺叶被骨茬戳通。

赵树理从此生活不能自理，身体状况更加恶化了。他坐不能坐，睡不能睡，通宵达旦坐在小板凳上，背靠火炉，胸伏在床沿趴着，度日如年。

但对他的批斗照样进行，他仍旧必须参加，接受惨无人道的折磨。

如果说，开初他对"文革"还是尽量从积极方面去理解，尽量检查自己做得不够的地方，那么后来，种种乱象，"神道"迷漫，"兽道"猖獗，"人道"沉沦，文明毁灭，人民遭殃，终于擦亮了他的双眼。在他生命的最后的日子里，在一次疯狂摧残的批斗会上，他长叹一声，发出了出自内心的呼喊："唉，我总算是想通了，明白过来了！"

"造反派"颇为得意，急忙追问道："想明白了就好，那你就要好好向党低头认罪，老实交代了？！"

他异常平和而又斩钉截铁地说："我没有罪！我想了又想，想了又想，昨晚睡不着，忽然想到了农民锄庄稼，原本是要锄草保苗的，有那些不高明的把式，也难免会把好苗给锄掉了。""我是人民的一个儿子，不是一个坏人！"

可以说，这是赵树理在临终前对"文革"发表的郑重声明和提出的血泪控诉。形象的比喻，透辟的认识，深刻的批判，可谓义薄云天，气壮河山，所有"那些不高明的把式"，"把好苗给除掉了"的恶行，理当受到谴责，你们改悔吧！

看到赵树理说"我是人民的一个儿子，我不是一个坏人"，不禁想起他的小说《福贵》中的福贵，这个由于受尽地主的残酷压榨，曾干过坏事，被认为是"坏人"的人，义正词严地责问地主："我究竟是好人呀还是坏人？"你"向大家解释清楚，看我究竟算一种什么人！看这个坏蛋责任应该由谁来负？"他要的不是土地财产，而是对他的"人格"的尊重。自由、平等、生存、发展等各种权利中，最核心是人格权利，他要争的是他的"人格权"。赵树理一生未干过坏事，但如今却硬是要把他打成"坏人"，"批倒批臭"，不把他整死绝不罢休，侮辱人格，践踏人权，无以复加，毫无人性、人道可言。他对"文革"的控诉，也是在"文革"中千千万万受迫害者的控诉。这位具有强烈的权利意识的"人民艺术家"，一生以人为中心，无时不在强调要把"人"当人，反对不把"人"当人，无时不在维护人的权利。这是他与那些以权力为中心的人的判然之别。

他确实是"想通了，明白过来了"，大彻大悟了。

年年斗、月月斗、天天斗，批斗那些赤胆忠心功勋卓著的老革命，批斗那些功成名就的文化人，批斗那些贡献巨大的人民的好儿女，不停地"革"他们的"命"，"革"文化的"命"，斗得个你死我活，以前所未有的规模，凌辱和摧残人的灵魂和肉体，惨无人道，惨绝人寰，而不去让大家聚精会神集中力量发展生产力，解决这个"根本问题"，让老百姓尽快富裕起来。这算什么"革命"？"革"的哪家的"命"？今天批判这个"反党反社会主义"，明天批判那个"反党反社会主义"，实际上，这样搞法，才真正是反党反社会主义！

在 1944 年，曾把我树为"实践毛主席提出的文艺为工农兵服务方向的标兵"，让文艺家向我"看齐"，我一再提意见，不同意提"赵树理方向"。我不过是为农民说了几句真话，只是想夺取农村封建文化阵地。我写东西，就是想着让老百姓看得懂，喜欢看，受到教育，政治上起作用。现在，竟然把我打成"反党反社会主义反毛泽东思想"、"反革命修正主义路线"的"反动作家"，"文艺黑线"的"黑标兵"，往死里整。哪里有什么"文艺黑线专政"呢？我又怎么会是"黑标兵"呢？这是根本没有也不可能有的事嘛！几十年来，我的思想、创作、生活的"成色"和"原型"始终未变。我是人民的儿子，我的作品也不是毒草。怎么能这样翻手为云覆手为雨胡整啊？当年无数革命先烈抛头颅洒热血追求的"民主的政治"到哪里去了？这不是历史的大倒退吗？

我就是个写小说、编戏剧的，我的路是我自己走出来的。周扬说我"在创作上有自己的路线和主张"，没错。我和毛主席的《讲话》不期而遇，不谋而合，是我的幸运。我没有"帮"，也没有"派"。我主张民间传统为主，强烈反对的人不多，但愿意那样干的人太少，看来我是失败了。戏剧农民最喜欢，可惜我写的不多。我是"生于《万象楼》,死于《十里店》",以后想再写点也没机会了。近些年,真话不能说,假话我不说,只好不写。回顾一生,写的太少。许多东西该写而没有写,想写没有来得及写,只能遗恨终生了!

我是五四新文化运动的产儿,深受民主与科学这两位先生的影响,笃信"独立之精神,自由之思想",更加崇拜"事实先生"。我一生同农民血肉相连,注重一切从实际出发,讲真话,说实话,干实事,做个老实人。为什么抗战时期写的小二黑、李有才大受欢迎,而新中国成立后的作品的影响却不如从前大?为什么许多作家的创作都是新中国成立后不如新中国成立前?总感到条条框框限制太多,"下笔如有绳",放不开手脚。离开自由,哪来繁荣?经验教训很多,从经济到政治到文学艺术,都需要提高自由度。

中国是一个有着长期封建专制主义、皇权专制主义统治的国度,在农村,旧思想、旧传统、旧道德、旧习惯的影响根深蒂固,我一直认为它就像汪洋大海。"文革"也在破"四旧",可事实上"四旧"更凶了。封建专制思想之海又大又深,我一生都在为反对封建专制主义、为维护人的权利和利益,为民生和民主、为人的自由、尊严和幸福而奋斗,这个长期的艰巨的任务,只有留待后人去完成了。

我现在身体状况很不好,可能不久就要离开这个世界了。我让女儿和她母亲回老家尉迟去,当个好老百姓,自食其力为人。农民最老实,最讲实际,那里有真理。事物是发展变化的,道路曲折,前途光明。我相信群众,相信党,他们有智慧,有力量,是不会让日子就现在这样过下去的,总会有雨过天晴重见阳光的那一天。

……

此时的赵树理,病情危重,境况越来越坏。他被诬为"资产阶级反动作家",其实是个典型的无产阶级革命作家。他出身贫寒,成为中外闻名的大作家后也没有积累下什么钱财,稿费所得不是交党费、支援农村建设,就是帮助他人,自己所留甚少。本来不多的家产亦在"文革"中又被"横扫"一空，如今就连平日极其简朴的生活也难以为继了。夫人不无感慨地对他说："你怕修，不存钱，结果你最穷，最修，最惨。"

1970 年 6 月，江青又一次点名要批判赵树理，全省立即掀起批判赵树理的新高潮，惨无人道的残酷迫害达到了登峰造极的地步。

6 月 25 日，山西省革委会发出《关于批判反动作家赵树理的通知》，要求各地组织大批判，并抽调人员组织写作班子，编写出他的"黑材料"，下发各地供批判用。省高级人民法院军管组成立"赵树理专案组"，28 日，赵树理被投入监狱，关进法院的一个小屋。

从 7 月开始，《山西日报》连续发表了省革委会大批判写作小组的长文《把一贯鼓吹资本主义反党反社会主义的反动作家赵树理彻底批倒批臭》、陈永贵的长文《赵树理是贫下农的死敌》、太原市革委会大批判组的《〈三里湾〉是对农业合作化运动的全面反动》，等等。省报和全省各报连篇累牍发表了许多工农兵学各界批判赵树理的文章。以《山西日报》为主阵地，到年底，仅该报就刊发批判赵树理的文章达 76 篇之多。批判持续时间长达一年之久，人已过世，仍在"批倒批臭"，"肃清流毒"。

在国民党的"反省院"，赵树理始终没有暴露共产党员的身份，最后被释放出狱，保住了一条小命。如今因为在"反省院"写了那几篇语义双关的无关紧要的诗文，被说成是"叛徒"，再加上后来写的那些群众喜闻乐见的作品，硬说成是"反革命修正主义路线"的"黑标兵"，住进了共产党的班房。这一回，看来是非得要他这条老命不可了。

9 月 6 日，赵树理的爱女广建几经周折被允许同父亲见面。广建进门见父亲正在伏案抄写着什么，轻轻走过去一看，是毛主席诗词《卜算子·咏梅》。只见父亲用一只手按着被打断了两根肋骨的侧胸，忍痛艰难地写着，汗水从他布满皱纹的额头沁出，滴在纸上。广建悲痛难忍，不禁哭出声来。父亲回头一看，捧着刚刚写完的字纸递给她，郑重地对她说："小鬼，如果将来有一天能看到党的领导，就替我把它交给党，党会明白我的。"女儿点点头，她明白，这是父亲的临终嘱托。

这一表明赵树理临终前的心迹的手迹，赵广建在历史新时期交到了坐了9年监狱后复出的周扬手上。不管是毛泽东说的"犹有花枝俏"，还是陆游说的"只有香如故"，在心绪上、精神上都是一种信念坚定的表达。周扬看后动情地写道："就在他遭受残酷折磨，面临死亡的危急时刻，他没有屈服，对革命仍然充满了信心。他在被斗和监禁的日子里，偷偷地用破纸片写了毛主席的《咏梅》诗，以表示他对革命的信念和对党对领袖的一片忠心。"（《〈赵树理文集〉序》）

这次父女相见，是广建同父亲最后一次见面，他们谈了整整一个晚上。从童年生活，太原坐牢，阎锡山"清党"，他和王春逃难，谈到30年代的战争生活和所写的一些作品，所用的笔名，谈到小二黑、李有才，还谈到未能如愿写出的《石头底》和《户》等等。

赵树理生命垂危，朝不保夕。打断的肋骨、摔断的髋骨发炎化脓，引起肺部感染，最后发展成肺气肿，连呼吸都十分困难了。

9月17日，在太原最大的湖滨会堂召开批斗赵树理大会。会前有人提出：赵树理病势沉重，已经不能动弹。一个借"文革"得势的当权者勒令："他动不了，爬也要爬到会场去。"他是被架着来到会场的。因他实在站不住，"造反派"在台上放了一张桌子，让他双肘撑着。批判者一声断喝："赵树理站起来！"接着又是"抬头示众"，又是"低头认罪"，来来回回折磨着这位已经奄奄一息的病人。只见黄豆大的汗珠从他头上滚下，两腿瑟瑟发抖，维持了半个小时，他终于支持不住，一头栽倒在地……

赵树理再也无法忍受这样的屈辱、摧残和折磨，他决计以死明志，以死抗争，离开这个乾坤颠倒的世界。两天后，他拒绝进食，此意已决，谁劝他，他也不听，只是用微弱的声音重复着留给老伴和女儿的遗言："回乡当个好老百姓，自食其力为人。"

9 月 22 日下午，他突然浑身颤抖，双手乱抓，口吐白沫，喉咙里呼噜呼噜作响，立马就再也说不出话来了。

军管专案组这才批准，将他送进医院。

1970 年 9 月 23 日凌晨 2 时 45 分，赵树理告别了这个让他痛不欲生、生不如死的世界，离开了他所深深爱着的这片土地和人民，悲怆地结束了他的一生。

就这样，赵树理这位一生不为名，不为利，不要权，一心装着"三农"，一心为老百姓说真话、讲实话、办实事、求实利，甚至连著作的长短和贵贱都为农民着想的人，这位卓越的"人民艺术家"、语言艺术大师，这位文坛少有的思想家、实干家，永远离我们而去了，我们再也看不到他的新作，再也听不到他的批评的声音了。他本命不该绝，他还有许多事要做，许多作品要写，他的生命硬是被"文化大革命"夺走的，是被残酷迫害致死的。此时，他还不满 64 岁。

赵树理是位极具喜剧色彩的作家，但最后却以悲剧告终。他是一位非常典型的悲剧人物，在当代中国众多悲剧人物中，可谓独具一格。为了某种政治需要，他开始被捧到天上，最终又为某种政治需要而被踩到脚下，以致惨死。他是文坛一位难得的大好人，一位真正的人，一位真正的共产党人。执政者应当如何正确对待不同意见，如何正确处理文艺问题，他的悲剧，提供了极其宝贵的丰富的经验，具有独特的认识价值。

赵树理离开我们已经 50 多年了，但历史并未远去。赵树理心心念念不忘把"人"当人，心心念念不忘维护人的权利和利益，心心念念不忘发展生产力这个"根本问题"，心心念念不忘自由、平等、公平、正义、人权、民主和法治，一生都在为争取人的自由、尊严和幸福而奋斗。在这位"土"作家身上所体现出来的现代意义，在我国各族人民全面建设富裕、民主、文明、和谐的社会主义现代化国家的进程中，仍然值得我们仔细回味，并身体力行。

他的"创作路线和主张"，他的那些脍炙人口的精神产品，他的新颖独创的大众风格，他的为民情怀、独立人格、自由思想、善良品性、科学态度、求实精神，将光辉永在，永放光芒！

2020 年 11 月 20 日初稿完毕

2020 年 12 月 16 日改毕

2021 年 2 月 25 日再改毕

2021 年 4 月 25 日三改毕

2021 年 6 月 9 日四改毕